U0129171

孫大公敬贈
公元 2014年

陳福成編

爲中華民族的生存發展進百書疏

——孫大公的思想主張書函手稿

文學叢刊

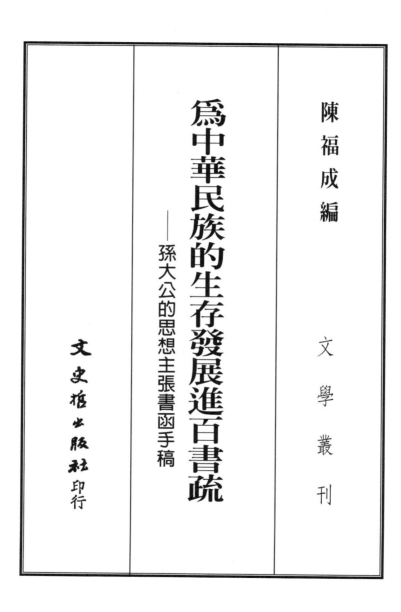

文史哲出版社印行

國家圖書館出版品預行編目資料

為中華民族的生存發展進百書疏：孫大公的思想主張書函手稿 / 陳福成編 -- 初版 --
臺北市：文史哲，民 102.07
頁：公分（文學叢刊；298）
ISBN 978-986-314-124-2（平裝）

1.言論集

078　　　102012730

文學叢刊　298

爲中華民族的生存發展進百書疏
— 孫大公的思想主張書函手稿

編者：陳福成
出版者：文史哲出版社
http://www.lapen.com.tw
登記證字號：行政院新聞局版臺業字五三三七號
發行人：彭正雄
發行所：文史哲出版社
印刷者：文史哲出版社
臺北市羅斯福路一段七十二巷四號
郵政劃撥帳號：一六一八〇一七五
電話886-2-23511028・傳真886-2-23965656

實價新臺幣四八〇元

中華民國一〇二年（2013）十月初版

著財權所有・侵權者必究
ISBN 978-986-314-124-2　　08298

序（補遺）

孫大公

各位親愛的朋友，當你看到這本補遺時，我可能已在天上和眾神採品茶了。

在「我所知道的孫大公」原作者陳福威先生著書時，曾和我有个默契，就是時空不宜的敏感資料暫時不要刊登。因此，原書就沒有驚濤駭浪了。

現在各位看到的是按時間順序和性質編排的，可說是个「亂碼」。請將時空背景配合上，也就可看出些端倪了。

天下的事一定会有褒貶，這本補遺的內容也会有，可是不論褒也好，貶也好，特請注意我的出發点，那就是「中國富強，世界大同」！

爲中華民族的生存發展進百書疏

——孫大公的思想主張書函手稿

目 次

輯二 國防、軍事、保衛太平島：建軍備戰、勇於一戰……九三

輯四 提防狼子野心：喚醒中國人民的自覺

輯五　社會、慈善、文化與民族發展：振興國人道德、拯救國家

輯六 清貪腐、救國秘方：給人民一個乾淨的社會……二四九

輯七 雜項補遺：千言萬語說不盡……………………二九一

輯八 附件

關於本書編成動機架構說明

——把孫大公的思想主張手稿原樣留給生生世世的中國人

自從二〇一一年四月，《我所知道的孫大公：黃埔28期孫大公研究》一書，由台北文史哲出版社發行出版，一年多來得到各界頗多讚賞，我亦感慰情勝無。因為，畢竟，像孫大公先生這樣能為中華民族再添一抹光彩的人，是當代中國人所該學習，也可以成為生生世世炎黃子民的典範；我用我的筆，把「孫大公精神」宣揚出去，雖然只像一顆小石子在平靜的水面引起幾圈漣漪，但水波盪漾，幾圈波紋對我的用心，有了迴響，亦覺這是身為一個作家，該做、值得做的事。

二〇一二年八月，老營長、孫大公先生回台灣，我們師生倆在天成飯店（台北火車站旁）見面餐敘，暢談三個多小時，從兩岸關係、國家統一到中華民族的發展，乃至提防美日的狼子野心……以及回憶半個世紀前在陸軍官校預備班十三期那些往事……此次短暫相聚，老營長把他近年一些書疏手稿交給我，令我原先少部份手稿，經深入思索，決定編成本書，其動機（原因）：

第一、先生的書信函件內容，每件都清楚明白，詞句流暢的白話文，任何註釋、詮釋，成了畫蛇添足；任何再加以闡揚、論述，也都是一篇篇贅文。手稿才是先生的原汁原味、原樣的思想、主張。

第二、通常史學研究者所追尋的「歷史真相」，都要以「真跡」（手稿、函件、物品等）為準。唯「真跡」最能服人，先生這批手稿談的不僅僅是這一代中國人的存亡大事，更是生生世世中國人的興衰真言。故以手稿正式出版，典藏於圖書館，可啟蒙並教化每個世代的炎黃子民。手稿真跡有感情、有靈魂，必能感動人。

第三、或許正好潮流趨勢，目前兩岸某些大型圖館（在台灣，如臺大圖書館、國家圖書館），開始積極收羅「老一輩」人的手稿，放於精美的典藏室，供人參觀；而部份出版社也開始出版「手稿書」，共同的看法是，由於電腦的普及，能拿筆手寫方塊字（中國字）的人，現在的四五年級生是最後一代，筆者正是被稱為能手寫字的最後一代。故吾近年來，保持手寫習慣，把手稿保留贈圖書館，等於保存一份「文化」。孫大公先生的手稿，字跡恭正，流暢有力，是一份珍貴的文化資產。

本書斟酌手稿類別內容，在性質上屬於「書、疏」文體。（註①）先生給我手稿時亦有分別歸類，經統整補充，全書分八個部份。

(一)政治・兩岸與國家統一：向兩岸領導階層進言。

(二)國防・軍事・保衛太平島：建軍備戰，勇於一戰。

(三)經濟、博奕：厚植國力，勿蹈資本主義覆轍。

(四)提防狼子野心：喚醒中國人民的自覺。

(五)社會・慈善・文化與民族發展：振興國人道德、拯救國家。

(六)清貪廢、救國秘方：給人民一個乾淨的社會。

(七)雜項：千言萬語說不盡。

(八)附件：

一、各界師友長官往來函件。

二、《我所知道的孫大公》出版後的迴響。

三、醒世危言：解放軍空軍上校戴旭的證言。

孫大公先生在本書第四輯，以鮮明的意象標題「提防狼子野心」，根本的提防之道，還是在人民的自覺，此是先生以今八十之齡，仍念念不忘的核心問題。近年網路流傳著解放軍空軍上校戴旭的一篇論文，題名「醒世危言」，該文很能揭開當今我國的國家建設真相，發人深思，很多觀點與我相同，更能補充反證孫大公先生在諸多建言之論述，故放在書末附件三，以供深入對照理解。

回憶我認識老營長孫大公至今，已歷四十四個春秋，但我們其實沒見過幾次面。四十四年前，他在陸軍官校預備班十三期當營長（民國五十七年），當時預十三期有四、五、六連，三個連共三百多學生，我是其中之一，在我記憶中，他除了是我們營長，也是我們的英文老師。所以感覺上他像我的老師、學長（他二十八期，我四十四期），而不是長官（因為不是長官、部屬的關係）。在我們這些十五六歲的小蘿蔔頭心中，營長已是很大的官，我認識他，而他鐵定不認識我，只有最好最突出和最壞最倒蛋的才會被營長「認識」，我「藏」於中間學生群中，永遠不會被營長認識。

過了四十多年，我和老營長因緣際會見面，他的軍人典型形像、他的忠貞、他的故事……都鮮明的在我的心中「復活」了，難得一見都有說不完的話題。今（二〇一二）年八月三日，在天成飯店小聚，聊到中國統一問題，我們都頗有信心。數日後，他打電話給我，說十一號要回美國，「福成，書成後，也許我已在天堂了。……」

確實，人生無常，老營長今年八十，而我也六十整，合起來一百四十春秋。就以本書的出版，做為我們此生有幸相知相交的紀念。

註：「書」，書信函件等；「疏」，條錄也，疏條其事而言之。二者都是應用文體之一種，歷史上著名的書、疏文，如魏徵，「諫太宗十思疏」、李綱，「請立志以成中興疏」、史可法，「請進取疏」、蘇軾，「答謝名師書」、林普晴，「廣信乞援血書」、林覺民，「與妻絕別書」等。孫大公先生的書疏以現代白話文表達，但性質意義古今概同，都是針對某事說明白講清楚，或提出興革建議，表達一己或大衆之觀感等。

輯一：政治・兩岸與國家統一

——向兩岸領導階層進言

堅百忍
以圖成

大公同志 紀念

蔣經國

小平先生鈞鑒：

本人去國四十餘載，去歲第一次返國發現中國這隻沉睡的雄獅居然醒了，非但醒了而且已經邁開大步奔跑了，這真是奇蹟！因為要在短短的十幾年裡推動十幾億人從醒到走到跑，一定要有非常特殊的方法，這特殊的方法依我研究的結果，是您喊出的兩句口號：

第一句是「白猫黑猫會捉老鼠的就是好猫」。這句通俗的話一下子把冰凍多年的思想領域解凍，十幾億個頭腦都開始運轉了。

第二句口號是「實踐是檢驗真理的唯一標準」。當大家腦子動了以後，身体不動還是不行的，所以有了第二句口號每個人都開始找隻猫試試看，這一試在找到了真理以後就勇往直前義無反顧了。

因此，現在中國這樣地蓬勃發展，甚至可能主宰下個世紀，都是您這兩句口號的功勞！不過，目前這頭雄獅是愈趨愈快，越跑越猛了，當然，這是每个人都樂意看到的，也是大家所期望的，可是我們也不願意看到這隻雄獅跑得太猛，跑不多遠就身衰力竭；或者是跑得太快，快到碰見危險都剎不住了。故此，如果在這時再提出一句口號來把社會略加規範，使這頭雄獅能知所節制而能永遠地跑下去，也許也是个不錯的想法。

我想假設您要如此做的話，一定會提出和以前一樣好的口號。我這裡野人獻曝想到一句「秩序就是生命」作為規範社會、綿延國運的警語，不知是否太文縐縐了一點了？可是意義還是夠深廣的，僅以此提供參考。

耽誤您寶貴的時間看這封信，盼宥。

敬頌

福壽康樂

孫大公謹上
1993年8月8日

又及：此信請勿對外公開。

（給施明德的紅衫軍）

尊敬的各位反腐倒扁主持者：

一、「倒扁」碰到「挺扁」時，恐有一番論戰，特別是「挺扁者」師法阿扁常用的顛倒黑白詭辯法，「倒扁者」就像秀才遇到兵一樣，怎么辯論他都有歪理來應付，何不用大標題來破解——『挺扁就是挺貪腐』。一下子就把它的活動定性，也就是打蛇打七寸的手法。

二、當「反腐倒扁」成功以後，如何把國家引導上清廉之路？如何才得徹底拯救國家出泥沼？我有秘方，請看我的「救國秘方」。

耑此　敬祝

勝利成功！

孫大公拜上

[redacted]6.09.14

錦濤主席勛鑒：

報載「中國政府正大力肅貪，上海陳良宇免職」，讀之令人振奮。前曾寄拙作「救國秘方」供閱，若能將「行賄自首者无罪」立為法律，則肅貪工作可收事半功倍之效！

最近美國联邦準備理事会主席柏南基公开說美國每年需三百五十万青年新移民才能支持社会安全金制度（附剪報）。這使我想起很多年前巴西因地廣人稀，招攬各國移民开墾充实國力，日本抓住机会组织很多移民隊伍（編入医生、翻譯、律师……等），加以训練、给以必要裝備、贷予资金……使能在異國生根壯大。如此既能解决國内人滿為患，又可將國力伸展出去，一举兩得。現在中國也感人滿，若能与美國協商供应人力，也是双贏之道。

另据报載陳水扁建立去弹战略部隊瞄準大陸，及欲制定「第二共和憲法」搞変相台独（附剪報），拿台灣老百姓的生命来保他「總统」位子，使人憂心不已！

但新中國正努力向前邁進，有朝一日成為世界大國，相信和平统一問題当可迎刃而解，甚至大同世界亦可由推廣「王道」和「仁政」而达成！

敬祝

時祺

孫大公謹上

2006.10.18

錦濤主席勛鑒：

今天報上（附剪報）有兩个大消息，表面上看是頭痛得很的，但實際上卻給了中國一个180°大轉彎獲益的机会，所謂危机就是轉机。不过一定要「釜底抽薪」才能奏效。

第一个是美國以主子姿態壓迫台灣買軍火，甚至揚言不買的話，就給台灣的防禦「最低支持度」。這个訊息一方面給台灣高層政客威脅其「权勢利益」；一方面威脅台灣老百姓「將被中國強迫接受不符利益的条件」。對政客而言其威脅是親身感受得到的，可是對台灣同胞而言，大家只求「維持現狀」，如果中國把以前的楊六条、江八条……等綜合擴大成胡九条，馬上召告全世界，保證台灣同胞在統一以後仍会生活得如現在一樣，甚至更好，那还要什么防衛買什么軍火?!美國的威脅馬上不起作用，倘設真惱羞成怒地把給台灣的防衛承諾降至「最低支持度」，那豈不更妙?!

第二个是中國的「人口挑戰」，社論中說人口太多以致「和諧社会」不易達成。十三億人口的确太多，要節制或減少的方法很多，如以前的「一胎政策」和現在的「穩定低生育水平」都是可行之法，祇是執行困難和收效緩慢。倘如像蒸汽鍋炉一樣，裝設一个「安全閥」，在蒸汽到达爆炸压力前打开安全閥，讓蒸汽快速逸出，降低內部压力，則鍋炉可繼續運行無虞。在人口澎脹过快的压力之下不妨也打开个「安全阀」，那就是开放大门，让人民可自由出入國境。這樣，人口压力会迅减，而國际上会大讚「人权進步」。這个安全阀可依需要随時开关，而以中國目前的經濟实力，高階人材流出的会少，不怕，倒是只有勞動力的人可如我上封信中所提的組織起来集体移民，如此既量大又有秩序，何樂不為？！

野人献曝，不知是否可行，僅供参酌。

敬頌

時祺

孫大公謹上

2006.10.29

錦涛主席勛鑒：

又到歲末年初之時，大家通常都会作今年終检讨和明年展望的。

中國在过去的一年可说是頭角峥嶸，世界各國皆欽羨仿效，連顾盼自雄的美國也要放低姿態，拉攏，求援。可是天下事不会十全十美，若認真检讨起来，今年進退之间可以七三开，明年还需要有更多的努力，中國才能站穩脚步去進行偉大的民族使命——世界大同。

展望明年——猪年——經濟仍会蓬勃发展，不过僅是「开源」而不「節流」，努力得来的財富將会流失。

如今社会上的浪費風氣令人觸目驚心

（附剪報）：做个月子居然每天要一万元，买部五万元的新車照樣可代步，却要花二百五十万元去炫耀，連一副太陽眼鏡都要三十八万五千元……不勝枚举。看在兩千多萬不得溫飽的人眼裡大概会氣憤填膺。假如這些是「个案」倒也罷了，可是社会競相攀比，中國有多少財富可以這樣浪費的?!美國是世界首富，可是多年前社会出現浪費風氣，政府馬上祭出「浪費稅」，凡是超出一定數目以上的消費就要抽重稅，而且稅率是級比增加，果然不久就压制了這股歪風。他山之石可作借鏡。

十几年前我初返祖國，正逢改革之初，目睹一切欣欣向榮，兴奮之餘，不惴冒昧跟鄧小平主席寫了一封信（附影本），到現在我还是認為社会需要有「秩序」，猶如火車需要有軌道才会有正確的方向導之前進。

每逢一有感想，我就想趁有生之年貢献点淺見供當政者參考，可是嘮叨得很惹人厭！盼宥。

敬祝

新年新運

民富國強

嘮叨叟

孫大公拜上

2006.12.24

錦濤主席勛鑒：

最近美國國防部公布了「中國軍事力量年度報告」，這真是一篇誤導全世界的中國威脅论。我國外交部發言人姜瑜和其他單位都嚴重駁斥這種過度渲染的歪曲言论，也都正確詳細地說明了中國的立場，希望全世界了解中國是熱愛和平的國家。

可惜的是，依我多年旅居國外的經驗，除有關的政治人物外，一般大众很少有耐心來看完或聽完这些解說。費了很大力氣，结果效果不彰，倒不如化被动為主动，直接了當向全世界公布國策三条：

(一)本國之「和平崛起」绝不对任何國家有敵意。

(二)世界上任何國家為求生存，皆有權視外力之大小來充實國防。

(三) 凡欲对我國侵略、或欲分裂我國國土及主權、或欲干預我國內政者，才有可能被視為含有敵意者。

以後再逢此种別有用意的攻擊，一概不理，但三不五時藉機重申以上的三条。如此既可一正視聽，又可顯示大國无畏的氣勢。每次跟着人家後面跑实在太累了！

耑此 敬頌

時祺

嘮叨叟

孫大公謹上
2007年5月30日

又及：我為國事建言這是第十封信了。

錦濤主席勛鑒：

您有沒有一個像敌人的朋友—古人所謂的「諍友」？唐朝時有個名臣叫魏徵，他為了國家興盛，能長治久安，敢對當時的皇帝唐太宗直言相諫，而唐太宗也有和他同樣的愛國胸懷，采納他的諫言，因此有了歷史上有名的「貞觀之治」。他死後唐太宗非常地哀傷說：「照鏡子可以正衣冠，讀歷史可以知興替，只有明得失要用『人』來做鏡子。現在魏徵死了，我的人鏡沒有了。」

史上在高位者容易被宵小拍馬爭寵之言所蒙蔽，容易對愛國敢諫之士的嘮叨漸漸疏遠，因為「忠言逆耳、良葯苦口」。所以建議您在身边培養幾個愛國、有識、正直、敢言之士作為「人鏡」，這是中國之福！

茲附上魏徵有名的「諫太宗十思疏」影本，以證明他的愛國情操。

敬頌時祺

嘮叨叟

孫大公謹上

2007.06.06

大公總監：您好！

英九的「愛鄉向前行」台北市行程，很高興在三軍軍官俱樂部與您相見，感謝您對馬、蕭的支持，您的期盼，我銘記在心，也懇請您在海內外發揮黃埔精神，讓我們一起努力，使2008政黨輪替的願景如期實現。

在榮民節的這一天，我們紀念黃埔老校長蔣公的誕辰，當知蔣公對台灣的三大貢獻，一是光復台灣，因為蔣公的堅持，台灣才能重回中華民國的懷抱；二是保衛台灣，因為八二三砲戰、古寧頭戰役的捷報，確保台澎金馬的安全；三是建設台灣，因為實施地方自治、耕者有其田、九年國民義務教育、提升女權地位…，台灣得以繁榮，創造經濟奇蹟。

七年多來，民進黨政府讓台灣人民苦不堪言，陳水扁口口聲聲說拚經濟，結果是拚他一人一家的經濟，罔顧全民經濟，協助親綠財團搬錢，又執行鎖國政策，逼使許多人活不下去而燒炭自殺，更在意識形態作祟下，操弄族群、挑起衝突，激化對立，完全將人民福祉置之度外。

台灣走到這步田地，誰能袖手旁觀？為了二千三百萬人的未來，我願以大無畏的精神迎接挑戰，「終結痛苦，振興經濟」，同時找回台灣的核心價值，恢復台灣原有的尊嚴。

二〇〇八年總統大選，需要您的大力支持，更盼望得到您的指導，特請前台中縣長廖了以先生專責處理，日後凡有建言及指教，請與他聯絡並不吝賜教。拜託您！感謝您！　敬祝

闔家平安！

萬事如意！

馬英九　敬上

中華民國九十六年十一月十九日

中華黃埔四海同心會
Chinese Huang-Pu Union
全美總監 Inspector of America Region
孫大公
David Ta-Kung Sun
Tel/Fax：(949) 559-8356
China：86-13681878089
E-mail：davidtksun@gmail.com
14932 Mayten Ave.
Irvine, CA 92606
U.S.A.

中華黃埔四海同心會
美國馬蕭後援總會
Chinese Huang-Pu Union
Supporting Group of Ma Ying-Jeou in America
總會長 Chairman
孫大公
David Ta-Kung Sun
Tel/Fax：(949) 559-8356
China：86-13681878089
E-mail：davidtksun@gmail.com
14932 Mayten Ave.
Irvine, CA 92606
U.S.A.

1998

（馬英九）先生大運流年公元行運圖　10-26-98 批示

丙運入佳境,亥運開始發達,戊子,己丑二運直上雲霄

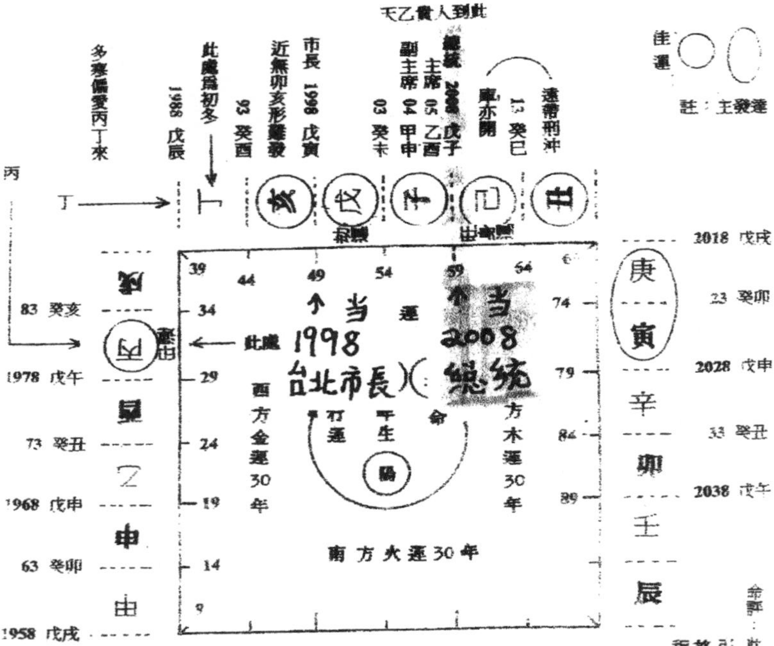

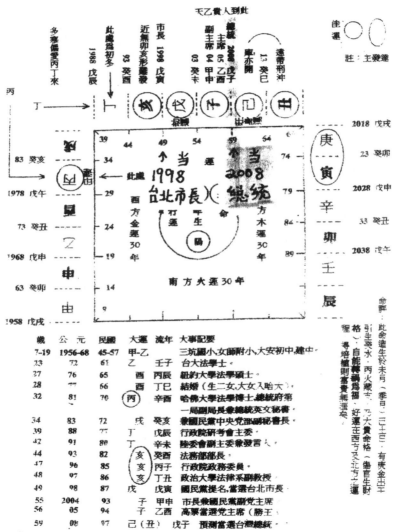

歲	公元	民國	大運	流年	大事記要
7-19	1956-68	45-57	甲-乙		三坑國小,女師附小,大安初中,建中。
23	72	61	乙	壬子	台大法學士。
27	76	65	酉	丙辰	紐約大學法學碩士。
28	77	66	酉	丁巳	結婚（生二女,大女入哈大）。
32	81	70	丙	辛酉	哈佛大學法學博士,總統府第一局副局長兼總統英文秘書。
34	83	72	戌	癸亥	兼國民黨中央党部副秘書長。
39	88	77	丁	戊辰	行政院研考會主委。
42	91	80	丁	辛未	陸委會副主委兼發言人。
44	93	82	亥	癸酉	法務部部長。
47	96	85	亥	丙子	行政院政務委員。
48	97	86	亥	丁丑	政治大學法律系副教授。
49	98	87	戊	戊寅	國民黨提名,當選台北市長。
55	2004	93	子	甲申	市長兼國民黨副党主席
56	05	94	子	乙酉	高票當選党主席（勝王）
59	08	97	己（丑）	戊子	預測當選台灣總統。

命評：此命造生於未月（季日）己土日，有庚金出干引生癸水，丙火藏支，乃大貴命格（傷官生財格），自能轉禍為福，好運在西方及北方之運程，得培植則富貴無涯矣。

了以先生台鑒：

接獲民國96年11月19日馬英九先生大扎，提及尔沒有関総統大選之事，可直接与 先生联络，

目前在本會羅文山総会長指導之下，已在美國成立了五个「中華黃埔四海同心會」之「美國馬蕭後援会」—美東、美西、美南、舊金山、洛杉磯。

現在仍在繼續努力擴大中。

馬英九先生2008年當選総統之事已是定数因為馬先生之「正」勝过当今島烟瘴氣之「邪」所謂「邪不勝正」是也！ 友人早已測知天機(附命盤)，请轉告各位同志，以安軍心。

即頌

年禧

孫大公拜上

2007.12.25

中華黃埔休士頓地區
後援會
台灣向前行

大公先生惠鑒：

大公先生雖遠在美國，仍心繫台灣，為二○○八年大選的努力，令人敬佩萬分。

馬先生的「愛鄉向前行」，半年多來走過北、高兩院轄市、台澎金馬23縣市共256個鄉鎮市、拜訪149座寺廟和教會、43家工廠及公司行號、舉辦176場次的座談、住宿83處民宅、約有487000人次的鄉親與馬先生結緣，與他握手者超過10萬人次、合影者超過5萬人。

了以有幸參與馬先生這項深耕台灣的行程，放眼所及盡是歡欣期待的神情，各地鄉親不但把馬先生當成台灣前途的希望，更把他當成自己的親人，據了以從旁觀察，這股旋風除了外在環境造成民眾期待政黨再次輪替外，馬先生善良敦厚的人格特質，也是原因之一。

見到馬先生個人的努力，我們更不敢稍有懈怠，了以身兼台中縣馬蕭後援會總會長，近日已建構全縣九大後援系統，預計為馬先生號召23萬助選大軍；期盼與大公先生裡應外合，共同為台灣打造一個更美好的未來！專此

敬頌　時綏

弟 了以謹啓

2008.1.11

大家好！

中華民國選举新任總统的日子就要到了，我们知灣会员返台投票选馬英九先生做總统的同仁也快要出發了，我们希望在他们行前给予祝福、给予鼓勵，讓他们快樂去，高興回。

所以订在

三月一日下午兩点在知灣（湖边）老人中心

举行欢送茶会，盼望大家都能抽空参加。

孫大公 敬啟

2008.02.26

台灣現在被一群狐群狗党在统治，一大群見不得天日的老鼠在捧場，和一个日本雜种在暗中支持，真是「邪」到了十八層地獄！

國民党的小馬哥（馬英九先生）有正義之氣，有浩然正氣，是真正纯粹的「正」。

所以，最终是 邪不勝正 !!!

國民党撥雲見日，中華民國得慶重生！

世界日報
二〇〇七年六月十八日 星期一 MONDAY, JUNE 18, 2007

陸官校友慶祝校慶 四海同心會授旗

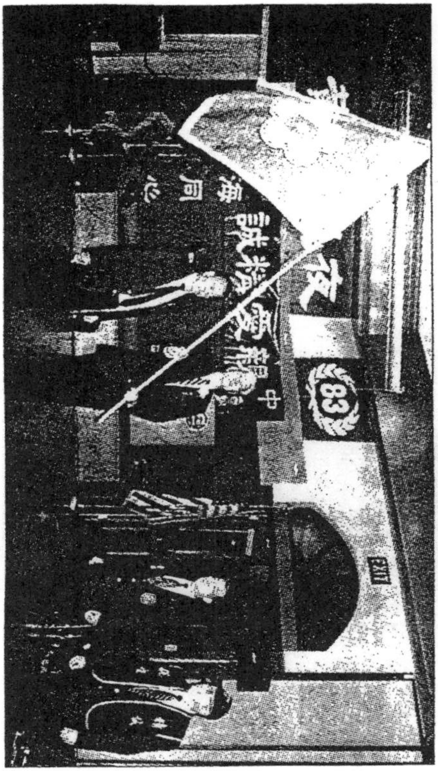

陸軍軍官學校南加州旅美同學會17日於亞凱迪亞活動中心(Community Center)舉辦慶祝83周年校慶活動，並舉辦「中華黃埔四海同心會」授旗儀式。

「中華黃埔四海同心會」北美總監孫大公（右一）致詞並將會旗交給陸軍軍官學校同學會會長李德舜（左二）。孫大公表示，新成立的四海同心會其實源自台灣，已有多年歷史。現在發展到北美，在洛杉磯、紐約、休士頓和舊金山成立四個分會。現仍在招會員。

聯絡電話：626-915-2367。

圖與文／記者馬雲

親愛的同胞們 :

我們有幸從台灣到了美國,回望仍在台灣的親朋好友處在政治腐敗,經濟不振,生活苦悶的環境中,總覺得應該助他們一臂之力,使台灣能恢復國民黨時代做四小龍之首,人民能安居樂業,不再有人全家燒炭,不再有人全家 A 錢.　其實這樣的想法很容易做到,只要協助他們選出一個正氣磅礡爲國爲民的好總統----馬英九先生,由他來領導台灣同胞全力衝刺,不出數年就會全面改觀,我們會很高興爲他們盡了一份心力!

所以,在三月份總統選舉之前,我們大家要聯合起來,有錢出錢,有力出力,最好是回台灣投上神聖的一票,不然就在這裡參加馬蕭後援會,給予精神上的支援.

我們在洛杉磯設有"返台投票服務處",各位如有需要請與 高 啓 正 (ROY KAO) 連絡(TEL 626-945-5742).

中華黃埔四海同心會-- 美國馬蕭後援會
總會　　會長 孫 大 公 敬 啓

"尔灣"馬蕭後援会之建議　2008.01.19

1，投票及開票時一定要有足夠的人監票，以防对方作弊。
2，对方有很多陰险的詭计（如上次选举的两颗子彈），這次可能有更陰险的出现——像此间威传之暗殺手段，要嚴加防範（附），並提前讓大众知道，以免我方揹黑鍋。
3，对我方有利之事和政绩要儘量告诉大众；对阿扁的劣跡和谢的十大弊案，要由立委和媒体重覆不断地报導。
4，对台灣最不利的是和中共動武，因此"三不"应把"不武"放在最前面，然後才是"不独"和"不统"。
5，宣传主调应是"邪不勝正"，"莊敬自強"，"共生共存"，"有错即改"，"民進党做不好，換國民党做八年看看"。
6，此次争取票源之重点应在台灣南部及计程車司机和島外的台商。
7，南部地下电台扭曲事实之影响力太大，我方也应如法泡製，纠正其荒谬言论。
8，防止对方搞第二金改。
9，青年人投票意願不高，要發動家長来劝導。
10，建议馬英九先生之宣传用语要大众化感性一点。
11，在此间不克返台投票者要多打电话回台灣向親友催票。
立论重点为：
① 种族和谐（所谓家和萬事興）。
② 総统候选人要有品德，判断力，清廉，為國為民……
③ 一个好的党独大，能比多数党互相牵制做成更多有益大众的事。
④ 切記講话時不要激動生氣。

世界日報 2008.3.3 B3版

近千僑胞助陣 馬蕭造勢大會強強滾

高呼口號 揮舞旗幟、唱歌 許多人將返台投票

【本報記者王善言工業市報導】台灣總統大選在即，南加州全僑支持馬英九蕭萬長競選中華民國第12任正副總統造勢大會，2日下午2時在工業市舉行，七、八百名僑胞呼喊口號、唱歌，表達擁護馬蕭。

來自爾灣的陳余愛群與兩個女兒陳婉儀、陳婉茵一起前來造勢。陳余愛群表示，3日將提前返台，準備在總統大選投下神聖一票。陳余愛群說，沒有人比馬英九更勝任總統，相信馬英九、蕭萬長一定會將台灣帶往康莊大道，成爲亞洲四小龍之首。

定居洛杉磯市的王寧雲、徐秀月夫妻滿腔熱血、準備「出征」。3日提前搭機返台的王寧雲，移民美國12年，但「身在美國、心在台灣」。他說，台灣經濟讓人著急。

由於工作關係、18日才返台的徐秀月說，選舉候選人應端出牛肉，闡述治國之道。但她尚未看到民進黨候選人謝長廷腳踏實這麼做，反而在其他無關痛癢議題大作文章，現在竟扯出馬英九妻子偷報紙，簡直笑死人。

李長科、李素清夫妻很關心台灣，雖然無法返台投票，仍到場聲援其他即將返台投票者。李長科說，妻子會看相，看準馬英九一定當選總統。

馬英九、蕭萬長競選南加州服務處總幹事高啓正說，馬英九與謝長廷的總統之爭，目前被人比喻爲「笨蛋與壞蛋」之爭。但肯定馬英九絕對不是笨蛋，只是他不喜歡打口水戰。倒是謝長廷未看到提出任何有力政見，反而在雞毛蒜皮議題大作文章，本末倒置。

拉斯維加斯资讯報 2008.03.20

本市中華黃埔聯誼會馬蕭後援會助選團返台即展開助選活動

(畢鵬岐來稿)拉斯維加中華黃埔聯誼會馬蕭後援會返國助選團成員:王仲穎、陳菁渝、陳翊華、蔣汝蓁、劉玉玲、黃甫秀中、鮑銘偉、苗豐材、鄧玉芝、畢鵬岐、陳吉生、徐佩緩等一行十餘人，於三月十八日搭乘韓航班機直達台北桃園中正機場並立即展開助選活動。圖為助選團抵達台北後攝於桃園中正機場。

拉斯維加资讯報 2008 03 13

中華黃埔聯誼會呼籲返台投票者拒領公投票

(Las Vegas中華黃埔聯誼會畢鵬岐會長來稿)拉斯維加斯中華黃埔聯誼會馬蕭後援會成員:皇甫秀中、王仲穎、陳菁渝、畢鵬岐等十餘人預定本地時間三月十六日晚組團返台參加海外僑胞返台挺馬蕭造勢大會，凡本地泛藍朋友同日搭乘韓航班機返台者請於當晚九時卅分在麥卡倫機場第二航站韓航櫃檯前集結，協商參加挺馬蕭造勢活動事宜，並呼籲所有返國投票支持馬蕭朋友拒領任何公投票。

David T. K. Sun
Benedice y. S. Sun
14932 Mayten Ave.
Irvine, CA 92606
(949) 559-8356

Fax

To:	廖了以先生	From:	孫大公
Fax:	8864-2515-1959	Pages:	1
Phone:		Date:	2008-03-23
Re:	當选之喜悅	CC:	

☐ Urgent ☐ For Review ☐ Please Comment ☐ Please Reply ☐ Please Recycle

了以先生：

長期的努力、驚懼、与期待，总算有了雨过天青的一刻，我们的馬蕭二位先生終於当选了總統和副總統，這樣國民党有救了！台灣有救了！中華民國有救了！我们大家都有救了！

可是往後協助馬蕭艱鉅的執政任务，還有待我们更多的努力，在短暂的休息之後，大家又要邁開大步向前衝刺了！

請代向各位同仁致敬与祝福。

孫大公謹上

英九總統勛鑒：

恭喜當選中華民國第十二任總統！這樣國民黨有救了，台灣有救了，中華民國有救了，我們大家都有救了!!!

新政伊始之前，一定有太多的事情要做，一定覺得時間不夠用，可是也就在這關鍵時刻，大家都想把自己最滿意的心得貢獻出來，以免政策形成之後要改就來不及了。我也是這樣想，所以把報上「愛之深，責之切」的言論（剪報），和我十七年前的建議（影印之信稿），以及我罵人、人罵我的兩篇一齊附上作為參考。另附與廖了以先生之來往信稿影本。

未來的八年非但要收拾李、陳留下來的爛攤子，還要創造出新的天地來，真是任重道遠，在此恭祝

國運昌隆

孫大公敬上 97.04.05

新總統面對難題

大勝未必太平 馬有四個立即危機

個人意志勝過SOP、喊口號解決問題、市長與總統不同、決策者孤寂難捱

【本報綜合報導】台北「中國時報」報導，民進黨丟失政權，是因四個關卡未跨過。如今，四個關卡再現馬英九面前，陳水扁沒能過的關，馬英九過得了？

輔佐過李登輝、陳水扁兩任總統的前國安會副秘書長張榮豐認爲，四個危機陳水扁一個都沒有過，終究導致如今的敗局，馬英九如未處理好，下場亦可預知。第一個危機，是：個人意志勝過標準作業程序（SOP）。治國是有標準作業程序，不能總是一堆人在那邊「拚天才」。例如國安決策，要先由情報單位分析問題，然後到國安會產生因應方案，再做成執行決策，需要跨部會協助的，由總統裁示，執行與監控過程會再產生新的問題，就再回到「分析→產生方案→做成決策→執行」的循環。

民進黨卻迷信「半仙式」的領導，靈光一閃、掐指一算，「山人自有妙計」，拚天才、店頭話唬爛與尊重SOP有何差別？張榮豐說，就像軍隊與流氓都殺人，但是軍隊的殺人是基於「專業訓練」，流氓殺人依據的是個人與派系利益。強調個人意志與靈光一現，就會出現陳水扁總統從口袋中拿出小紙條，暗示兩岸聯繫這種動作。

以個人意志「拚天才」做決策，所用之人的基礎養成訓練不夠。前國安會秘書長丁渝洲曾告訴馬英九，當前最緊急該做的，是趕快弄一個「人才庫」。治國不能靠個人意志「拚天才」，但蔣經國時代培養的人才，要不退了、要不老了；學者之見，常是「書呆子的話」，可操作性不高；大拚盤式的「尊重產、官、學意見」，結果也常落得「業者要好處、學者隨風倒、官員推責任」。講究專業、重視SOP的佐國者，馬英九有嗎？

危機之二：喊口號解決兩岸問題。張榮豐認爲，處於複雜的國際社會中，不是創造一個名詞就可解決兩岸問題。他說，從馬英九在選舉後期對兩岸共同市場以及西藏問題的反應，例如九二共識、分治中國等，發現馬把名詞喊出來後，其實也沒有想清楚背後的癥結，所以口號遇上壓力後就拚命修正，兩岸共同市場修到後面還不准人家勞工來，根本已經像是「中風的植物人啦」。

第三個危機，在市長與總統的門檻不同。擔任市長處理的是捷運、地下水道、貓纜等，總統要面對的是華府、北京，層次不同，管理的方法也注定成敗。李登輝對於國安密帳，從來只問動用這筆錢後任務達成得怎樣，不問帳目，認爲那是國安局長的事；但陳水扁對於國務機要費，卻是一筆一筆會去對帳。問題在，陳市長變成陳總統後雖然很認眞，但力道用錯了地方，因此，陳市長很優秀，事實卻證明陳總統不怎麼樣！

馬陣營人士曾表示，馬英九幸運的地方，就在於他常常是在陳水扁後面（馬繼扁後任北市長，亦在扁後任總統），陳水扁這面鏡子，會讓他很有警惕。只是，光是和陳水扁不一樣，雖可以凸顯馬市長跟陳市長不同，但未必同理可證馬總統會優於陳總統。總統的門檻毀了優秀的陳市長，同樣的門檻，馬市長過得了嗎？

危機四：決策者孤寂難捱。馬英九的第四個危機，是能不能理解最高決策者的孤獨，不要落入「不問蒼生，問鬼神」的窘境。

李登輝曾說，觀音山爬到最高的時候，向下看沒有一個人，面對四周的無依靠會令人有點怕。「做總統就是這樣，站在上面沒有依靠，如何有膽量站起來，很重要。」李登輝曾要帶陳水扁去爬觀音山，當面跟他講最高決策者的孤寂，不過陳水扁後來去拜了混元，問了鬼神去。張榮豐說，總統是寂寞的，但最後仍要做決策呀，馬英九能不能承受那種孤寂？不要到最後是靠丟銅板做決定。

美國世界日報 2008 03、24 A2版

英九總統勛鑒：

您有沒有一個像敌人的朋友—古人所謂的「諍友」？唐朝時有個名臣叫魏徵，他為了國家興盛，能長治久安，敢对当時的皇帝唐太宗直言相諫，而唐太宗也有和他同樣的愛國胸懷，采納他的諫言，因此有了歷史上有名的「貞觀之治」。他死後唐太宗非常地哀傷說：「照鏡子可以正衣冠，读歷史可以知興替，只有明得失要用『人』來做鏡子。現在魏徵死了，我的人鏡沒有了。」

史上在高位者容易被宵小指馬爭寵之言所蒙蔽，容易对愛國敢諫之士的嘮叨漸漸疏遠，因為「忠言逆耳，良药苦口」。所以建議您在身边培養幾個愛國，有識，正直，敢言之士作為「人鏡」，這是中國之福！

并附上魏徵有名的「諫太宗十思疏」影本，以証明他的愛國情操。

敬頌時祺

嘮叨叟

孫大公謹上

2008.07.14

勛鑒：

近日在青島舉行之海軍建軍60週年大閱兵，既使各國知我海軍之实力，也讓他們了解，我國和平建軍非為擴權也，傳言在上海之長兴島上將建造我國第一艘航空母艦，此消息甚為振奮人心。目前各國之战術規劃，都在战爭初起時，尽快炸毀敵方之机场跑道，這樣很簡单地就把敵方战机困在地面，既喪失了战鬥力，又如甕中之鱉，任人摧毀。所以現在各國都在發展垂直升降之战机，因可在任何地方起降，不受跑道之限制。故此，特建議

(一)尽速研發最新型之垂直升降战机。

(二)建造輕型快速之直升战机航母多艘。

(三)停止將飛机藏于山洞之中，因為若洞口被炸，飛机無法出來，就成了飛机之墳地。

我國現在經濟超前，希望軍備也能超前。敬頌

民富國強

孫大公謹上 2009、04、28

錦濤主席勛鑒：

最近報章上都在沸沸揚揚讚美趙紫陽和歸罪鄧小平，認為趙討好動亂群眾是英雄，而鄧鎮壓動亂是罪人。

其實，趙是犯了「政治幼稚病」。他看不出原先學生的和平訴求，慢慢地演變成社會運動，這後面有一隻大黑手在推動，再不強力扼止，很可能變成不可收拾的局面，動搖國本。怎麼看出來有隻大黑手在後面？很簡單，在六月四日之後全國森嚴的戒備之下，居然很多知名的學運領袖輕鬆地跑到了國外，這不是幾個香港藝人協助就能夠辦得到的！

再看，「法輪功」在當時

通訊和交通工具還很缺乏和粗糙的時代，可以一下集合各地方上萬人到中南海前示威，這不是普遍散漫的老百姓做得到的，应该有隻大黑手在後面策劃運作，供給通訊和運輸工具才可造成轟动世界的新聞，而「法輪功」的頭頭却跑到美國被保護。現在美國各地中式超級市场门口天天都有成堆的法輪功報紙「大紀元報」在免費的贈送，詆毀中共政权，倡議动乱。這是誰在後面大力支持？明眼人一看就知。所以趙紫陽祇看表象，不看幕後的陰謀，是他政治警覺度不夠，犯了幼稚病！

不同的時代有不同的國家境遇，不同的社会環境，不同的人民訴求，……明智者一定是檢取重要的先做，可是等到轉危為安一切安定以後，現成享福者就会批評当時作法太奇，他不想如果沒有当時的作法現在就根本沒有他的存在。就像一个危急的病人經过吃藥打針和动大手術之後活了回來，等到完全康復以後，有人对他說：「以你這樣健康的身体，当時是不需要吃藥打針和动手術的」！真是「此一時彼一時」也！台灣蔣介石的曾孫蔣友柏說他曾祖在台灣是殺人魔也是一例。

要國家安定不容易，希望劝劝學者和媒体多說些明理的話。

敬頌

國泰民安

嘮叨叟

孫大公上
2009.05.25

又及：民怨不可積累。

總统夫人美青女士賜鑒：

很抱歉我冒昧寫這封信給您，实在是想藉您的尊口对馬先生有所進言。

我是馬先生的忠实擁護者，在他競選總统時，我就在美國為他大力拉票（附當時我的名片）。在他當選後大家慶幸國民党有救了，中華民國有救了！可是陳水扁留下的爛攤子实在太爛，不可能像魔術师那樣一彈指就改了过來，正在新政府努力改革之時，突然來了個百年一遇的天災，這是任何政府都難以面对的。當然災民嗆声埋怨政府是免不了的，可是那些反对派就見縫插針，用尽各种手段來打擊政府，乱吼乱叫來貶損馬先生。在這関鍵時刻希望馬先生能挺得住，雨後自有晴天。我们都在他的後面挺他。當然，如果您能把我们大家的心声直接告诉他，那這个精神力量是很大的。難為您了！

4 風|向 世界周刊 2009 8.23

馬總統應習的災難功課

■劉天一

台灣發生百年僅見的「八八水災」，整個南部泡在水裡，這一場空前的自然災難，因為政府救援不良，已演變成為馬英九總統的政治災難，喻為他從政以來的最大危機，亦不為過。馬要如何管控這場危機？他有沒有轉危機為契機的可能？

答案在「八八水災」的教訓，有沒有讓馬總統徹底改變思維？起碼，他的第一堂災難功課，應該修習「謙卑」。

以「溫良恭儉讓」著稱的馬總統，難道不夠謙卑？如果論禮貌、言談的態度恰當，馬夠謙卑；若論採納雅言的不自我中心、不剛愎自用，他是否作足了「謙卑」的功課？顯然還有很大距離。以下的「災難事實」應足以讓馬總統惕勵：

一、在國家遭逢重大災難時，撫慰人民工作做得最好的，竟是從未涉足政治的馬夫人周美青；而半生從政的馬總統，面對災民和媒體的反應，卻廣遭惡評，說明馬總統幾十年來的政治溝通課仍未修好。因此，他絕無自以為是的本錢；劣等生必須向優等生學習，態度必須謙卑。

總統夫人的「與民溝通」本事如果係「生而知之」，則馬總統即使再無天賦，也要「困而知之」艱苦學習，以期徹底矯正語言、肢體動作，其路徑是放棄優等生的「貴族」心態，不自認絕對正確。唯有放下自視的心理，才會真正謙卑起來，產生同理心、同情心，與人民一個高度，便能苦民所苦，而用老百姓的感情和想法看世界。高級知識分子的優越感，一旦在水災中流露，必定討打。馬總統和劉兆玄院長，包括馬政府團隊核心，都有待自我改造：「精英政治」從來不能貼近人民，在重大災難中，尤其如此。

二、對於不發布緊急命令，馬總統堅持立場，有負社會期待，直同與老百姓作對。除了「法匠性格」的拘泥之外，其實也與心胸和自視有關。馬既然自認正確，別人便說不上話，學界普遍對他有此煩言——即使他多麼勤記筆記：某種程度而言，哈佛大學博士的學歷反而誤了馬總統不能察納雅言。須知某一領域知識的優越並不能在每一層面保持凌駕地位———如他遭到侯寬仁起訴，馬不得不放下法學博士身段，請律師辯護，學驗各有專精，就是一例。而立法院長王金平建議發布緊急命令，這一來自過去政治對手的意見，與劉兆玄主張不發布相較，親疏立判、因人廢言，是另一例。前總統李登輝發布緊急命令的成例，馬寧可自樹一幟也不願「李規馬隨」，是第三例。

自視與優越感，才會使馬英九硬拗到底，不肯改變，完全沒有隨民情民意調整的空間，也因此為成朝野眾矢之的，變為「災難的最大出氣筒」。

三、馬團隊素質不理想而遭批評，已非止一日，但是馬總統從不思擴大參與陣容，所聽所信唯一、二人，唯與他氣質、出身相同者方獲青睞，因此，國民黨的人力、社會中的多方人才，竟不能引入而博採周諮；甚至連副總統蕭萬長在選後也傳出閒置傳聞，而與當初敦請參選的承諾大相逕庭。一個近親型、同質性高的團隊，當然會有可怕的判斷盲點。連戰、吳伯雄、宋楚瑜等政治前輩的手下非無幹才，馬可曾有意借將攬為幕僚？宋團隊治省的經驗竟成斷層，難道不是馬的損失？能有若干賢能幕僚，何至於讓馬在救災中動輒得咎？

「八八水災」如能讓馬總統極大程度地自我否定、學習謙卑，才有可能重新出發。否則一樣的馬英九、一樣的馬團隊，在大災巨變後的民怨沸騰中，還會有什麼機會？只會威德盡失、一瀉千里，提早跛鴨而已。「八七水災」歷50年的社會集體記憶至今猶存，則馬總統實不能僥倖認為「八八水災」的集體憤怒會自然遺忘，而不產生政治殺傷力。國民黨黨內有才德的人，從吳伯雄、胡志強而朱立倫，都有可能是黨內和人民在極度失望後的抉擇。連民進黨蘇貞昌在水災初期立能募款新台幣3600萬元，即證明「非馬型」的領導人，仍對台灣各界深具吸引力。馬總統化水災危機為轉機，唯請從革心做起。

最近海内外舆论多的是指责政府，少的是为政府打氣加油。我们不理他们的恶意批评，可是也不能不聽聽他们的善意規勸。古人「闻过则喜」「有则改之，無則嘉勉」到現在還是真言。我特选了兩篇登在美國「世界周刊」上的言论（附），一篇是善意的進言；一篇是氣忿的批判，兩者都需要虛心地细读。假設您認為馬先生有時间一阅，就请他看一看，否则就要麻烦您看过後要婉進言了。

我们身在異域，心在祖國。希望很快兩过天青，國家強起来！人民富起来！

祝您

健康快乐，信心满满！

七十七歲

孫大公拜上

民98.08.26

馬英九深陷政治土石流

■陳世耀

台灣八八水災暴露馬英九政府無能，劉兆玄內閣受重創，政府的應變態度、速度、救災語言都不及格，尤其馬對災民表現缺乏親和力，如老官僚復辟的習氣，證明馬政府是守成型的太平政府，無力處理好天災巨變，最後靠美軍象徵性登台支援，創造政治聯想，與其說華府參與救災，不如說是救土石流中的馬英九。

天災巨變後任何政府都會被苛責，是民主社會難免的現象，要看責備是否屬實，台灣民眾先前「走個壞蛋、來個笨蛋、我們都是傻蛋」的自我調侃不幸再度證實。馬團隊的表現恰似不食人間煙火、高高在上的知識分子和冷酷的專業技術官僚，讓民間懷念宋楚瑜的能幹，甚至拿馬英九和溫家寶的救災態度、語言比較；由於指揮系統混亂，國軍救災也被評為不如解放軍，何其沉重和不堪。

Long stay沒有改變馬內心的觀念，他長期浸淫官場，風災後他先怪氣象局、再怪地方政府，最後怪民眾不撤離，就是未反躬自省為何執政團隊資訊掌握和反應能力遲鈍，統合協調太差，靠看電視新聞救災更是滑天下之大稽，災情七天後才召開國安會議，九天後才有外國援助，是甚麼水準的政府？

誠然，發布緊急命令不一定需要，因為九二一地震後已將緊急命令納入「災害防治法」，總統不需緊急命令就可指揮軍隊和統合各級政府救災，但馬英九拒呼應民意和藉此表達對災民關懷，冷酷「法匠心態」雖證明他沒有政客習氣，相對而言即是冷血和遲鈍。

水災四天後，馬才首次抵災區視察，見一名中年婦女當眾跪地哭喊：「現在什麼都沒了，我會死啦！」馬雖以台語安撫政府會補助，態度卻不知所措。一名藍營支持者見馬後哭喊：「要見你一面這麼不容易！」馬冷冷回應：「你不是見到我了嗎？」一名溺水生還民眾告訴馬逃生經過，馬當眾誇「你真不簡單，可以憋氣兩分鐘」，都可獲選「政客低智商名言錄」。

馬13日探訪養豬受災戶，變成緬懷蔣經國行誼，災民遍地的14日竟參加職棒開球典禮，他到處面對下跪和流淚的民眾，令人動容的畫面馬卻僵硬木訥，媒體質疑他「只有面對蔣經國時才流淚」。對國際媒體馬英九用英文說：「他們死守家園，你看看，他們沒有理解到這次風災有多嚴重。」這是總統該說的話和應有的措詞嗎？談話後來被轉貼YouTube，看過者群情激憤，諷刺「We在喝喜酒，They死守家園，不關I的事」。

陳文茜和網路上都拿馬英九與溫家寶對比，認為馬遠不如溫。溫家寶汶川地震次日即抵震災現場，對民眾說：「對不起，我們來晚了！」馬英九四天後才抵現場勘災，劉兆玄還說「我們行動比九二一還快」。溫家寶勘災說過諸如「我知道消息後第一時間就趕來了，人命關天，我的心情和大家一樣難過。只要有一線希望，我們就要盡全部力量救人，哪怕還有一個人，我們都要搶救到底。」「你們的親人就是我們的親人，你們的孩子就是我們的孩子。」「時間就是生命，要盡全力救人。」而馬英九全程未見令人感動的談話和態度，只有嚴肅表情和無厘頭式的發言。

救災過程，國防部長陳肇敏讓救災國軍立正40分鐘等候他視察，軍方救災直升機一度留兩架供高級長官備用，荒腔走板行為反映老官僚的迂腐行徑。這場水災徹底暴露馬政府的能力，外交部拒絕外來援助公文釀成風波，反映氣急敗壞下的手足無措。拒絕大陸直升機和接受美軍馳援，雖屬人道救助，但其中的政治意涵和效應很清楚，對今後兩岸關係或將發生微妙影響。水災也徹底洩露「國家機密」，原來馬政府應變能力拙劣，幸好兩岸走向和解不致衝突，否則後果不堪設想。至於國民黨再勝選，要靠台灣多數選民的健忘和厚道，不計前嫌；國民黨也應慶幸，幸好民進黨因迴護陳水扁弊案處於「腦殘」階段，暫難挑戰執政權，否則這樣的總統、這樣的政府，何妨讓他下台徹底反省。 ■

錦濤主席賜鑒：

祖國在 閣下領導之下逐日強大，中國人終於可以在全球發話，作自己的主人了，謝謝您可是有光明面也必有陰暗面，如何預防或排除陰暗面正是當務之急。

老朽愛國心切，謹將淺見貢獻 閣下參閱。

附稿「中印之間」。

端此 敬祝

國泰民安

77叟

孫大公謹上

2009.12.01

中美印演變值得關注

■孟玄

中國和印度經濟崛起吸引全球注意，世人皆認識到，亞洲已經成為世界發展的重心，21世紀世界霸權演變不能脫離中、印、美三邊關係發展。印度對中國不滿由來已久，中國和印度日益緊張的邊界糾紛沒有得到足夠重視。11月上旬印度同意達賴喇嘛前往中印邊界未定區的藏教大寺達旺寺禮拜，引起中國強烈抗議。

西藏問題一直是中、印、美三邊關係中最敏感、繞不過去的麻煩。歐巴馬承諾12月在白宮接見達賴，彌補達賴10月訪問華府時，歐巴馬避不見面的缺失。雖然美國強調關心西藏完全只是出於西藏宗教信仰和人權自由，美國承認中國對西藏的主權地位。但在中國人心目中，美國立場繼承英國帝國主義在印度侵略西藏的歷史遺產，脫離不了帝國主義色彩。達賴訪問達旺寺，美國總統在白宮接見達賴，都是中國涉及主權獨立領土完整的大是大非原則問題。

達旺鎮是印度的阿魯恰爾邦(Arunachal Pradesh)的中心，藏傳佛教信仰極盛，傳奇性的達賴六世誕生於此。達旺寺地位崇高，是藏傳佛教經典寶庫。此區土地豐饒，面積有三個台灣大，向拉薩朝貢，被視為傳統西藏一部分。英印政府1914年與西藏政府代表舉行西姆拉會議，劃下麥克馬洪界線，把此邦劃歸印度，但是中國從來沒有承認過此一界線，達賴十四世過去也一直沒有同意。

去年印度總理辛哈在訪問北京後，前往達旺視察，遭受中共嚴厲批評，引起印度輿論反感。去年達賴喇嘛首次同意阿魯恰爾邦屬於印度領土，承認麥克馬洪線為中印國際邊界，達賴此舉引起很多猜測。盛傳達賴有意指定阿魯恰爾邦為下任達賴轉世地點，這是中共與達賴爭奪下任達賴轉世權的新篇章。如果阿魯恰爾邦歸屬印度，下任達賴轉世於斯，中國就不好否認下任達賴的西藏教主地位，否則等於承認阿魯恰爾邦屬於印度領土地位。顯然達賴給北京當局出難題，使北京陷入尷尬地位。印度從來認為西藏是兩國間的緩衝區，因此視1951年共軍入藏是「外國侵犯」，印度心目中最多認為中國對西藏擁有宗主國。可是英國去年底已經宣布放棄西藏宗主國地位，承認西藏是中國領土。

達賴流亡海外50年，流亡政府一直靠印度政府保護，印度處理達賴問題十分謹慎。去年中印緊張升高，印度就不准達賴去達旺寺禮拜。近來印度民意強烈反對對中國示弱，印度准許達賴到達旺寺朝聖，就是避免給人中國擁有對阿魯恰爾邦訪問的否決權力。印度禁止中國公司僱用中國工人來印度承包工程，並且對中國產品採取多項貿易保護反傾銷訴訟。

二戰後印度獨立，中共建國。世人一直以中印兩大亞洲國家的發展，做為比較民主和獨裁制度優劣的樣板。60年來，印度對世人更為重視中國，始終不服氣，於今尤甚；中國人則始終心裡看不起印度阿三。1962年兩國關係惡化到爆發32天的中印邊界戰爭，中國把印度打得落花流水，占領阿魯恰爾邦六個月。但是停戰之後，中國完全撤退回戰爭前界線。現在印度民族主義者認定中國對阿魯恰爾邦態度一如「收復台灣」一樣，中印關係時好時壞，兩國領導階層皆知不可放任雙方民族主義情緒失控，但是又不能不採取必要國際連環。美國成為雙方必爭對象。

歐巴馬上台後，傾向儘量不得罪中國的戰略。美國去年出售印度35億元軍售，繼續推動美印核子合作條約，促進美印合作。歐巴馬政府對阿魯恰爾邦主權地位完全保持中立。今年美停止與印軍在阿魯恰爾邦舉行軍事聯合演習，停止類似2007年美、印、澳、日、星舉行聯合海軍演習，甚至多年例行的美日印海軍操練也不舉行了，無怪乎印度認為美國亞洲政策以中國為中心。

印度的緊張和敏感是可以理解的。她認為亞洲朝中國傾斜太快。最近日本、澳洲和台灣政府都轉向親中，且中國一向支持印度世仇巴基斯坦，大局失衡，不利於印度。

中美印三大國演變，關係亞洲及世界大局安危，十分值得注意。 ◙

中印之間

孫大公 2009

中國和印度好像兩隻巨獸：一隻大象和一隻猛虎。彼此比隣而居，以前因喜馬拉亚山脈相隔，而且國力不振，因此还能相安無事，可是近數十年來兩國皆國力暴增，手握核武，又兼民族主義甚囂塵上，大有一決雌雄之態。如果不幸動武，兩國俱毀，百姓遭殃，甚且被他國瓜分，得益的是舊帝國主義國家。因此如何釜底抽薪，把越燒越熱的薪材儘快除去，才是當务之急。

依我看來，中印之间的糾紛可简单归纳成兩项：一是边界；一是西藏。

边界问題較易处理，可用笑臉攻勢跟印度谈判二十年，到時候再看形勢是适合用文还是用武？反正拖到对我有利時再作决定。

倒是西藏问題有些複雜，因为它是中國的軟穴，世界各國都可用"人權針"来戳它兩下。尤其是達賴在四处煽火，各國就拿起"人权针"来对付中國，現在被他愈煽愈旺，再不趕緊

Suites JONATHAN CLUB

OWN CLUB (213) 624-0881 SUITES RESERVATIONS (213) 688-SUITE BEACH (310) 393-9245

JONATHAN JC CLUB

処理就怕星火燎原。所以他要返藏作主人，就儘快讓他回来，等他回来以後馬上發動以前的農奴起来清算鬥爭他，手段愈烈愈好。此期間以保護遊客安全名义把西藏封鎖起来，待一个月事完後再恢復自治區，另在藏區内擇一新的達賴專責教会事务。此時各國想要插手也已事过境迁，而政府義正辭嚴地告訴全世界，這是農奴的人權，政府不便干与，更不能出面維護農奴的主人，這是普世的原则，希望各國也不要違反！

此事要能快刀斬乱麻地，果斷决行方能奏效，如果拖拖拉拉地走漏了風声，此事沒成絶佳妙计反而会成為絶大膿疱！因此請慎之又慎之。不过儘快釜底抽薪仍应是最高原则。

Suites JONATHAN CLUB
WN CLUB (213) 624-0881 SUITES RESERVATIONS (213) 688-SUITE BEACH (310) 393-9245

P.2

（常覺福　台灣警界前輩）

覺福兄如晤：

弟疏於問候，祈恕！

近日遷址，箱籠擁塞，每日整理，始近半數。唯整理信件時，得再读吾兄八十八年八月十七日所賜之宏文數篇，精闢入理，至今仍擲地有聲，佩服之至！惜兩岸「政客」遍地，独缺「政治家」，哀哉！！！

忙亂中匆草數語，盼常賜教。

耑此敬頌

健康快乐，

弟

孫大公拜上

2010.04.14

大業先生惠鑒：（孫大業 金溥聰秘書）

六月二十二日与你和林先生相談甚歡，尤其所見略同。我返美後於七月一日馳書金秘書長（附影本），希望「我党五都勝選，也希望兩岸關係日趋緊密，使台灣漸登世界舞台。

猶記我們三人会談時，我曾提出兩岸之間的軍事死結必須有密使穿梭進行，不可用公開的「論壇」和「高尔夫球」，如今報上揭密（附剪報），可見以往兩岸的作為祇是表象，熱鬧有餘，成事不足！

对岸中華文化發展促進会鄭劍認為「政治互信」是「軍事互信」的前提，其实不然，哪裡有双方拿着刀來開和平会議的？！當然是先放下刀才來開会。所以当务之急是双方先建立軍事互信，而且是從最簡單易行的着手。我在給金先生的信內有重点建議，还有很多其他的想法，若他有興趣，我会適時不斷地提出來的。

祝好

孫大公上

2010.08.31

總統府秘書長
Secretary-General to the President, Republic of China (Taiwan)

大公先生惠鑒：

感謝您長期以來對　馬總統的支持和鼓勵。值此年終歲末之際，謹致上個人最誠摯之祝福；並隨函檢還　馬總統親簽之月曆二份，敬請　查收。由於海內外各界呈請　總統親簽案件甚多，近期甫完成清倉作業，延遲之處，尚祈　諒察。耑此　布復

順頌

新年如意

弟

廖了以 敬啟

中華民國 99 年 12 月 27 日

胡、溫、習、李：

自從兩岸簽了ECFA之後，好像大事已完，大家鬆了下來，本來應打鐵趁熱，双方互表誠意，解開軍事死结，然後繼續談政治問題。但目前双方僅在言辭上表態，無实際行動，也許正在等待時机成熟（唯未知何時？）何不請一密使兩边傳話，庶几可以速成！值此列強詭计百出，風雲緊急之際，時间就是鑽石，棄之可惜！

特建議「釜底抽薪」，双方公開釋出善意：由中方宣佈「開始」後撤飛彈（不提完成期限）給台方一个下台階；而由台方宣佈「暫停」購買美國F16 C/D戰机（本来美國也未过関），也給中方一个下台階，如此算是对外有个交待。不过，事不宜遲，不等各方開始质疑，馬上進行政谈，来个迅雷不及掩耳，輕舟已过萬重山！

可能「知易行難」，何不試之「知難行易」?! 僅供参攷。

敬頌

國泰民安

孙大公上

2011.05.10

大陸撤飛彈 美台軍售也調整

解放軍將領：互釋善意

大陸新聞組／北京7日電

大陸解放軍少將羅援7日在北京舉行的一場座談會上表示，台灣民眾很在意大陸撤飛彈問題，但釋放善意以「互動」為原則，大陸可撤飛彈，問題是台灣對大陸軍事部署也要做相應調整，特別是美台軍售。

「中國時報」報導，台灣中華戰略學會理事長王文燮7日率35位退役將領訪北京。經大陸黃埔同學會安排，在北大參加一場「戰略研究與海峽兩岸和平發展」座談會，大陸共九位將軍出席。

台方與會者提出撤飛彈問題，大陸退役將領說，他們實在不理解，台灣為什麼這麼在意飛彈，「撤與不撤沒任何意義」，如大陸要打飛彈，新疆飛彈也能打到台灣。

羅援指出，撤飛彈涉及五方面問題。一，部署飛彈是基於國防整體考慮。二，大陸調整軍事部署完全自主決定，不受外力影響。三，兩岸釋善意以互動為原則，迄今台灣仍以大陸為假想敵。四，撤飛彈是議題而非前提。五，飛彈不打中國人，除非不承認是中國人。

台方退役將領提出兩岸不妨「擱置主權」，面對政治協商。羅援表示，主權不能擱置，他仍堅持「永久維持現狀即和平分裂」主張。他說，李登輝主政還留下「九二共識」，馬英九政府執政留下什麼？

擔任台灣訪問團副團長的前國防大學校長夏瀛洲說，台灣政治環境不同，執政要靠選票，馬英九政府要考慮各方問題，所以才一直強調「正視現實」。

美世界日報 2011 04 08 A4版

開灣地產高民我
開灣地產專家
WEN 王文
949-463-5886
www.wenchiang.com
千金買房 萬金買市

世界日報

NO.12097
www.worldjournal.com ePaper.worldjournal.com
零售含稅 50¢ (加州地區)
A1 要聞 中華民國一〇〇年/2011年3月6日 星期日 WORLD JOURNAL(Chinese Daily News) SUNDAY, MARCH 6, 2011
CALIFORNIA PERIODICALS POSTAGE PAID AT MONTEREY PARK, CALIF. AND ADDITIONAL ENTRIES POSTMASTERS: SEND ADDRESS CHANGE TO WORLD JOURNAL LA, LLC 1588 CORPORATE CENTER DR., MONTEREY PARK, CA 91754 COPY RIGHT 2011 WORLD JOURNAL LA, LLC ALL RIGHTS RESERVED
電話總機：(323) 268-4
編輯部傳真 (323) 265-1192, (323) 263-9

中市夜店大火 9死12傷 （A10）

十賭九贏 祕訣大公開 （B1）

解放軍：所有人都贊成撤飛！

要先建立互信 出席兩會軍方代表受訪指 台灣人是同胞、現在談仍太早、如何撤再

特派記者陳東旭

北京6日電

中國大陸全國人大會議5日開幕，解放軍代表團被問到對台部署飛彈何時能撤除的問題時表示，任何人都贊成撤飛彈，但前提是兩岸要有互信。

解放軍代表5日上午進場時依舊是媒體追逐的焦點，大陸武警部隊前上將司令員吳雙戰被問到撤飛彈時表示，大陸人民對台灣人民都以同胞看待，對台灣人民抱著非常友好的感情，避談實質問題。

海軍上將副司令員金矛表示，兩岸政治互信還沒建立，現在談仍太早。他被記者問到殲20性能時指出，美國人心裡清楚，中國人心裡更清楚。

前蘭州軍區司令員上將李乾元則稱，撤飛彈是雙方關心的話題，從總的發展方向來看，如果兩岸互信能加深，一定能夠逐步解決。他說，任何人都贊成撤飛彈，所有人都贊成，全世界都贊成，但如何撤還要再研究。

解放軍代表團在5日下午開始分組審議政府工作報告。中共中央政治局委員、中央軍委副主席郭伯雄、徐才厚參加小組審議。 （相關報導見A2、A3、A11、A12）

溥聰秘書長大鑒：

去歲五都大選前曾修書獻言（附稿）。如今總統大選將至，雖選情波濤洶湧，但我方優勢与前相同。若能選一个与我方友善之友邦簽一FTA，則绝对加分！

对方沒有法寶時的法寶是「口水戰」，而且用得滾瓜爛熟，此時切勿落其陷阱，茲建議可用下列方法防禦：

一、若绝对有把握時，一鍾定音。

二、四兩撥千金（小英常用）。

三、轉移焦点。

四、拖至選後。

「先經後政」未能開展，是因經、政之間有一个軍事死結存在，若能「軍購」和「撤彈」大家扭一扭腰，這独木橋也就过了。不过必須先有「密使溝通」，然後用「迅雷不及掩耳」手段才行。

近来对總统大选之情势有感，特撰「趣味问答」数则（附），本欲投稿世界日报以助侨民認清事实，继而一想不如登在國内则对大衆选民更为有效，唯不知投至何處？故特寄上以憑斟酌。

此次總统选举攸関國家、民族、和我党之生存，希望能在吾兄手上勝出！

耑此　敬祝

大選勝利！萬事如意！

八十歲老党员　孫大公謹上

2011.09.09

附記：附上前次勝选後给廖了以先生之傳真稿。

大公同志惠鑒：

九月九日致金執行長大函敬悉。承惠提有關總統大選競選文宣暨「趣味問答」等寶貴建議，至佩卓識，當交由競選團隊研參。屢蒙關注與來函指導，衷心銘感，今後尚祈時惠箴言，俾資策勉。專此奉復，順頌時祺

台灣加油讚競選辦公室

100年9月21日

英九總统勛鑒：

為了國家為了党，您做得很累，可是這是神聖的天職，有謂「天將降大任予斯人也，必先勞其筋骨，……」競選雖然苦了些，只要看到大家期盼您来領導的眼光，就值得安慰了：

「我寫了篇小文（附錄）寄给金溥聰先生，希望登出後能爭取些中间票。

大家祝您

继续領導

孫大公謹上

2012.01.03

博聰先生：
　　您好！
　　總统选举已经到了刀光剑影白热化的階段，为了國家为了党，我們這一仗绝对不能輸！所以我借献棉薄写了一篇小文（附件），希望能代投在各大报上，给中间未定投给谁的人一点啟示，或许能增加一些票源。
　　您很忙，很累！可是只要勝选就值得了!!!
　　祝
旗開得勝
馬到成功

孫大公謹上
2012、01、03

你想要幸福嗎？ 孫大公

是的，我想要幸福，我们大家都想要幸福！

可是，要怎麽樣才能得到幸福呢？我告訴你，一月十四日就是你能不能得到幸福的関鍵日。如果你选出来的總統带领大家走向一个正确的方向，那以後我们的努力就不会白费，大家自然就会得到幸福！

所以，我想在一月十四日投下我们神聖的一票之前，大家要有个共识：

第一，不要戰争

戰争是残酷的，是血淋淋要死人的，尤其是兄弟之间，修睦都来不及，幹嗎要干戈相向，打得你死我亡?! 因此，誰要引導我们走向戰争之路，我们就不选他。

第二，振興經濟

我们是个島國，地小人多，资源缺乏，如果不能振興經济，難道大家喝西北風，全家燒炭?! 所以只要他有正确的國策，正确的做法，使得大家荷包滿滿，這樣的领導人，我们為什麽不选他?!

第三，社会和諧

現在的社会是多元化的社会，你的鄰居可能來自五湖四海，人种不同，语言不通，可是你还是会設法睦隣，求个安居樂業，更何况是同文同种的人，大家見面微笑説个"早"，開開心心过一天，不是很好嗎?!假如有人要撕裂這个和睦的社会，你就不能选他！

以上三條是我们共同的願望，如果你想要幸福的話，請你在冷静思考以後，再投下你神聖的一票！

（人在做，天在看，為自己，亦为家人和同胞）

世界日報 worldjournal.com　2012年1月8日 星期日 SUNDAY, JANUARY 8, 2012　南加論壇

保台 選舉總統的投票準則

筆征／洛杉磯

台灣即將選舉總統，現有三組總統候選人在作民主政治競爭，沒有被捕砍頭等顧忌，因而花樣百出、霧裡看花，公說有理，婆說有法，似真似假難以分辨。

今天的台灣，主張中國必須統一的統派，老一輩割斷不了生長土地的感情，生長在台灣年輕一輩則不願割斷背景淵源，甘為海市蜃樓迷惑，不敢面對「笑問客從何處來」這個現實。

主張台灣獨立建國的獨派，主要圖謀在爭奪台灣資源，不甘長期被統治，但其獨立建國卻缺少民族主義、歷史文化、傳統習俗、軍政力量及語言優勢等作後盾，以致獨立建國始終有氣無力，只有死鴨子嘴硬現象。

主張維持現狀一派，乃統獨兩派鬥爭後演化出來的折衷派，符合中國國情，符合中華民族內部各族群需要，符合台海兩岸人民、港澳人民及海外華人的利益，也符合國際形勢的現實。但是，台海現狀是不符合封建專政者及禍國殃民者的個人權慾野心。

維持台海現狀，不是分裂中國，而是統合中國，是民主政治型態。馬英九那項「不統、不獨、不武」的策略，可以說是維持台海現狀的政治路線，唯有這條路線始可保台。

蔡英文對台灣處境的政策主張，就像她處理民進黨內部事務及陳水扁案一樣和稀泥，似霧又似花，不夠明確，不足明朗，顯然還沒有準備好當總統的政治路線，支持者要三思而為。至於從封建政治宮廷走出來的大內高手宋楚瑜，要學鄧小平三落三起，不惜逆水行舟，違反後浪推前浪的民主政治規律，宋楚瑜應該明瞭形勢比人強這個道理。

筆者生長在越南，年紀不算老大，但經歷南越政權崩潰過程，目睹耳聞一些民族主義愛國者自掘墳墓害人害己情況，所以得一個結論，台灣人民投票選舉總統，一定要以「保台」作為投下一票的準則。

你想要幸福嗎？

孫大公／洛杉磯

是的，我想要幸福，我們大家都想要幸福！

可是，要怎麼樣才能得到幸福呢？我告訴你，1月14日就是你能不能得到幸福的關鍵日。如果，你選出來的總統帶領大家走向一個正確的方向，以後我們的努力就不會白費，大家自然就會幸福。

所以，我想在1月14日投下我們神聖的一票之前，大家要有個共識：

第一、不要戰爭

戰爭是殘酷的，是血淋淋要死人的，尤其是兄弟之間，修睦都來不及，幹嘛要干戈相向，打得你死我亡？因此，誰要引導我們走向戰爭之路，我們就不選他。

第二、振興經濟

我們是個島國，地小人多，資源缺乏，如果不能振興經濟，難道大家喝西北風，全家燒炭？所以只要他有正確的國策，正確的做法，使得大家荷包滿滿，這樣的領導人，我們為什麼不選他？

第三、社會和諧

現在的社會是多元化的社會，你的鄰居可能來自五湖四海，人種不同、語言不通，可是你還是會設法睦鄰，求個安居樂業，更何況是同文同種的人，大家見面微笑說個「早」，開開心心過一天，不是很好嗎？假如有人要撕裂這個和睦的社會，你就不能選他。

以上三條是我們共同的願望，如果你想幸福的話，請在冷靜思考以後，再投下你神聖的一票。

馬英九會不會飲恨

張漢東／亞凱迪亞

去年11月14日從台灣回來後，許多泛藍朋友見面第一句話多半是：「你剛從台灣回來，你覺得馬英九的情況怎麼樣？不會有問題吧？」很容易感受到他們的焦慮與不安。

馬英九沒有個人品德瑕疵，施政雖沒有「豐功偉績」，但也算得上有驚無險、四平八穩。比起他的前任阿扁，倒真是天壤之別了！為什麼馬英九會選得這麼辛苦呢？筆者試著從三個方面來分析：

1. 破裂的泛藍對抗團結的綠營：

2008年的大勝，不只把馬英九送上了總統的寶座；也將馬英九拱成了泛藍的共主。可是馬英九要做的是「全民的總統」！他不但不與泛藍的頭頭、山頭、群眾打成一片，反而對綠色陣營噓寒問暖、大拋媚眼。讓泛藍的人士有踩到一腳狗屎的懊惱，宋楚瑜會「不顧中國這條後路」地跳了出來，就是最好的例證。

2. 虛與委蛇的國民黨對抗死裡求生的民進黨：

馬英九一生最大的志業，就是「改造中國國民黨！」三年多來的改造，的確讓人有耳目一新的感覺，卻讓那些靠著「國民黨」那塊招牌、呼風喚雨的黨國大老，及利用「國民黨」那些步數，渾水摸魚、躋身議壇的地方諸侯的心中，有說不出來的「辛酸」與「不甘」。平時喊的是：「改革有理、擁護中央……「各行其是、……選過關、落選……方民代共同宿……民黨民意代表……有更多「好康……國民黨當今的……靜觀其變」的……初選時鬥得你……嫌、合力求生……輕；許下願景……扁的「有夢最……

3. 外力的……

儘管是台灣……統，但對岸的……好」的老美，……少的涉足其中……透露出的藍綠……的「交心說話……免簽」、「兩……多聯想；大陸……教訓，有相當……「民族商人」……發言及動作，……至於大陸能否……馬、及時退選……注目的大事。

不認國家不尊憲法！怎選中華民國總統

期待

「南加論……
指定投書題……
移民生活見……

Fax

To: 金溥聰先生		From: 孫大公	
Fax: (02) 27721240		Pages: 1	
Phone: (02) 27728199		Date: 2012.01.14	
Re: 舉國同慶		CC:	

☑ Urgent ☐ For Review ☐ Please Comment ☐ Please Reply ☐ Please Recycle

溥聰先生：

「長期的努力、警惧、与期待，总算有了雨过天青的一刻，我们的馬吳二位先生终於当选了總统和副總统，這樣國民党有救了！台湾有救了！中華民國有救了！我们大家都有救了！」

此次大选經过先生精闢的规劃和努力，虽然有宋某小丑搅局，但仍然贏得漂亮，使馬先生能再度領導中華民國与造福台灣人民。恭喜！恭喜！

為保上次对你之诺言，亦如当年贺廖了以先生一様，在第一时間与你共同慶贺。

祝 健康快乐！

八十歲老党员 孫大公上

競芳會長大鑒：

世界日報記者楊芳芷的專題報導標題：

李競芳立場改變　無怨無悔

我看了內容以後，覺得與我心有戚戚焉！佛家說得好：「放下屠刀，立地成佛」。以前毛澤東時代的共產党作惡多端，真曰可殺，但自鄧小平以後卻能改邪歸正，處處為國家人民着想，使中華民族又恢復了朝氣，充滿了希望。

雖然我在台灣法官畢業，可是我認為對目前的中國大陸應該「鼓勵」多於「責備」，期望它能不斷改進，使「廿一世紀成為中國人的世紀」！

由於認同你的觀點，特草數言以表支持。

祝願

和平統一成真！

孫大公敬上

2004.7.20

英九總統
夫人　勛鑒：

今天收到奧巴馬總統的來信（附稿），看了之後非常感動，認為這才是一封動之以情，說之以理，有血有肉，平鋪直敘，但也鏗鏘有力，大家看得懂的理念宣告！不是一般的八股、官腔、談之生厭的文宣。我想在這封信後面的團隊一定是三顧茅廬請來的菁英，就憑這點我敢預測他有連任的勝算！

閣下能擔任中華民國的總統，本身就是菁英，若能廣徵眾議，虛心就教，請一些「魏徵」，則以後四年一定會更有成就，我們都竭誠擁護你，並拭目以待！！

耑此　敬頌

致安

八十翁
孫大公謹上
2012.08.14

PRESIDENT BARACK OBAMA

David Sun
41 Rolling Grn
Irvine, CA 92620-3550

Dear Mr. Sun,

Four years ago, you and I began a journey together.

I didn't run, and you did not work your heart out, just to win an election. We came together to reclaim the basic bargain that built the middle class and the most prosperous nation on earth.

We came together because we believe that in America, your success shouldn't be determined by the circumstances of your birth.

We came together in the belief that our voices, raised together, could restore the hope and change that lie at the heart of America's journey.

Now, we must raise those voices once more—because I still believe in hope, and America still urgently needs the change for which we stand.

Over the next several months, this election will take many twists and many turns. Polls will go up and down. And in the coming weeks, Governor Romney and I will spend time debating our records and experience—as we should.

Though we will have many differences over the course of this campaign, there's one place where I stand in complete agreement with my opponent. This election is about our economic future.

This isn't some abstract debate. This is not another trivial Washington argument. I have said that this is the defining issue of our time—and I mean it. I said that this is a make-or-break moment for America's middle class—and I believe it.

Now, these challenges are not new. We've been wrestling with these issues for a long time. The problems we're facing right now have been more than a decade in the making.

And what is holding us back is not a lack of big ideas. It isn't a matter of finding the right technical solution. Both parties have laid out their policies on the table for all to see. What's holding us back is a stalemate in Washington between two fundamentally different views of which direction America should take.

And this election is our chance to break that stalemate.

David, you can help do precisely that with a generous contribution to **Obama for America** today.

Because what is at stake this November is not simply a choice between two candidates or two political parties, but between two paths for our country. And while there are many things to discuss in this campaign, nothing is more important than an honest debate about where these two paths would lead us.

Governor Romney and his allies in Congress believe deeply in the theory we tried during the last

OBAMA for AMERICA PO BOX 802798 CHICAGO, IL 60680

(over, please)

PAID FOR BY OBAMA FOR AMERICA

CONTRIBUTIONS OR GIFTS TO OBAMA FOR AMERICA ARE NOT TAX DEDUCTIBLE.

2

decade—the theory that the best way to grow the economy is from the top down

So they maintain that if we eliminate most regulations, if we cut taxes by trillions of dollars, if we strip down government to national security and a few other basic functions, then the power of the market to create jobs and prosperity will be unleashed, and that will automatically benefit us all.

David, that's what they believe. This is their economic plan. It has been placed before Congress. Governor Romney has given speeches about it, and it's on his website.

So if they win the election, their agenda will be simple and straightforward. They have spelled it out: They promise to roll back regulations on banks and polluters, on insurance companies and oil companies.

They'll roll back regulations designed to protect consumers and workers. They promise to not only keep all of the Bush tax cuts in place, but add another $5 trillion in tax cuts on top of that.

An independent study says that about 70 percent of this new, $5 trillion tax cut would go to folks making over $200,000 a year. And folks making over a million dollars a year would get an average tax cut of about 25 percent.

Your next question may be, how do you spend $5 trillion on a tax cut and still bring down the deficit? Well, they tell us they'll start by cutting nearly a trillion dollars from the part of our budget that includes everything from education and job training to medical research and clean energy.

They haven't specified exactly where the knife would fall. But here's some of what would happen if that cut that they've proposed was spread evenly across the budget: 10 million college students would lose an average of $1,000 each in financial aid. 200,000 children would lose the chance to get an early education in the Head Start program.

There would be 1,600 fewer medical research grants for things like Alzheimer's and cancer and AIDS, 4,000 fewer scientific research grants, eliminating support for 48,000 researchers, students and teachers.

Not only does their plan eliminate health insurance for 33 million Americans by repealing the Affordable Care Act—according to the independent Kaiser Family Foundation, it would also take away coverage from another 19 million Americans who rely on Medicaid, including millions of nursing home patients, and families who have children with autism and other disabilities.

And they propose turning Medicare into a voucher program, which will shift more costs to seniors and eventually end the program as we know it.

David, this is not a spin. This is not my opinion. These are facts. This is what they're presenting as their plan. This is their vision. There is nothing new—just what Bill Clinton has called the same ideas they've tried before, except on steroids.

Here's the problem. The economic vision of Mr Romney and his allies in Congress was tested just a few years ago. We tried this. Their policies did not grow the economy.

They did not grow the middle class. They did not reduce our debt. Why would we think that they would work better this time?

(next page, please)

3

I've got a different vision for America. I believe that you can't bring down the debt without a strong and growing economy. And I believe you can't have a strong and growing economy without a strong and growing middle class.

This has to be our North Star—an economy that's built not from the top down, but from a growing middle class, that provides ladders of opportunity for folks who aren't yet in the middle class.

I see an America with the best-educated, best-trained workers in the world, an America with a commitment to research and development that is second to none. I see a future where we pay down our deficit in a way that is balanced—not by placing the entire burden on the middle class and the poor, but by cutting out programs we can't afford, and asking the wealthiest Americans to contribute their fair share.

That's my vision for America: Education. Energy. Innovation. Infrastructure. And a tax code focused on American job creation and balanced deficit reduction.

David, this is the vision I intend to pursue in my second term as President.

This November is your chance to render a verdict on the debate over how to grow the economy, how to create good jobs, how to pay down our deficit. Your decision will finally determine the path that we take as a nation—not just tomorrow, but for years to come.

When you strip everything else away, that's really what this election is about. That's what is at stake right now. Everything else is just noise. Everything else is just a distraction.

Fundamentally, this is a debate about going forward or going back. It's that simple.

And, David, we're not turning back the clock. We're not returning to the days when you could be kicked out of the United States military just because of who you are and who you love. We're not going back.

We're not going to eliminate the EPA. We're not going to roll back the bargaining rights of generations of young workers.

We're fighting for a bold America, a competitive America, a forward-looking America, where everybody has the chance to make of their life what they will.

David, that's why I'm running for President of the United States, and that's why I need your help once more.

This election will be even closer than the last. The other side won't be offering any real answers, but what they will do is spend more money than we've ever seen before, on negative ads on TV and radio, in the mail and on the Internet, ads that exploit people's frustration for my opponent's political gain.

And the outcome is entirely up to you. If there's one thing we learned in 2008, it's that nothing is more powerful than millions of voices calling for change.

That's why I need you to raise your voice again with a generous contribution of $25 or even $50 to **Obama for America** today.

(over please)

Because, David, I still believe. I still believe that we're not as divided as our politics suggest. I still believe we have more in common than the pundits tell us, that we're not Democrats or Republicans first, but Americans first and foremost.

So if you're willing to stick with me, and fight with me, and press on with me—if you're willing to work even harder in this election than in the last election—I guarantee you we will move this country forward. We will finish what we started.

We're still fired up. We're still ready to go. And we're going to remind the world once more why it is that the United States of America is the greatest nation on earth.

Sincerely,

President Barack Obama

P.S. Don't let anybody tell you that the challenges we face right now are beyond our ability to solve. It's hard not to get cynical when times are tough. And I'm reminded every day of just how tough things are for many Americans. Every day, I hear from folks who are out of work, have lost their home, are struggling to pay their bills, are burdened with debt, are underemployed or worried about retirement. I hear their voices when I wake up in the morning, and those voices ring in my head when I lay down to sleep.

And in those voices, I hear the echo of my own family's struggles when I was growing up, and Michelle's family's struggles when she was growing up. But in those voices I also hear a stubborn hope, and a fierce pride, and a determination to overcome whatever challenges we face. And I know that's a determination you share. Please continue to stand with me in this election and rush a generous contribution to **Obama for America** today.

英九總統閣下：

剛於大前天(08/14)上書懇請加強後面的團隊，却在今天(08/17)世界日報的社論上(附件一)，發現這個團隊真如反對党所稱的是一個童子軍團隊，連歷史常識都付闕如！更加外交部措辭欠當(附件二)，自失立場，貽人口舌。點點滴滴都在為閣下失分，因此整頓智囊團隊刻不容緩。當務之急建議在總統府內多聘請幾位資深的專業顧問，有任何重大之事可先諮詢一下，不能再出錯了！

上個月(07/01)曾為鴻海董事長郭台銘平反其被罵為「賣國賊」寫一短文刊登在世界日報(附件三)，誰知外交部竟犯同樣錯誤，但因是官方文件，已無設辭辯駁之餘地了！

今年似為多事之秋，尚祈謹慎小心為妙。敬頌

國泰民安

八十叟 孫大公上 2012.08.17

日報 worldjournal.com　2012年8月17日 星期五 FRIDAY, AUGUST 17, 2012　焦點(三)　A4

馬英九犯了不該犯的錯誤

馬英九又犯錯了，居然把東3省淪亡於日本的日子提前到1894年而非1931年的「918事變」。人非聖賢，孰能無過，這是指馬英九不可能不會犯錯，如果是口誤自不必深責，但如果在國家大事或重大歷史事件上犯錯，那就不可等閒視之；要是涉及個人專業領域，情況就更嚴重。

馬英九日前藉由中日和約生效60周年的紀念，在簽訂和約的歷史景點台北賓館，發表「東海和平倡議」的呼籲，除聲明釣魚台「主權在我」之外，要求相關各方自我克制，並期待能建立「東海行動準則」。「主權在我」自是基本前提，但馬英九也相應承諾會自我克制，掛了免戰牌；據云在此之前還大動作的處分了海軍將領，只因演習時進入相鄰的公海海域，引發日本空中預警機的關切。

馬英九的「相關各方」，只見東京一口否決了「主權」爭議，餘則完全沒有回應。這是馬英九嘗試向國際發聲；但必要指出的是：馬英九的講話稿在訴求「東海和平倡議」的前段，是這麼說的：「1894年甲午戰爭，清廷大敗，被迫割地賠款，依據1895年的《馬關條約》，清廷將東3省、台灣與澎湖割讓給日本。」

問題出在甲午年清廷有將東3省割讓給日本嗎？當年李鴻章在春帆樓簽下城下之盟備受責難，單以台灣論，就有丘逢甲譏諷「宰相有權能割地，孤臣無力可回天！」但李鴻章無論如何都沒有，也未獲授權割讓東3省，反而是在李鴻章的運作下而有「3國干涉還遼」，保住了東北的海洋門戶遼東半島。

再東3省早在甲午年即淪為日本的殖民地，又何來1904年的日俄戰爭，何來1928年底，張學良毅然有東北易幟之舉，北伐統一大業得以完成，更何來日本關東軍發動的918事變，美國國務卿史汀生發表的不承認主義，以及國聯派出的李頓調查團確認日本的侵略行徑。

馬英九的博士論文寫的就是釣魚台，這涉及中日近現代關係史，也應是馬英九研究釣魚台，作為學者應有的知識背景，再退一步言，這也是研究台灣史必要掌握的歷史知識，不論其立場偏藍或偏綠。再退一大步，這些背景知識不都是歷史教科書當中的「常識」嗎？

依馬英九的專業背景，很難想像會犯下這種錯誤，就算由代筆之人擬稿，也應當有層層校稿之人把關，等到馬英九念稿時，也該警覺其中有誤。更令人不解的是馬英九念完稿，工作人員發出新聞稿，並貼在網頁上，也無人發覺與史實不符。據知現場還有民國史權威、現代國史館館長呂芳上，看來也僅能是行禮如儀。

從這裡可以得到的省思是，馬的執政團隊何以缺乏歷史感以及對歷史真相追溯的興趣，完全忽視向國際發聲時，必要扣緊歷史事實，充分表現出對歷史真相的掌握和理解，否則只能任憑外人任意解釋，且貽笑大方，又如何折衝樽俎於兩岸和國際舞台上。雖然這不好聯繫上亡國、亡天下的命題，但亡人之國，先亡其史，馬英九何以竟至如此輕忽，且係多有親身傳承經驗的史實。

馬英九上任以來嘗言要撥亂反正，歷史教科書更要撥亂反正；卻把東3省淪亡的時間點足足提前了37年，這又如何糾正日本右翼任意顛倒侵華史實。相信這是馬英九個人的無心之失，但整個工作團隊何以未能及時補救於事前事後。這幾近抹滅了張作霖和張學良父子以及所有東北人民和日本軍國主義周旋的慘痛歷史，在台灣猶見傳唱的長城謠也無所依歸。

一言足以喪邦，更足以亡史。馬英九犯錯更改不了歷史真相，但身為中華民國總統，一言一行動見觀瞻，更何況錯在向國際發聲之際，暴露出領導人及其團隊的無知和輕慢，犯了不應該犯的錯誤！

美國 世界日报 2012.08.17 A3版

稱「主權有爭議」台外交部挨轟

記者雷光涵、王光慈

台北16日電

對香港保釣人士遭日方逮捕，台北外交部16日重申台灣擁有釣魚台列嶼主權，但又呼籲日方「認知主權爭議存在的事實」，引發爭議。前外交部長程建人表示，「我們不能自己說有爭議」，對於相關措辭「要避免給別人不同解釋」，「不好好處理，打官司會吃虧」。

為何對於台灣擁有主權的釣魚台列嶼，外交部承認「有爭議」？外交部發言人夏季昌表示，因各方有不同主張，重點是共同擱置爭議，「不是片面擱置」。

幾位不具名的前、現任資深外交官，對外交部「竟然說自己的領土有爭議」，都表示「不可思議」。

程建人則表示，應強調「雖然日方有主張，但我國對釣魚台列嶼的主權無庸置疑」。

台北黨政高層指出，「東海和平倡議」第二點即是呼籲相關各方「擱置爭議」。

16日國安應變會議後，外交部新聞稿強調「我擁有釣魚台主權的事實不容置疑」與「呼籲日本應認知釣魚台列嶼主權爭議存在之事實」，並無矛盾，也與政府一貫「主權在我，擱置爭議」的作法相符。

黨政高層又說，台灣擁有釣魚台主權是主觀認知，但中、日、台三方皆宣稱擁有釣魚台主權也是客觀存在的事實；中華民國站在維持區域和平與穩定的角色上，「就是要呼籲日方正視爭議存在的事實，才能擱置爭議」，才有和平互惠、共同開發的未來可能。

但問題是馬政府一方面強調擁有釣魚台主權不容置疑、一方面又呼籲日方認知釣魚台主權存在爭議。釣魚台如果是中華民國領土，又怎麼會有爭議？對照各國在領土主權議題「寸步不讓」，政府有必要及時澄清，堅持國土主權不存在「爭議」的立場。

馬政府在新聞稿中指，釣魚台主權「存在爭議」。政府官員認為，這是客觀存在的事實：中華民國既然身為區域和平的倡議者，就要率先承認爭議，才能有後續動作。

但任何國家在領土主權的主張，都不容有「客觀」的空間，外交部在政府文書上承認主權存在爭議，以後還有什麼立場要求他國尊重我國擁有釣魚台主權「無庸置疑」？

當北京、東 京對主權立場堅定不移時，政府在處理釣魚台問題上，手段可以靈活，但立場絕不能示弱。

近平主席閣下勛鑒：　　　　恭喜

閣下接掌全球第二大國之领導！

在可预見之將来，中國在閣下领導下可望

成為全球第一大國！

自二〇〇七年閣下由浙转沪開始，每次高昇我

都有贺卡祝贺（附稿），表示对閣下之领導

強力的支持。

此時閣下接棒，正值國际擾攘之時：外有

強權联合我週边各國对我挤压；内有各种難

題待解，真是任重道遠！　敝人不忖简陋，特

野人献曝如后：

(一)國内可参攷世界日報之社论（附）及「约法

三章」（附）。

(二)國外可多派如蘇秦、張儀能言善道之士（「史記」內載）至周邊各國遊說與我結盟。一則可免動干戈，二則亦可在我國外圍多一層緩衝。

我是黃埔畢業的國民黨員，之所以向閣下獻策乃是衷心希望中華民族強盛也!!!

耑此　敬頌

國強民富

政躬康泰

杭人 孫大公拜上

2012.11.20

又啟：附上「我所知道的孫大公」小冊供參閱。

美國 世界日報 社論

l.com　中共十八大特別報導　2012年11月15日 星期四 THURSDAY, NOVEMBER 15, 2012　A4

十八大的藍圖與習李體制的困境

中共十八大的一個重要特徵就是，在台上的胡溫領導核心，將在大會閉幕後全面交權，由習李上台接棒。海內外輿論普遍認為，在這次十八大的人事安排上，尤其是最高領導層的安排上，前一代的領導核心江澤民發揮了「太上皇」的作用，成了人事布局的最大贏家，而外面津津樂道的江胡鬥，並沒有出現。但是，胡溫雖然在人事問題上退了，卻在政策延續上，為自己未來的歷史定位，布好了局，不可謂不高明。

胡錦濤在十八大的政治報告中，提出了國民收入翻增計畫，這是贏得民心；在政治上首次提出了黨代表提案構想，這是擴大黨內民主，建構循序漸進的民主化進程；在國防上，提出了擴大海權，成為海洋大國的宣言，這是確立強國路線圖。而溫家寶則利用未來三四個月的執政時間，提出了國務院機制和經濟架構上的全面改革藍圖，可謂「九門洞開」，李克強做成了，溫家寶將坐享設計師的功勞，做不成，則是新領導層的無能，而非溫家寶過去十年的不作為。

從這個角度看，胡溫在十八大上，並非是完全的輸家，在某種程度上也是贏家，因為人事問題是短暫的，涉及的是短期利益，方向問題是長線的，涉及的是歷史評價和定位。比較困難的，反而是即將上位的新核心，因為無法主導人事安排，接手的是一個同床異夢，各有背後主子的團隊，未來的工作只能妥協加妥協，難以形成共識，進行大刀闊斧的改革；因為只能遵循十八大胡溫定出的改革路線圖，所有的努力和成功，大部分是算在胡溫頭上，而不能讓自己的權威光環，擦得更亮。說穿了，十八大的高層團隊，在未來的三五年裡，就是「高級政治打工團隊」，而要真正說話算數，按自己的政治藍圖大幹一場，還得要等到下次黨代會。這種情況，當然也可以從積極正面的角度看，是為了中共政策的延續性以及穩定持續的發展，突出的是穩中求變，而非一夜巨變。

在上述內政外交的發展藍圖中，內政最難做到的，顯然是國民收入倍增，因為這需要經濟發展的速度，在未來十年，維持在百分之七點五的增長率之上。除非未來中國的經濟發展，可以仰賴日益強大的內需市場，如果還是要靠外部市場，那麼，在全球化日益複雜，美國經濟遲遲難有起色的現況之下，中國維持高速度增長，不是一件輕而易舉的事情。一旦經濟發展放緩，十八大的這個承諾就可能打折扣甚至泡湯，屆時激起的民意反彈，尤其是對難以遏制的權錢結合的不公平社會統治機制的反彈，結果就難以預料。反之，如要「硬著陸」兌現諾言，通貨膨脹難以避免，後果則一樣嚴重。

外交是內政的延續。如果未來五至十年，中國經濟發展仍然需要外部市場，尤其是依賴美國市場，那麼，在外交上，或者海洋強國崛起上，也會困難重重。總體而言，十八大後，習李體制將在外交上硬一點，以應付國內民族主義情緒的高漲，以及稍微遏制一下美國在東亞發動烽煙外交的猖獗。但是，如果在經濟增長問題上繼續依賴國際市場，尤其是美國，那麼，在關鍵性的衝突上，比如中日釣魚島領土主權爭執上，中國不可能真正與美國翻臉，最後還是會做出很難堪的妥協，非但難以完成成為海洋強國的夢想，外交危機還會演變成內政壓力。除此以外，緬甸的民主化發展，北韓的金家王朝統治危機等其他周邊國家的事情，也會給習李體制的外交，帶來很大的麻煩。

由此可見，十八大的會，最後還是會開成「團結勝利的大會」，但習李體制登場，面臨的內政外交局面，不可謂不嚴峻，而胡溫留下的，是一個棘手的攤子外加一個輝煌的「藍圖」，以及越來越多的「婆婆媽媽」，要開出新局，恐怕需要嶄新的思維和方案。

輯二：國防・軍事・保衛太平島

——建軍備戰・勇於一戰

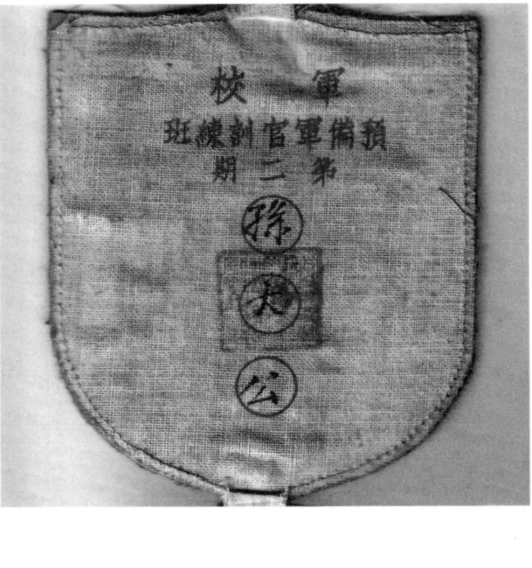

我的理念：

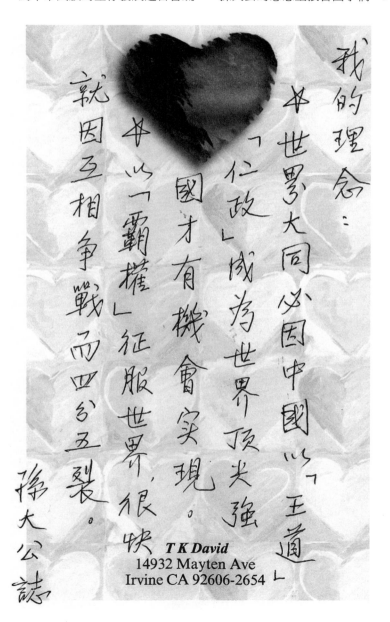

＊世界大同必因中國以「王道」「仁政」成为世界顶尖強國才有機會实現。

＊以「霸權」征服世界，很快就因互相爭戰而四分五裂。

孫大公誌

T K David
14932 Mayten Ave
Irvine CA 92606-2654

守業仁弟：

近閱報載陸官校實習旅長等考試作弊被開除事，有數位不明瞭我校之校規及榮譽制度之有力人士，希望學校收回成命，使校長困擾，校譽瀕臨破壞，幸虧你在校時是卓越之學生，深知榮譽制度之精髓，因此大力維持官校之原議，致風波平息，黃埔精神仍然屹立，在美之學長們皆大為讚揚，希望你能繼續發揚光大我校之黃埔精神！

耑此　即祝

健康如意

兄
孫大公　民82年校慶日

又及：我退休後在洛杉磯居住。附贈全家近照一張。

新任參謀總長

守業學弟如晤：

值此國內多事之秋，軍心渙散之際，正需要一位正直实幹的將領來担任參謀總長。此次上級選你出來挑此重任，確实具有慧眼。而你也正好藉此机会一展長才，為國家民族竭智盡力才不負此生！

我知道你出任總長，又升一級上將，真為你高興，特將我自己的座右銘供你參攷：

「豈能盡如人意，但求無愧我心」

祇要胸懷國家民族，走在正義無偽的大道上，毀譽不計，歷史自有公論。

勉之！勉之！

祝

才華大展

建功立業

小兄

孫大公上

2007.02.02

David T. K. Sun
14932 Mayten Ave.

大公老連長鈞鑒：梅凝臘月，柳渡江春，恭維

福履綏泰，潭第康寧，為祝為頌。日前餐敘，感謝

老連長親臨參加，使得晚宴倍增光采，這次聚會賓

主盡歡，與宴的學長、學弟同沐溫馨，心裡感到非

常的愉快。

日前來函敬悉 老連長尋根有成，並追溯至三

國，實屬不易，更與孫中山先生同列宗譜，更是難

逢的榮耀，職同感振奮。時已入冬，天候漸冷，請

多注意保暖。並祈望

一本愛護之心，教言時頒，以為立身行事之南針，

守業用箋

謹以由衷感恩的心，誠摯的祝福 老連長暨夫人

身體健康

新春愉快

職

霍守業 敬上

九十七年十二月二十三日

編者按：此處原有書信人住家地址，今略記。

守業用箋

溥聰秘書長大鑒：

六月二十二日特趨前進謁，但因你忙，未遇，甚憾！唯得与操、林二位先生晤谈，將我心得相告，甚冀能有助我党五都勝选，亦以慰愚忠！

以目前兩党之競选資源而言，我方必操勝算，因我有法宝而彼無也，也即政府有权做很多嘉惠國民之事，而在野党無此权也：

如簽ECFA（已簽）嘉惠工、農、商界。

如於选舉之日前兩三週和任一隣國簽一FTA。

如可与対岸簽一个「航空航海器緊急救难協议」——此合國际法——以便將來有必要時利用太平島共衛南海疆域。

如我方宣佈「暫時」不買F16的，而对岸宣佈「開始」後撤飛彈，解開「先经後政」中间的軍事死结，這樣就可「開始」谈和平协议了，也就是给全國國民一个「安定繁荣社会」的遠景。

……

諸如此类都是我们用不尽的法宝，只要源源不断地用出去，國民得到了实质的好处，他们的选票自会投到我们的篮子裡来。千萬不要被小丑流氓党引诱去作口水戰，這是他们没有法宝時的法宝。

不过做這些事必须慎选「總策劃」和「兩岸密使」，以免未做先曝光，弄得又是綠營「公投」和「遊行示威」的目标，终至不能成事。野人獻曝，僅供参考。祝

萬事順利

老党员 孫大公上
2010.07.01

又及：另附資料供参。

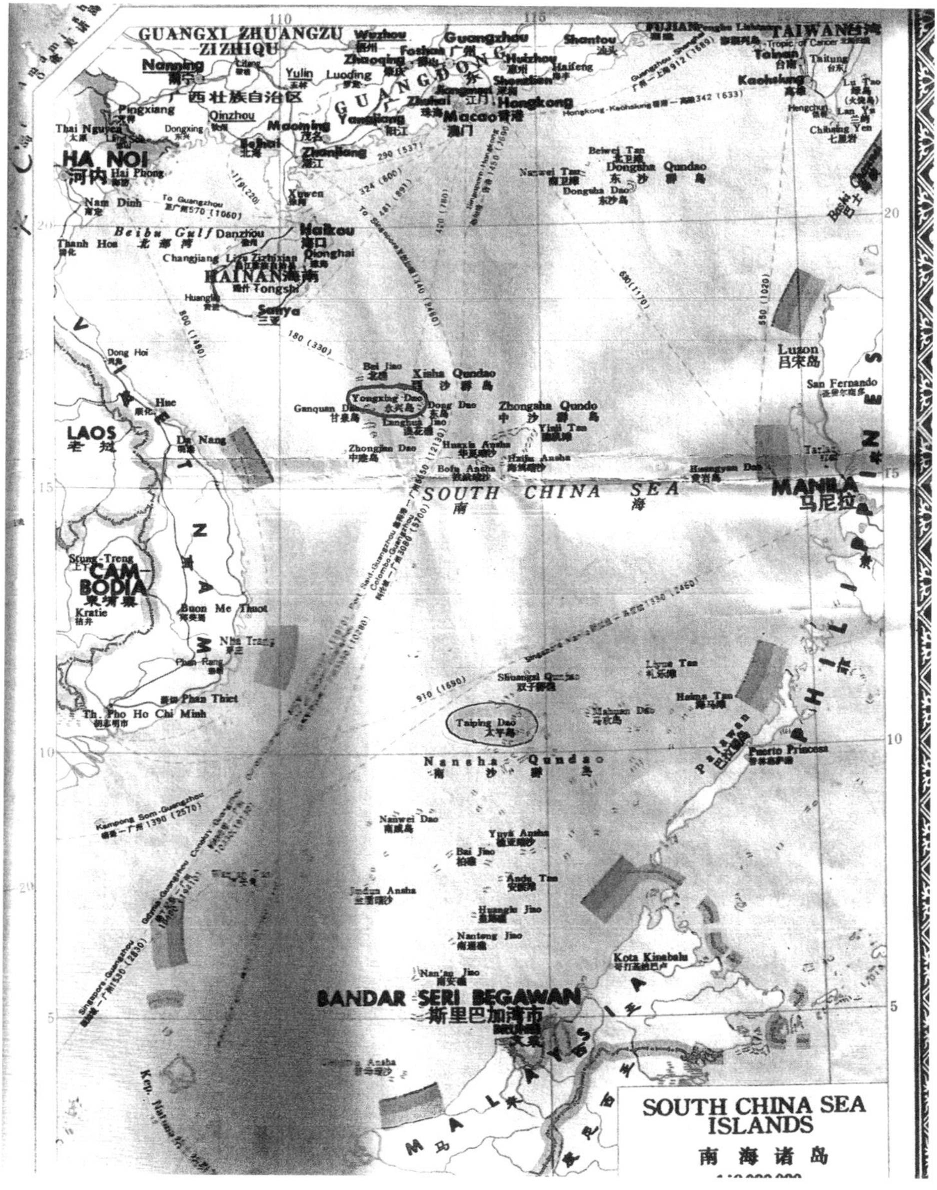
GUANGXI ZHUANGZU ZIZHIQU
广西壮族自治区
Nanning
南宁
Guangzhou
广州
Shantou
汕头
TAIWAN 台湾
GUANGDONG
广东
Hongkong
香港
Macao
澳门
Kaohsiung
高雄
HA NOI
河内
Hai Phong
Beibu Gulf
北部湾
Haikou
海口
HAINAN 海南
Sanya
三亚
Dongsha Qundao
东沙群岛
Xisha Qundao
西沙群岛
Yongxing Dao
永兴岛
Zhongsha Qundo
中沙群岛
LAOS
老挝
Da Nang
CAMBODIA
柬埔寨
Luzon
吕宋岛
MANILA
马尼拉
SOUTH CHINA SEA
南海
Taiping Dao
太平岛
Nansha Qundao
南沙群岛
Palawan
巴拉望岛
Puerto Princesa
Th. Pho Ho Chi Minh
BANDAR SERI BEGAWAN
斯里巴加湾市
Kota Kinabalu
SOUTH CHINA SEA ISLANDS
南海诸岛

主席勛鑒：（胡）

報載美韓將在黃海联合軍演，此乃「項莊舞劍，志在沛公」，真是欺人太甚！不过經我方抗議後，其演習日期已一拖再延，表示亦知問題嚴重，正在考慮下一步。值此敏感時期，就怕擦槍走火，兩敗俱傷，是否可考慮给一个保其颜面之下台階？

另外我國明言將南海納入核心利益。此事若無实力置入，恐空言無效。唯南海遼阔，僅靠海南島基地作為後盾，有時鞭長莫及，何不趁兩岸剛签ECFA之時，与台湾草签一个「航空、航海緊急救難協議」─此合國际法─以便將来利用台湾的太平島作為中繼站?!

在签此協議前，双方必先互相釋出善意，解開夹在中间之軍事死结。此事易為，只要台灣宣佈「暫時」不買美國F-16戰機，而大陸宣佈「開始」後撤飛彈，這樣便可開始着手谈兩岸和平协議，一則給台灣同胞一个「安定繁榮」的遠景，二則減少第三者插手我國内政的機會。

以上建議乃个人淺見，用野人獻曝方式供參。

另附社論一則及个人资料四張。

尚此　敬頌

政通人和

國泰民安

嘮叨叟

孫大公謹上

2010.07.07

溫習錄

勛鑒：

今年七月七日曾上书建議(附)与台灣簽署「航空、航海器緊急救難協议」，以作中台合作捍衛南海之「伏筆」，猶如当年小日本以修築「滿州鉄路」為幌子，實際多作「其他」之事。不料今日(八月卅一日)見报頭条(附)北京已拟与台合作建設太平島共同捍衛南海主权，可見英雄所見畧同。但如此大張旗鼓之宣示，恐激惱美國与南海周边之國家，將联盟抵制，使此事難以進行。尤其台灣無海軍實力，已宣佈將建太平島為度假之島，保身第一，豈敢公然与美國為敌?!所以此事本宜暗中進行，如今鍋盖揭開，不得不硬着頭皮進行，因此最好速与台灣簽一个國际公認的「緊急救難協议」，然後按兵不動，由台灣比照美國塞班島擴建機坊和碼頭作為迎接觀光客之用，待建成後可偶尔送一機或一船前去「避難」，並因之送去「修護設備和技工」駐守，當區域情勢緊急時，可比照美國借用琉球基地与台簽署「臨時借用条款」。不知如此是否較為和緩可行？

另外八月廿八日報載兩廣与海南聯手管南海（附）。這只能管沿海海域，地方力量怎能管到南海國疆，所以周遭國家対此不会有疑慮，倒是与台合作太平島恐怕掀起千層浪。慎之！慎之！

耑此　敬頌

國泰民安

孫大公謹上
2010.08.31

北京擬與台合作 建(新)太平島

港媒披露：大陸軍方專家盼兩岸共同捍衛南海主權 擴建大機場

記者李睿

香港31日電

香港鏡報9月份的封面頭題，提出「兩岸合作、開發南海」的主張，並具體引述大陸軍方專家意見，兩岸合作再造一個新太平島，為大開發準備一個大機場。

即將出版的香港鏡報月刊刊載題為「保衛南海主權的戰略戰術」的長文。文章強調，北京當局已就解決南海問題做出全面部署，領導層的戰略決心已定，南海主權不容外國挑戰。

文章提到，北京領導人提出解決南海的策略，是「擱置爭議，共同開發」。目前在南海爭議中，不能否定台灣是「其中一方」，「共同開發」包括台灣，既不悖法理，也符合現實。

文章指出，兩岸經濟合作協議（ECFA）的簽定和推行，為兩岸合作開發提供了模式和法理依據。而兩岸「有識之士」正探討兩岸南海共同行動方略，其中最有希望的合作項目，是對南海油氣資源的開發。

文章進一步提出，兩岸應合作造一個新太平島、一個大機場。目前台灣控制了南沙的太平島，大陸控制著永署礁等礁盤，大部分島礁，由越南、菲律賓、馬來西亞、汶萊和印尼等控制。

太平島面積0.443平方公里，是南沙最大、海拔最高的島嶼，也是唯一有天然淡水的地方。太平島位居南海正中央，電子偵察機在此升空，整個南沙海域便飽覽無遺，一有風吹草動，便通知巡防的艦、機，「滅星星之火於未燃」，而毋需動用航母戰鬥群。

文章說，大陸軍方專家和戰略學者認為，太平島的戰略位置無可比擬，地質條件也好，應當借用太平島地基，在旁邊填海造一個新太平島，建設一個軍民兩用大型機場。文章認為，太平島建新島和大機場經濟上也有驚人效益。

南海諸島示意圖

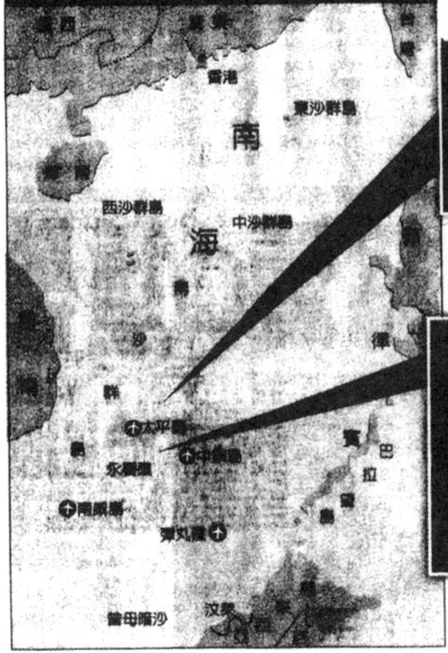

太平島上「南疆鎖鑰」石碑，宣示中華民國主權。（本報資料照片）

永暑礁目前爲大陸控制，島礁上有簡體字及五星旗。（網路圖片）

日期：2010.08.31

南沙機場有4個

太平島條件

大陸新聞組

北

南海主權之爭眾說
前，西沙、中沙由中
東沙以及南沙的太平
控制，中國在南沙只
署礁等幾個礁盤，大
礁、沙、灘均被越
賓、馬來西亞、汶萊
侵占。

香港鏡報9月份文
南沙目前建有四個機
灣、菲律賓、越南
亞。菲律賓在南沙北
島修建了長1500米、
機場，雖為南沙第一
但實用性不大。越南
島建了一個有600米
場。馬來西亞在南沙
丸礁，透過填海建
米的機場，這個機場
旅遊潛水的聖地。

文章認為，以上
並沒有地質條件建
場，勉強建成也不能
建築物和油庫，否則
陸沉，日本關西機
子。為此需要不少金
文章說，太平島
簡易機場，台灣方面

（附件四）

簽海事管理協議 降低周遭國疑慮

兩廣、海南 聯手管南海

記者陳東旭

綜合27日報導

南海水域主權之爭正處敏感之際，中國大陸廣東、廣西、海南三省的海事局27日聯袂簽署海事管理合作協議，未來三地海事部門將以制度化共同合作管理南中國海海域。

三地合作宣言稱，要打造安全、暢通、高效、清潔的南海海上交通安全環境。但據了解，由於南海主權問題日益複雜，三地的合作協議意在今後對南海主權加強管理，同時透過敏感性較低的海事部門可降低周遭國家的疑慮。

官方中新社報導，海南、廣東、廣西共轄南中國海，都是航運省分，海洋資源豐富，天然港灣眾多，海岸線居全國首位，瓊州海峽和北部灣又是連通南北重要通道，三地海事共同肩負著保障海上南北水上運輸大動脈安全通暢的重任。

海南海事局局長李國平表示，隨著泛珠三角區域合作、泛北部灣區域經濟合作，以及海南國際旅遊島，帶來瓊州海峽、北部灣經濟的新發展，給三地海事管理業務工作帶來新的挑戰。

為適應海南、廣東、廣西區域經濟發展的步伐，三地海事局在船舶監管、海上巡邏搜救、海事執法等各方面良好的合作基礎上，本著平等互利、科學務實、優勢互補的原則，簽署這項海事管理合作協議。

具體作業包括，三地海事局建立信息通報、業務研討、安全誠信互認、海上聯合執法行動、航運公司審核互助、海上巡邏搜救和事故應急合作、船員管理業務合作、執法督查合作等一系列合作機制。

廣東海事局局長梁建偉則說，三地建立合作機制，可維護國家海洋主權、促進轄區水上安全、服務地方經濟發展做出更多貢獻。

美國世界日報 2010.08.28 A4版

（附件二）

英九總統閣下：

太平島危矣!!!（附件一）

頃閱報載「越南可能攻占南沙太平島」，其內容的的屬實，並可能在近期動手。太平島地理优越，可控制整个南海，若被他國強佔，則南沙群島將会被多國瓜分，將來再想收回，難矣！所幸八月廿一日報載，大陸欲与我共衛南疆（附件二），正可与之共簽「開發太平渡假島之協議」－避免軍事協议－昭告世界，斷絕周遭各國之覬覦，則太平島可保，我國南疆可安！謹呈芻見，以供卓參。耑此敬頌

國泰民安

孫大公 上

2010.09.07

美學者警告：

越南可能攻占南沙太平島

美世界日報 2010.09.07 A2版

綜合報導

史丹福大學國際安全和合作中心研究員薛理泰在新加坡聯合早報提出警告，越南趁著同美國快速修復雙邊關係的機會，最近聲稱擁有南沙完全的主權。今年初又增派數百名最精銳的陸戰隊在南沙登陸。這是一項發人深省的警訊，河內似乎不久將採取大動作，攻占台灣掌控的南沙主島的太平島。

薛理泰認為，國際關係史上，豈有一個國家聲稱擁有並且準備行使一個群島的完全主權，卻不占有該群島的主島的道理？

薛理泰強調，太平島擁有淡水資源，面積0.443平方公里，適於人群長年居住。中華民國於1946年派太平號軍艦收復南沙，將主島取名為太平島；於1956年又派軍隊開赴南沙，驅離登島開採磷礦的菲律賓軍民；從此，據守至今。

但近30年以來，海峽兩岸囿於抗爭，大陸又內耗不斷，兩岸均缺乏經營南中國海的遠略，聽任周邊各國蠶食鯨吞各島礁。久而久之，各大國石油企業與周邊各國結成利益攸關的經濟共同體。

薛理泰表示，越南已做海戰準備。至今越南在南沙占領29個島礁，駐軍2000餘人。越南又在南威島修築軍用機場，平日可以用於運送裝備、物資，戰時則用於起降小型飛機，配合從越南本土起飛的蘇凱系列戰機，在南中國海上空爭奪制空權。

過去十年內，越南投入巨資，在沿海地區修建多處海、空軍基地，駐紮新銳艦艇和蘇凱系列戰機。這些戰機作戰半徑超過1500公里，足以覆蓋南沙海域。近年越南利用從南中國海開採油氣賺得的巨額外匯，向俄國訂購大批新銳武器裝備，包括為數眾多的蘇凱系列戰機、新型潛艇、艦船、反艦導彈等，都是用於海戰利器。利器在手，越南自然膽氣益壯。

文章強調，越軍作戰原則向來是直取敵軍要害，畢其功於一役。1975年3月，河內揮師進攻南越，次月底即占領西貢；1978年12月底，越軍進攻柬埔寨，次月中旬即攻占金邊及全境主要城市。史有先例。

如果河內不打算在南中國海有大動作，又何必花費巨資從俄國購買海戰利器呢？薛理泰分析，攻下太平島，對河內益處多多：一是駐紮島上的中華民國海巡署警察不經打；二是效益大，占領以後可使用島上大機場以牢牢掌握南中國海制空權，又可利用淡水資源，利於持久；三是占領南沙主島並有效實施管轄權，對於其決意行使的南沙的完全主權，擁有法理依據；四是台灣在國際上處於孤立狀態，即使越軍襲取，台北也孤掌難鳴。

總統夫人美青女士賜鑒：

去歲八月二十六日曾给您寫信，請您伺机向馬先生進言。由於最近五都選舉，他更忙，更無暇関注一些影响根本的「大事」，所以再冒昧進言。所附剪報（2010.09.04 A4）上有兩則文章：一对内、一对外。看起来無足輕重，但是小洞不填，大洞難補！

社論「國語華語之爭」是綠營去中國化之伏筆，若任其惡煮，等生米熟飯時補救將大費周章。為今之計，簡單！只要把「國語文課綱委員」撤換成藍營人士即可。

新聞中「胡錦涛未提國軍」是給國府一个下馬威，因為他在二〇〇五年九月三日紀念抗戰60週年講話中已將國民党提升為与共產党平起平坐的抗日伙伴。如今因共党在各方面大力让利，而我方求勝心切，得寸進尺未顯善意，所以故意貶損我方之平坐地位。我方現在要稍安毋躁，同時釋出善意——如「合作開發太平島」，一則打消南海各周邊國家蓄意強佔之意，另外也可在風雲緊急時供共軍借用基地同保我國南疆

小事可動搖根本，不得不慎！敬請適時進言。亦、代國民向您致謝!!!

祝您

健康快乐，為民謀福

七十八歲

孫大公拜上

民99.09.09

總統府用牋

大公先生大鑒：

本（9）月9日致　總統夫人大函暨附件，都已經收到。對於您愛國情殷，再次遠從海外函賜卓見，　總統伉儷至感佩慰，特別要向　您表達敬意與謝忱。未來仍盼　續領僑界，支持政府，愛護國家。特此函復

並祝

康健

總統府機要室

99年9月30日

華柱学弟如晤：

五月十九日与你对酌甚欢。六月返台後去看金溥聰，他忙未能見着。七月返美後曾去信給他（附件一）

最近台灣周遭風雲詭譎，釣魚島及太平島皆予台灣重大威脅，自然也成了你的重担，好在目前釣魚島由中共頂着，但太平島在我國轄区内，若被越南強佔（附件二），則我軍無法向國民交待，因此在九月七日寫信給馬總統建議自保之法（附件三四）。

特將信稿及資料寄你参考。

勗此　即頌

時祺

小兄

大公

2010.09.22 中秋節

大公老師鈞鑒：

歲序季秋，節逢泛菊，敬維

福躬康泰，至為頌禱！日昨頃奉

自美賜函併附致層峰暨金秘書長信函，敬悉吾

師旅居在美，仍心繫國是，常年關注國軍與兩岸關係，並適時提供剴切建言，用身立命之情懷，特函申致由衷欽敬之忱！尚祈

時頒訓誨，以勵來茲，不勝企禱！邇來寒暖不一，

伏祈珍攝。耑肅　敬頌

旅祉并祝

閤府安康

生 高華柱（印）敬啟

九十九年十月十一日

華柱用牋

美 世界日報 2011.05.31 B8版

中越南海衝突 一觸即發

記者李大明
聖地牙哥報導

南中國海周邊國家間的齟齬已掀起一片怒濤。中國三艘海監船27日強力制止越南開展海底石油鑽探活動，並將越方勘測船逐出中方經濟專屬區，引起越方激烈反應，河內與胡志明市輿論甚至揚言：「為了捍衛主權，不惜向中國開第一槍」。中國外交部發言人則提出反駁，指中國海監船是在管轄區域執法，越方無權干預。

越南在其非法侵占的南沙某島建成碼頭與樓房。（網絡照片）

島礁爭奪 變搶能源戰場

事件說明，各國在南海的爭端已不再局限對島礁、沙洲的爭奪，任何一處可能蘊藏油、氣資源的海域，都可能頃刻間變成各方較量的戰場。

南海爭端由來已久，從史籍記載、實際經營看，南海諸島是中國人最早發現及、棲息、利用、並宣示主權之地。事實上，除了法國、日本軍隊在戰時短暫盤踞某些小島，周邊其他國家在1956年前從未對這些島嶼主權提出主張。相反，當北京官方1958年公開確定領海寬度、並重申西沙、南沙、中沙三群島為中國領土時，北越總理范文同還發表聲明，尊重與承認中國的立場。

然而，隨著南海海域豐富的自然資源逐漸被發現，各方都伸出貪婪的手。從1956年到1974年，18年間，所有具備生存條件的島嶼被菲律賓、越南與馬來西亞瓜分殆盡。只有南沙的太平島與西沙的東半部宣德群島，仍分別在台灣與大陸控制下。

1974年初，解放軍看準南越西貢當局江山不穩，在離海南島較近的西沙群島小試鋒芒，從南越海軍手中奪回其西半部永樂群島。輸了這一仗的南越痛定思痛，急忙增兵南沙，鞏固當地防務。中國海軍那時尚無足以遠征南沙的軍艦，眼看越軍在南沙登島、升旗，徒呼奈何。

北越接管 南沙六處島礁

第二年4月30日，西貢陷落，南越亡國。事隔一天，得勝的北越軍隊就派兵接管南沙六處島礁、沙洲，占領維持至今。其中的敦謙沙洲（越南擅改其名為「山歌島」，即Dao Son Ca）離中華民國國軍控制的太平島不到十公里；鴻庥島（越南擅改島名為「南謁島」，即Dao Nam Yet）離太平島也只有20公里。劍拔弩張的對峙態勢，就此形成。

解放軍擴建無人島 占地

當前，南中國海的勢力範圍是：東沙島由中華民國國軍控制；西沙群島在大陸解放軍掌握中。南沙群島則多數淪於他人之手，只有最大島太平島由國軍駐守。其餘則有：菲律賓所占中業島等九島、越南所占的28處島礁，以及馬來西亞控制的四座小島，連國勢最弱的小國汶萊，也聲稱對中國的南通礁「擁有主權」。來得最晚的解放軍無地可占，只好在一些稍為露出海面的珊瑚礁砸下重金，擴建成11座人工島，分別是赤瓜礁、南薰礁、東門礁、華陽礁、渚碧礁、五方礁、仁愛礁、信義礁、仙濱礁。

至於中沙群島，現仍全部隱沒水下，尚無其他任何國家染指。中國將這群水下暗礁「提前」稱為「群島」，為的是等到數百年後這些珊瑚礁露出海面，可以順理成章，置於中國版圖。

軍力對抗難免擦槍走火，相關各國已多次爆發武裝衝突。除了1974年西沙海戰，還有1988年中越之間的赤瓜礁海戰、1994年中國一菲律賓美濟礁衝突、2003年中國一印尼海軍交火。今年5月6日，還傳出中國海軍「湛江號」在南海護漁時，與試圖綁架中國漁民的菲律賓艦艇交火，擊沉對方巡防艦與巡邏艇。雖然中方事後解釋是「誤會引起的誤擊」，但菲方怒氣難消，中方急派國防部長梁光烈前往訪問。

南海問題如今被明確定性為「中國核心利益」所在，羽翼漸豐的中國海軍在這片海域不會無所作為？不難想像，未來與周邊國家再度兵戎相見，只是時間問題。

↑中國砸下重金，將稍微露出海面的永暑礁擴建成人工島。圖為駐守永暑礁的中國海軍陸戰隊官兵。（網絡照片）

郁方委座大鑒：

閱報知您敦促政府加強太平島之防务，這是非常正確而關鍵的建議。但南海四週餓狼環伺，僅靠我方本身力量抵禦，猶如鷄卵碰石，不如借力使力，四兩撥千金事得有效。

去年九月曾上書馬總统（附稿），乘此兩岸热通之時，由大陸投資与我方共同開發太平島為度假島，然後比照塞班島模式擴建机场和碼头（以備後用），同時並簽一个「航空航海器緊急救難協議」—此合國际通法，以備有事時使用。

南海風雲緊急，中共也正大傷腦筋，若有一个中途站則可緩解暫無航母之厄，所以此事易成！：唯需（一）事未成前極端保密；（二）簽约後即張揚於世，取「狐假虎威」故事。

此事亦於去年進言中方高層（附稿）。

粗淺之議，尚祈指正。

敬頌

黨論救國！

弟 孫大公謹上

2011.06.14

（附件六）

（中方出任一縣長）台鑒：

閱報知我方欲開發永興島為旅遊島（附），這真是一個好主意，因為將來南海有事，可與海南島互為犄角。但缺点是距離南沙太遠，海空航程受限，若一旦有事則鞭長莫及，最好趁現正在開發旅遊島的風頭上，與台灣簽署一個共同開發太平島的協議（台灣早已宣佈開發太平島為旅遊島），我方出錢出力將跑道及碼頭加大，名為方便遊客，實則方便多役軍用（可參照美國代管太平洋中塞班島的做法）。祗是此事可做，却不可大談「宣示主權」。古人有「明修棧道，暗渡陳倉」之計，相信今人也会有此智慧！

如今南海風雲緊急，週边國家欲联合抵制我方，而美國又在背後煽風點火，我方再不加緊佈署，恐悔之晚矣！若欲先徵詢台方意見，我或可代向馬先生先容。

耑此 敬頌

民富國強

孫大公謹上
2012.04.14

世界日報 worldjournal.com　2012年3月30日 星期五 FRIDAY, MARCH 30, 2012　大陸(一)

宣示主權 中擬開發西沙旅

年內開通海南島、永興島郵輪航線

大陸新聞組

香港30日電

為強化對南海諸島主權，中國計畫今年內開闢海南島與西沙群島最大島——永興島之間的郵輪航線，宣示對西沙群島及附近海域的主權。

恐破壞生態環境

西沙旅遊開放一直是海內外關注的焦點，到西沙旅遊是海內外遊客多年的夢想，有消息表明，開放西沙旅遊的步伐正加快推進，而此項工作正是按照2010年初《國務院關於推進海南國際旅遊島建設發展的若干意見》中提出的「要積極穩妥推進西沙旅遊，有序發展無居民島嶼旅遊」部署進行的。

央視近日報導稱，為鞏固南海主權，中國年內將開通海南島到西沙永興島的郵輪航線，具體將由「椰香公主」號船舶承擔。這艘遊輪是大型的人、貨、車混裝船，載客人數達800人，全長140公尺，寬20.4公尺，航速每小時20海里，屬豪華級郵輪。

香港文匯報報導，中國南海研究院院長吳士存則表示，西沙全面開放旅遊是遲早的事，但西沙的生態環境很脆弱，如果不能很好實施保護，則有可能造成對西沙環境的破壞。

知名軍事評論員尹卓指出，開發西沙群島旅遊業，對中國宣示主權會很有好處。因為，傳統國際法的「先占原則」，就包括首先發現及命名、首先經營及開發、首先實施管轄權及行使主權等項目。而開發旅遊就是經營開發的一部分。

尹卓說，一個國家是否有權擁有島嶼，還包括在島上是否有足以維持駐島人員生存的生產活動。

菲越擬聯合軍演

此外，菲律賓和越南擬在南海聯合軍演，並共同巡邏兩國海上邊界，圍堵中國意圖明顯。據香港東方日報引述菲律賓每日問訊報報導，菲律賓和越南計畫未來在南海進行聯合軍演，並在兩國海上邊界共同進行巡邏。菲國海軍中將早前到訪越南，達成相關協議。另有報導指稱，菲律賓日前於南韓首爾舉行的核峰會上，成功爭取歐盟支持該國在南海問題上的立場，按國際海洋法處理中菲的領海爭議。

中國外交部發言人洪磊昨則重申，中國對南沙群島及其附近海域擁有無可爭辯的主權，敦促菲越兩國遵守中國與東盟簽署的《南海各方行為宣言》，避免採取損害南海和平穩定的行動。

負責西沙航線任務的郵輪可載800名旅客。（取材自新快報）

永興島位置圖

永興島

永興島是西沙群島中最大島，面積2.1平方公里，島上有政府大樓、銀行、郵政、醫院等設施，已修建300米可停泊3000噸級船隻的碼頭。（大陸新聞組整理）

制中？

日砸大錢援

大陸新聞組

美國之音引述日本新
日本政府在3月底結束的
度向越南提供的官方開
（ODA）已達2700億日
本政府給越南提供援助
紀錄。

據報導，日本政府下
力機構（JICA）近日
府簽署八個貸款合同。
11月，日本政府分別表
高速公路和港口建設提
圖；這使得日本對越南
額累積達到2700億日圓，

日本的援助資金將主
「和樂高新技術產業園
機場第二航站樓、胡志
以及高速公路和港口碼

海外中文媒體指出，
提供巨資援助的背景是
日本與越南簽署了安全
希望在南中國海與越南
作，平衡中國影響。中
編撰詳細的南中國海島
開發西沙群島的旅遊業

（附件五）

華柱学弟如晤：

今閱报知悉，越南在太平島向我方挑釁（附件一）。這祇是它的先遣试探動作，尔後会越甚囂張，甚至出兵強佔（附件二），屆時我方是戰是退？兩難！

我已去信馬总统（附件三四五），建議与中方合作開發太平島，方可立于不敗之地。（此事我也於2010.09.22給你的信中提及）。

耑此 即祝

時祺

小兄 大公

2012.04.20

英九總統閣下：

太平島真的危险了!!!（附件一）

在前年（2010.09.07）曾上書有関拯救太平島危机事（附件二三四）。如今越南已準備完畢，開始動手了，雖然祇是試探，可是大動作也不遠了！以天時地利人和来講，我方居於劣勢，再不想方設法，恐怕悔之晚矣！

拙見仍是与中方簽一个「共同開發太平渡假島協議」——千萬避免「主權」和「軍事」等字眼。因為中方正擬開發永興島為旅遊島（附件五），順勢推舟，讓全世界都看到中國人是和平民族与各國為善。若有人想動太平島腦筋，他会考慮对手是誰?!

我在几天前曾上書中方四位領導（附件六），希望两岸取得共識，儘快密谈簽约以救太平島！

敬頌

國泰民安！中華屹立！

八十翁孫大公謹上
2012.04.20

美 世界日報 2012.04.20 A6版

南沙風雲急 越艇開槍向台挑釁？

海巡署證實 越南巡邏艇上月兩度入侵水域 台以雷達監控逼退 未釀事端

記者洪哲政

台北20日電

媒體報導海巡署南沙太平島巡邏船艇遭到越南巡邏艇開槍，台方未還擊。海巡署上午表示，越南巡邏艇與大型船艦確實於3月22日、26日兩度侵入太平島6000公尺內限制水域，26日當天還侵入到4000公尺禁止水域，經台方派船或以雷達監控，對方退出，未釀事端，海巡署否認有遭開槍情節。

據當日參與任務官兵透露，22日台方派M8快艇與多名官兵在無武裝情況下，前往太平島與越南敦謙沙洲間的中洲礁淨灘，南沙指揮部上校指揮官也隨同前往，在中洲礁附近與越南巡邏艇擦身而過，台方船隻經過後，官兵耳聞「碰」的一聲，懷疑是船隻發動機氣爆聲，台方船隻也沒有找到彈孔。研判敦謙沙洲有工程進行，造成對方活動頻繁，確有低強度的挑釁動作。

海巡署長王進旺上午南下高雄巡視部隊，要求海巡署對外說明，海巡署表示，太平島防區3月22日確實發現越南小型巡邏艇進入台限制水域，台方派遣兩艘M8快艇前往監控，兩船相距50公尺左右，對方即行離開。

海巡署說，第二次是在3月26日，在海象惡劣、海面濃霧、視線不良情況下，太平島防區雷達發現有兩艘大型目標船隻進入台方禁制水域4000公尺水域內，台方以雷達監控後，對方調頭離去。

時報周刊報導，越南武裝巡邏艇兩度挑釁，撼動總統府及國安高層，國安會召開跨部會緊急會議，要求守軍不得動武，同時也透過外交途徑向越南表達最嚴重抗議，這不但是台、越雙方首次武裝部隊正面衝突，更讓詭譎多變的南沙衝突，升溫到有史以來最高點。

副主席勛鑒：（習）

中美之間終必一戰！

世界著名戰略家都曾如此預言過，理由是：

一、美方欠中方債務過多，即印鈔机也幫不上忙。

二、現政府若不解決此債務問題，將被其後代唾罵。

三、如今美方的軍力世界第一，中方難以望其項背。

四、美方信奉「先下手為強」原則。

五、以「八國聯軍」為例，戰勝國除消除債務外，還可獲鉅額賠償（此為一大誘因）。

目前的態勢是：

一、美方已对中方形成O形包圍。

二、美方在伊、阿陸戰失敗，但在中东海空戰却大嚐甜头。

三、美方利用其「盟」國挑起事端，如苏岩礁(韓)、釣魚島(日)、黄岩島(菲)、太平島(越)。

四、美方与其四國重兵軍演，也即其重兵已達第一线，不需浪費時间在增援上。

五、美方令其爪牙步步進逼，只要任何一地与中方挑起戰火，就是它增援開打的藉口。

我方已到火燒眉毛的時候，如何脱困以救國家？

愚見如下：

一、在东北亚与韓日之争，因有中俄軍演，暫置一边。

二、重点是南海若不清场，就要火燒後庭了。

三、古人有「遠交近攻」之計，不如放低姿態与菲結交，给其大量好處(即美方無法給的地利、优勢)。

四、先穩住情勢，秋後再說。

五、对越則陸海空重拳打趴它，使其臣服，以免对菲時它在側後面偷襲。

六、務速与台方订約共同開發太平渡假島，以便出兵对越有據。（附以前建議影本）

七、務速修正我方以前之失，即曾宣佈「我方決不先用核武」此事使各國心無顾忌，連亞洲小國都爬到頭上来了。北朝鮮僅宣佈要「試」核武，美方就小心從事。所以，務快召告全世界「我方若遭侵略、或主權被損之時，前條無效」。這才会起很大的效用。

拉雜寫来，祇因情急，不知是否可用？ 敬頌

國泰民安

杭人 孫大公謹上 2012.04.22

編者按：美國對中國的包圍詳見本書附件三。

英九總统勛鑒：

美國自韓战開始，數十年來利用台灣作為其防堵中國大陸島鏈的一環，不時卖些特高价的破銅爛鉄（如M48战車、紀德艦等等）給我方，美其名為增強战力。如今為了要在其軍力最盛時压制中方，居然支持越南謀奪我太平島，枉顾信義，想独霸南海，真是斯可忍，孰不可忍？！我方就算買它一百架F16C/D也救不了太平島，還要被後代子孫罵翻，還不如現在就与中方正大光明地合作防衛國土，諒在野党為反对而反对時，也不敢冒「卖國賊」之名（除非日本雜种来領头，卖了钓鱼島再来卖太平島）。

美方与越菲的軍演部隊已在第一线，箭在弦上，祇等太平島或黃岩島点个火头了。目前要救太平島的危机，请深思熟慮早下决心。敬颂

寸土無失！

八十叟 孫大公上
2012.05.05

日報 worldjournal.com 2012年5月4日 星期五 FRIDAY, MAY 4, 2012 焦點(三) A4

美國阻擾台灣增援太平島

美國在台協會前日針對台灣立法院林郁方立法委員建議台灣軍方在南沙太平島加強布防，並指美方干預事，公開澄清美方的態度。此一訊息非比尋常，值得關注美國意欲在南海會有什麼新的動作。

美國在台協會發言人萬德福表示，美國與其他國際社會，對南海都有共同興趣，而美國立場十分清楚，支持所有主張南海利益的聲索國與團體，共同合作以外交程序來解決南海區域的爭議。萬德福強調：美國並不支持任何國家，以競爭手段在南海奪取主權。希望各主張對南海所有權的國家，遵守國際海洋公約的約束。

這段話和美國國務卿喜萊莉在美菲二加二會談後的發言相當接近，但刪除了「主權」的字眼，另在聲索國之外加了「團體」。這說明美國對台灣的態度，一是以「團體」待之；二無台灣宣稱的「主權」；三無台灣增強太平島軍備的空間。這和北京國台辦針對南海問題表態，兩岸有責任共同合作云云大異其趣。

據林郁方透露，他曾以凍結預算為手段，強力要求軍方在南海太平島部署購自美國的短程飛彈，包括恐怖分子最愛的刺針飛彈。此舉立即招來美方人員以「反恐」的理由關切。但就林郁方的理解則是另一回事，即這是因為美方暗地結合越南與菲律賓介入南海，並擔心兩岸在南海聯手。

對此林郁方並未堅持非要在太平島部署美製飛彈，但美方的理由很奇怪，反對台灣當局防禦型的布防竟是為了「反恐」。這等同說明台灣軍方不可信任，而且有「反恐」缺口？但美方何以無視越南和菲律賓在南海的武裝活動。況且台灣在南海太平島駐軍，迄今為止，完全無涉任何主權和領土爭議，除非美國另有認定，否則沒有立場干預台灣在太平島上的軍事部署，且公開發言。

美國在台協會的聲明當然來自美國政府的授權，是有政策和立場的。必要指出：這篇聲明的重要性不在美國的立場如何，況且國務卿 喜萊莉早有明確的說明，而在美國的立即反應。因為是立即反應，應可確認這是美國既定的政策且有明確的操作腹案，包括台灣在南海的活動，都受到監控和列管。

此外，美國此舉可說完全不顧惜台灣的顏面，拿「反恐」當理由，非僅不高明，且落人口實。同時也充分說明台灣對美軍購，並不享有自主操作權，而且還被貼上有「反恐」不力之虞的標籤，是以必要對台灣保留一手。設若台灣「反恐」不力的說辭可以成立，那麼美國在南海的「反恐」對象究竟是誰，似乎也呼之欲出。

美國在南海有無立場，看來不是沒有，而且很明確。台灣若在南海有事，美國不會支持，且有可能抽後腿。相信美國絕不可能不了解越南入侵太平島海域的整個狀況，設若台灣為了自保，亟思強化太平島的防禦工事竟不可得，那麼台灣對美國還值得信賴嗎？這是個嚴肅的命題，即美國決策者內心究竟如何看待兩岸，如何區別兩岸。

就冷戰餘緒言，台灣是美國在遠東島鏈部署和戰略想定不可或缺的一環，美國堅持對台軍售多少即具有此一地緣設想，且有意無意把台灣列入美日聯盟的有事範疇之列；就南海議題觀察，美國顯然視兩岸為一體，此事不難想像，不是地理的台灣或高雄市擁有太平島，而是宣稱主權及於全大陸的中華民國擁有太平島。

越南入侵太平島海域，美國不作聲，且拽拉台灣不得使用美式飛彈增援；菲律賓入侵黃岩島海域，美國雖宣稱不捲入主權之爭，但支持菲律賓增強軍備，且在外交上支持菲國聲索。美國所謂的南海海域航行自由恐怕會因此愈攪愈渾；可以預見太平島海域戰雲低垂，不是沒有可能隨時出現危機。

華柱弟如晤：

這次美方露骨言論扯我方後腿，阻援太平島（附），真令人氣憤！但寄人籬下，無從發洩，只有自求多福了。

附上寄馬總統之建言（附稿）。此事只有你們深諳內情者來斟酌進行了。

當此 即祝

時祺

小兄 大公

2012.05.05

報 worldjournal.com　2012年4月23日 星期一 MONDAY, APRIL 23, 2012　焦點(三)　A4

南海太平島不太平？

據傳今年3月下旬，有越南武裝巡邏艇兩度接近南沙太平島向台灣海巡部隊開槍挑釁，台灣海巡部隊也鳴槍示警。另一說是越南巡邏艇兩度侵入太平島海岸四到六公里限制及禁制水域內；且3月22日雙方巡邏艇交錯而過，對方有低強度挑釁動作。

這是近一年來越南武裝船隻再度向太平島台軍挑釁，但台灣當局均採取低調，僅表示對方舉動確實異常，並曾及時向越南方面抗議，對方表示很重視越台關係云云。正因台灣方面的低調，一而再，再而三的挑釁相信只會紛沓而來，太平島也難持續太平，台灣想不捲入南海風雲也難。

必要指出，越南武裝船隻一而再的挑釁，當然不是隨機的，更談不上是意外；而是有意如此。可以推想，越南此舉分明有意測試台灣的立場和態度，若台灣方面一再示弱，造成越南方面的誤判，總有一天越南會發動奇襲強行登島，就此製造既成事實。

越南強行登上太平島不是沒有可能成功，一是太平島太小，僅有0.7平方公里，駐防的海巡部隊僅有100餘人及少數巡邏艇，面對越南就近而來的優勢兵力，不論火力或持續戰鬥力均屬有限；二是台灣本島距太平島有1600公里，非僅換防不易，最大罩門則更在：無法立即從台灣本島取得空優和海優以為應變。

再從越南近年積極建軍，包括向俄羅斯軍購集中強化海空軍，戰略目標很明顯，就是要在南海逞強。據了解越南已占領南海島礁29個，得隴望蜀，從西沙到南沙很難不會是越南思欲染指的對象。針對太平島動作頻頻的用心應屬路人皆知。

南海風雲緊張固非始於今日，但美國戰略東移，高調且強勢介入南海爭議，猶如火上加油，公開鼓動南海周邊國家藉機生事，以越南和菲律賓為例，其中既有民族主義的盲動成分，南海蘊藏大量油氣更引來各方垂涎。越南招引印度，菲律賓招引美國公司共同探勘、開採就是顯例。

再就地緣和戰略觀點而言，從馬六甲海峽穿過南海海域到台灣海峽，長期以來就是東亞進口中東石油的必經通道，誰能控扼南海諸島，誰就擁有戰略優勢，在經貿利益之上，更直接涉及東亞區域穩定，再加上油氣資源和美國的強勢介入，幾乎已注定南海風雲很難降溫。據此，再回頭審視越南巡邏艇不同程度的挑釁事件，不能不說這絕非單一事件，若僅止於低調處理，後續演變只會更見惡化，越南強行登島的可能性固然不能排除，更不能排除美國、印度乃至日本在南海後續演變中會扮演什麼樣的角色。

先不論南海周邊國家如何看待越南的挑釁，台灣的低調固然是考慮到鞭長莫及，力有不逮，與其多一事不如少一事；但台灣的低調能否以德服人？相信台灣從事戰略想定的諸多參謀必不敢如此樂觀，只是台灣又如何在太平島加強部署，始能保證安全無虞。這是無法繞過的難題；再者，越南設若真的強勢拿下太平島，不是沒有可能旋遭大陸派兵迅即收復，並代為防守，屆時台灣當局又該如何因應？

處理釣魚台事件，台灣當局明確排除和大陸合作。道理很簡單，兩岸尚未真正消除敵意，加上台軍基本依賴美式裝備，美方不可能同意兩岸在軍事上聯手抗敵，至少在目前是不可想像的。但可以想像南海隨時可能爆發衝突，這已不是單方面低調所能濟事。最後還可以問：台軍在南海有可能仰仗美軍及時馳援？北京能坐視？

太平島看來已很難再尋求太平，馬英九又該如何因應呢？

各位撰寫社論的先生：

今日社論提出「南海会告急，两岸须应急」的警告，真是给两岸领導者一个当头棒喝：一旦太平島被外人佔去，则整个南海就岌岌可危了！

此事自2010年開始，我就向双方領導進言，希望以掩人耳目之法合作保衛南疆（附信稿），惜人微言輕，同時國人向來"内鬥"重於"防外"，至今双方毫無動靜，等美軍重新駐防金蘭灣時，被人掐住脖子，一切都太晚了！

我是黃埔畢業生（附小傳），对軍事略有涉獵，雖我屢屢竭智獻策，可是決策者志不在此，有十个姜太公說了也是白說。

如今有 貴報登高一呼，再由傳媒加重說明此危機，使國人取得共識，這个重於萬斤的小島庶几可以得救！這塊半平方公里的國土是否能得保全？也就要看 貴報的了！

耑此 敬頌

撰安

讀者

孫大公上

2012.06.24

日報 worldjournal.com　2012年4月20日 星期五 FRIDAY, APRIL 20, 2012　焦點(三)　A4

中國應該在釣魚島問題上真正硬起來

隨著薄熙來事件的發展，中共面臨著發展模式的爭論和反貪倡廉的巨大壓力，不僅如此，由於薄熙來風波還涉及美國和英國，儼然就成了國際事件。在這樣的內政困境中，菲律賓和日本還趁火打劫，在黃岩島和釣魚島挑起了事端，尤其是日本，東京都知事石原慎太郎打頭，民主黨野田內閣借力使力，朝向國家擁有釣魚島主權方向紮實邁進。把中國和日本在釣魚島主權上的表現來做比較，日本實際占據釣魚島之後，沒有停步，讓這個「領土問題」進入教科書，如今又打算從民間人士手中，用東京都政府預算，把釣魚島買下來，變成國家資產，徹底杜絕未來的可能爭議。

反觀中國，嘴上堅持擁有釣魚島主權，但一直秉持著所謂「擱置爭議，共同開發」的原則，隱忍再隱忍，甚至阻撓中港兩地的民間組織自動出海保釣登島，擔心引發流血事件，逼迫中國走向沒有把握的動武狀態。實話實說，在目前的局面中，日本在釣魚島已經占據了絕對的優勢。

在這種形勢下，胡溫的留守政府和十八大的新領導層必須痛下決心，是否要立足在為保衛國家領土，不惜一戰的立場上，來對付目前的南海和釣魚島爭議。從目前種種跡象來看，朝向「打」的態勢越來越濃厚。這倒不是說，中共是為了轉移權力交替前出現的種種棘手問題的視線，或者說轉嫁國內矛盾，而要打一仗。其實，中共正在看到，這一仗非打不可的各種因素。

其一，自中越戰爭之後，中國雖然在經濟崛起和軍事力量擴張上成績斐然，令人刮目相看，但是，在保衛國家領土，尤其是別國虎視眈眈的有爭議領土問題上，非但沒有作為，而且還很軟，造成了國內民眾的不滿，民粹主義的氾濫，也讓中國的大國強國權威樹立不起來，這對中國相當不利。

其二，中國的軍隊在長時間和平的環境裡面，已經變得很「弱」，能不能召之即來，來之能戰，是一個很大的疑問。不僅如此，中國軍隊還因為受到國內經濟大潮的影響，軍中的腐敗現象層出不窮，造成軍隊戰鬥力更加弱化。反觀美英法等西方國家，以及東歐的新北約國家，都在伊拉克戰爭和阿富汗戰爭獲得「戰火的洗禮」，戰鬥力提升很快。要讓中國軍隊「硬起來」，一場硬戰在所難免。

其三，在西方國家全面提升海空一體戰的大戰略面前，中國軍隊特別缺乏這方面的歷練，目前也就在中俄首次聯合軍演上有些訓練。因此，立足在「打」，以及打贏的基礎上，進行備戰實戰演練，已經迫在眉睫。

不過，在和平的最高原則之下，不戰而屈人之兵是最好的方法，也有助於減緩「中國威脅論」的蔓延。但日本和菲律賓等國的行為顯示，沒有「硬的一手」，恐怕難以奏效。而在軍事保釣保南海的過程中，北京如果能夠聯合台灣共同行動，那效果就會加倍，至少不會讓日本等國向美國和西方宣稱，中國是用戰爭威脅打壓東亞民主國家。而兩岸的軍事互信，也會在這種共同保護領土的行動中，真正建立起來。

世界日報 worldjournal.com 2012年4月22日 星期日 SUNDAY, APRIL 22, 2012 焦點(一)

美菲、中俄分別在亞洲軍演，右圖爲俄羅斯太平洋艦隊「維諾格拉多夫海軍上將號」大型反潛艦，21日抵青島軍港。下圖爲美軍陸戰隊士兵行經菲律賓巴拉望島基地的直升機。（新華社、Getty Images）

大國崛起 主權角力風雲急

南海對峙菲越 南韓搶蘇岩礁 日本爭釣魚台 北韓射火箭 印度試導彈… 北京疲於奔

記者林庭瑤

綜合21日電

中國周邊情勢猶如山雨欲來風滿樓，中菲在南海黃岩島的對峙升溫，中越對於南海主權的爭端，中韓兩國在蘇岩礁的爭議，加上中日對釣魚台爭議，還有北韓試射火箭，印度試射飛彈，讓中共當局疲於奔命。

中菲在南沙海域的黃岩島對峙仍未結束，雙方不斷出招，緊張局勢再度升溫。中國派遣最先進的漁政船抵達黃岩島，軍機在鄰近海域巡邏，日前還傳出中國核潛艦由海南三亞基地駛往南海。菲律賓雖強調要透過外交途徑解決，但菲律賓國防部長指「菲律賓被中國欺負」，號召國人對抗中國，菲國充斥反中情緒。

南海不平靜，東海也暗潮隱伏。中國對釣魚台問題日益強硬，近期持續派遣海調船到釣魚台海域巡邏，據傳解放軍在福建北部增建短程飛彈，就是為了宣示釣魚台主權，以嚇阻日本海上保安廳船隻；近日，日本東京都知事石原慎太郎揚言要買下釣魚台島嶼，再度引起中日關係緊張，釣魚台成為引爆中日衝突的火藥庫。

中國西南方的印度也來湊熱鬧。印度自行研製的「烈火五型」彈道飛彈，日前試射成功，這型飛彈射程超過5000公里，可攜帶多枚核彈頭，射程覆蓋整個中國，引起北京輿論高度警惕。印度媒體紛紛報導「印度發射可以打到北京的飛彈」，甚至有媒體稱之為「中國殺手」。

中國與南韓在蘇岩礁主權爭端，雙方各持己見。中國近來派遣海監船和飛機定期巡航蘇岩礁，南韓副外長召見中國駐韓大使抗議，而中國外交部發言人劉為民日前表示，「蘇岩礁所處海域位於中韓專屬經濟區主張重疊區，其歸屬須雙方通過談判

中國與周邊國家的矛盾和增加，而其盟友北韓，也沒好過。北韓日前試射火箭半島緊張局勢，而國際社會北京協助踩煞車的希望落空美國國會議員特納致函給國莉．柯林頓，要求調查中方平壤製造移動式洲際彈道飛器，如果屬實中國將違反

近平主席勛鑒：

閱報知尹卓少將有一個很好的戰略建議，即將中方之永暑礁和台方之太平島聯合起來護漁（附剪報）。

此事雖是兩岸保衛國土應做之事，但略嫌早了一步。值此東海與南海多事之秋，而兩島礁戰備建設尚無之時，此事只有加深環南海諸國之猜忌，並加緊聯盟以防堵我國，不如暫緩一步，先由商業合作做起（此乃障眼法），也即兩岸成立合伙公司，共同開發兩島礁作為渡假島，乘機加強基礎設施，以備後用。

美方在太平洋中之塞班島可作為範例：它為每天自世界各地乘了波音737的客機來渡假之旅客，拓寬並加長了跑道（以後可供轟炸機及戰鬥機之用）；加大加深了港口以便大型客輪停靠（以後可供艦艇之用）；環島海邊多建大型旅館（以後可作碉堡之用）。等這些設施完成之後再談護漁，就水到渠成了！

兩岸商業合作開發渡假島对其他國家是軟掌，
不是硬拳，台方容易接受，而世界各國也不便说三
道四。

若由民間交谈，相互投资，那就更好了！

对於如何作为，我有整套计划可供参考。祇要
有需要我馬上寄过来（此時不寄乃省邮费也）。

當此　敬頌

政安

八十歲老兵

孫大公謹上

2013.03.10

又及：此信稿亦请複印
轉寄尹卓少將指教。

電話：
(949)559-8356

世界日報 worldjournal.com　2013年3月7日 星期四 THURSDAY, MARCH 7, 2013　台灣(一)

兩岸互信 陸籲南海合作護

海軍少將尹卓建議 民間合作為起點 台可用陸「永暑礁」 陸可用台「太平島」 建立機制

台灣新聞組

台北7日電

正值東海和南海主權爭議不斷之際，中國大陸軍少將尹卓昨天表示，在大陸有永暑礁、台灣太平島的情況下，為確保船隻航行南海的安，他呼籲兩岸應建立以民間合作為起點、人道義為核心的海上互信機制。

據旺報報導，現任大陸海軍資訊專家諮詢委員主任的尹卓，昨天在北京參加政協及人大會議訪表示，南海是國際重要水域，全球40%貿易通過此區，在此航行的船隻，同時承擔經過麻甲海峽可能遭遇海盜綁架的風險，而大陸因缺南海的港口、機場，削弱了海上救援能力。

尹卓表示，相較東海釣魚台主權的複雜性，兩在南沙分別擁有島礁，可在此基礎上展開合。「台灣控制著太平島，就代表了中國」，他議，在區分搜救責任區上，未來台灣可以利用暑礁的港口、碼頭，大陸也可使用太平島的機來進行搜救。

他舉兩岸已在金門、廈門海域進行多次聯合搜救演練，成效良好為例，表示兩岸若能在南海台搜救，既可確保兩岸及周邊地區漁民安全，也合人道精神。「雙方可先從民間聯合搜救做起，在護漁問題上也有合作空間」。

圖為8年前大陸海軍到南沙永暑礁執行補給任務。（取材自中國新聞周刊）

旺報報導，尹卓表示，兩岸可先達成協定，如同大陸海軍在索馬利亞海域執行護航任務一樣，大陸也可免費為台灣漁船護航，提供漁民所需援助；台灣也可為大陸漁民提供保護。兩岸還可以相互提供油料、飲水補給及人道救援等。

「這部分比較不敏感」，他說，雙方若達成共識，可就行為準則、通訊聯絡等進行協商，在有互信基礎後，進一步可討論建立海上互信機制。但他表示，這個建議是否可行，取決於台灣的態度。

太平島、永暑礁位置圖

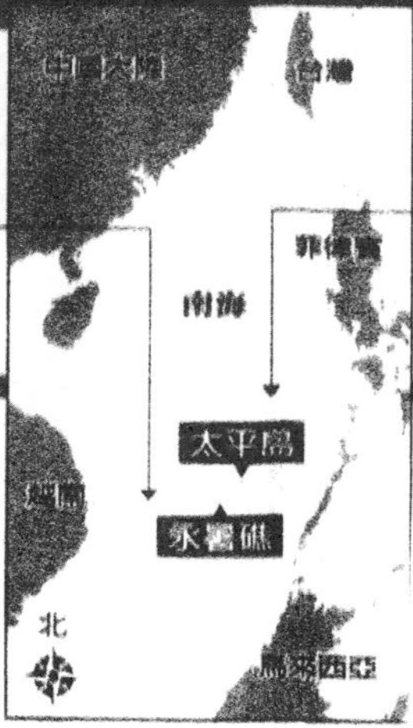

去年9月立委到太平島視察大砲實彈

（本報資料

美國中情局之業績大者：

worldjournal.com
2009年6月24日 星期三 WEDNESDAY, JUNE 24, 2009
世界日報 綜合(二) A6

伊朗成新顛覆手段試驗場

外媒：中情局透過手機發出混淆視聽短訊、製造混亂已奏效

綜合報導

連日來，美、英、法、西班牙等國媒體就伊朗大選認為，雖然美國已經排除軍事打擊伊朗的可能性，但依然試圖通過私下活動對伊朗施加影響，以達到推翻當選總統的目的。

新華網引述西班牙「起義報」文章「中情局與伊朗試驗場」：關於選舉舞弊消息在德黑蘭迅速蔓延開來，這與美國中央情報局暗中煽動有關，中情局通過混淆視聽的手機短訊在伊朗人中製造混亂。

伊朗於是再次成為新顛覆手段的試驗場。2009年的中情局依靠的是一種全新的武器：控制行動電話。英美和以色列情報部門已醞釀出一套以廣泛利用手機為基礎的心理戰戰術，並用於伊朗，通過散布聳人聽聞消息引發強烈不滿。

首先，在選舉當晚通過短訊散布消息，指出憲法監護委員會已經通知穆薩維，他獲勝了。幾小時後，當阿曼迪內加獲勝的官方消息公布後，看上去就像一個大騙局。但三天前，穆薩維及其朋友們都認為，阿曼迪內加會大獲全勝。美國民調部門也預計，阿曼迪內加得票率會高出穆薩維20個百分點。

起義報報導，隨後，一些社交網站和微型博客用戶也開始通過手機短訊，接收到一些關於政治危機和街頭抗議行動的似真似假訊息。這些匿名信息大多傳播槍擊和大量人員死亡消息，而這些消息直到現在也未經確認。

與此同時，中央情報局還指使美英等國的反伊朗分子繼續煽動混亂局面。這些措施使人們無法區分微型博客網站Twitter上的訊息真實性，誰也不知道這些信息是德黑蘭抗議活動的目擊者、還是美國中情局特工發布的，目的就是製造更大的混亂，讓伊朗人內訌。

現在，每個人都試圖評估這一新顛覆手段在伊朗試驗場的效果。顯然製造不穩定的過程已經奏效，但不能肯定的是，中情局能否引導示威者去完成五角大廈已經公開表示不會做的事情：推動伊朗的政權更迭，終結伊斯蘭革命。

伊朗抗議活動在各地爆發。「美國之音」的波斯語新聞網和「英國廣播公司」類似節目成為伊朗人共享信息的重要途徑。

分析人士說，美國之音的波斯語新聞網非常受歡迎。本周，伊朗人紛紛通過電話、電子郵件和自製錄影向該電視網表達不滿情緒。伊朗政府已試圖干擾這些節目。

過去兩年，美國之音波斯語新聞網將直播節目從一天一小時增加到七小時，工作人員增加三倍多，達到200人。美國之音根據1月的調查估計，30%的伊朗成人每周收聽其節目，近來收播率進一步提高。

伊朗大選引發街頭抗議，網路在幫助伊朗人民與外界溝通方面扮演重要角色；許多國際媒體也常以網路服務，如微型博客網站Twitter與電子郵件等，作為報導內容或消息來源。

1. 趕走南韓李承晚总统。
2. 幹掉越南吳廷琰总统。
3. 掀起台湾孫立人事件和支持台独。
4. 擴大中國六四学運並於失败後偷運其領導人出境。
5. 全力支援"法輪功"与中國政府作对。
6. 突襲巴拿馬捉拿其諾瑞加总统囚于美國。
7. 以虛偽情资供美國摧毀伊拉克及阿富汗。
8. 以"颜色革命"颠覆中欧及中亚。
9. 以"茉莉花革命"颠覆其中東长年忠誠盟友。
10. 以自製的"中國威脅論"出兵包圍中國。

（孫大公 简述）
2012年

輯三：經濟・博弈

——厚植國力，勿蹈資本主義的覆轍

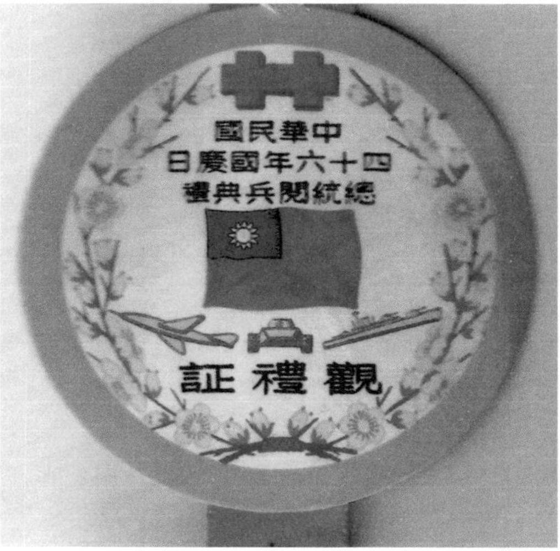

中國一條龍

孫大公／爾灣

幾千年了
經過起起伏伏的命運
走過坎坎坷坷的路程
有時站在世界之巔
群雄伏地
有時落在溪中
被蝦欺
炎黃的子孫啊
你要這條龍
飛龍在天
還是潛龍勿用
幾千年了
機會來了
努力吧
奮鬥吧
盼能從我們的手中
造就和諧的大同世界

錦濤主席勛鑒：

很抱歉，我又要來嘮叨了。

今天要向您報告三件事：

(一)中國外匯儲備和貿易順差過高的肇因是什么。

(二)現在是縮小貧富差距的「有利」及「適當」時机。

(三)如何將脫繮野馬般的房价制住讓它慢下來。

前兩件事在附上的剪报上已有闡述，不再贅言。

至於房价問題，因為我退伍後在台灣是做土地開發和建築的（附以前名片），所以來表示一点淺見。

先說一個顯明的道理：工廠生產要有「原料」，而土地開發商的「原料」就是「土地」，如果政府適當地控制了土地，也就控制了房价。不过現在房价的飆漲實際上是政府造成的，因為土地的標賣价愈來愈高，形成了高成本，房价就水漲船高了。

可是不招標又怕有權者暗地弄鬼，引發貪瀆，真是進退兩難！　最近北京朝陽區廣渠路36号地塊「招標」是「排位第四者中標」，這是政府表明「公開」和「壓高价」，用心良苦，但是仍不免提高了地价和被人懷疑「有鬼」，弄成了猪八戒照鏡子，实在不划算。

依我的淺見，不如「快刀斬亂麻」「釜底抽薪」，把房价分為兩塊：一塊大的是政府照顧平民百姓的（如：軍、公、教、工、……等）；另一塊小的是依照市場經濟做秀的（如：暴發戶、外商、投機者、……等）。

（一）一大塊的做法是政府選在各个地區，拿出公有土地，建造外型似商品屋的美麗大廈，「平价」售予平民百姓，讓大部份的人「住者有其屋」，「平息他們以前買不起房子的怨氣。

可是要限制

他們以後在買賣或交換房屋時，必須是與具有同等身份和条件者，不准外賣賺取高利，否則依法（需儘快立法）处置。

（二）一小块的做法是沿用現在房地產的做法，祇是緊縮在很小的土地範圍內，同時根絶權錢交易，訂出「遊戲規則」，讓那些有錢的騷包去玩，不管它再天价的房价，也只是隔着魚缸看魚嬉，影响不了平民百姓。

這樣对内既可有效控制房地產，又可平息众怒；对外也是一个市场經济的秀場，一举兩得，何乐不為！假設能配合訂妥一条法律——「行賄自首者無罪」，則控制力就更如虎添翼了！！！

臣之淺見仍是憂國心所驅使，祇恐將來眼力不濟，便無法再作建言了。　耑此　敬頌

時祺

75嘮叨叟　孫大公謹上
2007、04、05

二〇〇七年四月一日 星期日 SUNDAY, APRIL 1, 2007 世界日報

中國遲鈍外匯政策肇因貿易順差

周剛／蒙特利公園市

2007年3月中國海關公布：2月份中國貿易順差高達237億美元，爲去年同期的9.7倍，令人瞠目結舌，專家預測，今年中國全年順差將突破2500億美元，使中國成爲世界第一大貿易順差國。

巨額而且迅速擴大順差數字，歐美各國大爲緊張，貿易保護主義更趨激進，預計會提出更嚴厲的制裁措施，也使中國政府在感到「驕傲」的同時也感到壓力。

在紛紛擾擾的爭論分析中，大家可能忽略一個疑點，2月份只有28天，並非傳統的出口旺季，又逢中國的春節長假，政府部門和企業工人都要放假過年，爲何出口量不縮反而猛增呢？

「世界日報」日前刊出「假出口，眞退稅」，從另一角度分析巨額順差的成因，意識到順差的失眞，是一種智慧的嘗試，但「假出口」對順差有一定影響，卻非主因，「假出口」是我們稱的「出口轉內銷」，程序上出口復進口，相互抵消不易形成巨大順差，而且此現象在中國已有20多年歷史，不會在近期才突飛猛進，造成巨額貿易順差，實際上中國政府現在連續取消降低出口退稅，並嚴厲打擊假出口退稅，假出口量已經逐步縮減。

那到底是何原因造成巨額順差呢？我們不妨跳出貿易的思路，來看看中國令人血脈賁張的金融市場吧！去年中國A股傲視全球大漲130%，今年以來又連創新高。世界各國的基金經理們垂涎欲滴，而專家估計人民幣對美元的實際購買力比值爲2.8–3.5：1，可以想像人民幣有多麼巨大的升值空間。在中國A股市場的「暴利」及人民幣升值無風險「穩利」的雙重誘惑下，國際資本紛紛想擠進中國分得一杯羹，但中國政府對外資投入金融資本市場嚴格限制，A股市場只批一百億美元QF II額度給幾家國際大財團，其操作也受到嚴格監管。而其他衆多資金投入無門，只能看著乾著急，許多國際資金轉投開放的香港股市，覬覦大陸，造成香港股市所謂「中國概念」的基金受到追捧。

另有一些膽大的游資則另闢捷徑，「錢」進大陸，一種最佳的方式「出口貿易」躍然而出：安全、快速、大額、費用少，是它的優勢，操作方法並不複雜；中國某企業在中間人的安排下，出口每件價值一元的貨物，出口合約報價爲一百元，其後國外資金便以「應付貸款」名義堂堂入室，匯入中國後，中國政府的強制結匯政策使其順利換成人民幣，其99元再作爲淨材料款等課目匯出，經過幾次轉手後便神不知鬼不覺的以「國內資金」名義如願登陸中國股市或地產，投入中國「社會主義經濟洪流」中，興風作浪，擷取暴利，並等待人民幣的升值，賺得雙份的利益。

國內某些證券公司的機構大戶的經理們，也充當著中間人的角色，積極的「引進外資」，業界流傳著浙江某證券公司的經理幫客戶在十天內順利引進七億美元巨資，趕上中國A股的一次波段大漲，在業內傳爲「美談」。

某些人擔心法律問題，事實證明也勿需過慮，中國海關只管收你的報關費用，並不會問你外商爲何願以高價買你的貨物，而在地區出口金額作爲中國官員考評的政績指標情況，他們也不會太熱中和你去「較眞」。據保守估計，有一千億美元以上的境外資金在中國的金融市場潛伏運作，資本逐利爲天性，無可厚非。

中國政府陳舊、保守、遲鈍的外匯政策才是根本成因，官僚主義的拖延推搪，造成一兆多美元的外匯儲備，騎虎難下，也使危機像滾雪球般愈滾愈大，最後危機爆發折損的恐怕還是中國無辜的百姓。

二〇〇七年四月一日 星期日 SUNDAY, APRIL 1, 2007 世界日報

縮小貧富差距 有助民主化

何仁（紐約市）

溫家寶在上屆人大、政協兩會的記者招待會上，曾引用諾貝爾獎得主美國經濟學家舒爾茨的兩段話：「世界上大多數人是貧窮的，所以如果我們懂得了窮人的經濟學，也就懂得了許多眞正重要的經濟學原理。」「世界上大多數窮人以農業爲生。因而，如果我們懂得了農業，也就懂得了窮人的經濟學。」

胡、溫體制上台以來的一系列決策，如開發西部、建設新農村、免除農業稅、實行最低生活保障和農村新合作醫療制度、減免窮困地區學雜費等，都與這種觀點頗爲一致。

中國經濟的發展出現了貧富兩極分化、城鄉差距、東西差距日益擴大的現象。貧富兩極分化必然導致民怨沸騰，影響社會安定，甚至爆發政治危機。縮小貧富差距不僅是社會公平的要求，也是社會安定、政權穩固的要求。

尤其是中國現代工業體系是在長期剝奪農民的基礎上建立起來的，現在開始反饋農業，減輕農民負擔乃是天經地義。

從經濟結構來看，中國目前經濟發展過分依賴外資、外貿，也易受到國際市場和歐、美經濟起伏的影響而陷險境。只有廣大農村和西部地區以及所謂「老（革命根據地）、少（數民族）、邊（疆）、窮（困）」地區脫貧致富，才能眞正擴大內需市場，平衡經濟結構，持續增長。

在貧富分化嚴重的國家，民主難以鞏固，很容易被民粹主義所裹挾，導致政治亂象。去年大陸網路上爆發了對於改革方向質疑，網民怨氣沖天，紛紛打著社會主義的旗號，要求社會公平正義，糾正分配不公的現象。如果是在民主制度下，必有民粹政客出來利用民怨翻雲覆雨。胡、溫也經常上網瞭解民意，從喊停大型國營企業改革，到承認醫療改革基本失敗，到否定教育改革的產業化方向，到一系列縮小貧富差距的措施，都是對於網路上表達的民意的回應。

胡、溫體制在民意壓力下，可利用威權國家的便利，大刀闊斧採取一系列縮小城鄉差距、東西差距的措施。

而在實行民主制度的印度、拉美國家卻不容易做到。看來在民主化以前優先解決貧富懸殊問題自有其有利條件。台灣在五0年代初的土地改革，爲九〇年代的民主化創造了有利條件，現在大陸領導人的做法也等於在爲將來民主化創造條件。

歷史發展神妙莫測，決策者自以爲全局在胸，歷史卻總能借他們的手走出自己獨特的路。在後人眼裡，他們只是歷史手裡的棋子而已。有人認爲，大陸領導人奉行「窮人經濟學」只是爲挽救共產黨政權。

但行政管理、法律制度和經濟結構的精密化及合理化，也是現代民主的必要基礎。民主要靠逐漸積累，否則將欲速不達。胡錦濤曾公開表示可以借鑒歐洲社會民主黨的經驗，也許那倒是中國共產黨和中國政治制度將來脫胎換骨的一條出路。

民生爲本 社稷爲重

華曉林（華府）

雖然剛閉幕的北京政協及人大兩會未在會中強調宏觀調控的議題，但近來各種經濟數據顯示的警訊，已促使中共中央確定經濟緊縮的政策，決定對房地產、信貸及資產投資繼續壓制。有人指出，過去犧牲農民及小市民利益的非均衡「冷血理論」，將被強調公平正義及環保的「窮人經濟學」所取代。

筆者以爲胡溫經濟政策將逐趨緊縮，由所謂「股份經濟」及「市場經濟」的政策轉變爲以民生爲本，社稷爲重的經濟，甚至奉行「窮人經濟學」，降低中國大陸經濟發展的速度。僅就國家的財富來看，過去20年來實施的市場經濟政策顯然是成功的。在沿海的幾個大地區帶領之下，中國的工商業發展飛快，大都市裡的富人和建築都日益增加。高速公路、私家汽車、名牌商品、高檔餐飲等都在在顯示出一個經濟大國的繁榮。

可是，在上海豪華飯店的後門外，就可以看到舊社區的樓房，在轎車外的馬路上，就可以看到成群由農村來的工人。這種日益加大的貧富隔距，不但造成社會的不安、環境的污染，也連帶地釀成官場的腐化和股市的泡沫化。如果不小心處理，小則會發生上海證券市場的崩盤，大則帶起社會階級的分裂，甚至革命。

因此，在這種時候，應當提出以民生爲本、社稷爲重的經濟政策，讓小老百姓搭上經濟列車，也讓政治改革跟上一大步，找到社會的平衡點。

政策矛盾 進退兩難

鳳同友（加州 退休）

現階段中國大陸實行的自由經濟，正如一匹難以駕馭的野馬；既想用牠的神力帶動自己加速前進，又怕跑得太快而無能操控，這種矛盾心理足以造成進退兩難的困境。

胡溫經濟政策的走向，一面要掌握市場經濟的優勢，持續收取繁榮經濟的果實；一面要檢驗自由經濟帶來的負面問題，一旦失控，必須拿出看家本領「宏觀調控」以應變。

最近中國受全球、亞洲和美國經濟波動的影響，包括238億美元的貿易順差，出口年增率居高不下以及通貨膨脹率急速走高，都超越官方容忍的紅線，這是兩會決定對於房地產、信貸與資產投資繼續緊縮的主要原因。甚至有專家預測，短期若無改善，官方可能推出更新力道的壓制。

照中國處理經濟問題的慣性看，如果升息調控不能解決問題，只好請出鄧小平「摸著石頭過河」的理論來穩定人心，步步爲營，也許救燃眉之急，不過難保外商不撤資，外貿交易不趨緩，最可怕的是引來併發症，後果難料。

了以部長勛鑒：

三月二十二日以前為協助馬先生競選總統，先生備極辛勞，却也是為現今担負重任之前奏，所謂「天將降大任於斯人也，必先……」。內政事务所管繁雜，然以先生之大才當能揮灑自如，難不到也！

久聞台灣欲办「博奕」以振興觀光事業，可是水可載舟，亦可覆舟。若美國拉斯維加斯之賭坊，其暴利皆被賭坊老闆攫取，無益於民，是有害也；但若加州之「樂透」彩券，除發行之行政費用外，餘皆由州政府補貼教育經費，有利於民，是有利也！ 如果「博奕」立案之初方向不對，則後患無窮，想改也難。 因此不避親嫌，特推举舍親 章果立君於返台時謁見，當面報告其健康之「博奕」觀念与做法，以期台灣可使用源源不絕的鉅額收入來補貼健保、教育、工研、……等，能儘快地讓台灣經濟再起飛，重返龍首！

章君為「博奕」界不可多得之人才，他是華人中第一位博奕業的高級經理，目前擔任維加斯博奕公司之財務長，甚得老闆器重，因他使公司轉虧為盈也！

章君擬於九月返台參加其弟之婚禮，屆時將命其當面向部長報告及回答任何有關「博奕」之問題。

即頌

政祺

弟
孫大公拜上
2008.07.01

又及：附其簡歷及博奕資料三張。

Charles Chang 章果立

Chief Financial officer

Tuscany Hotel and Casino, Las Vegas

Mr. Chang joined Tuscany Hotel and Casino as the company's Director of Finance in 2005. He was then promoted as Chief Financial Officer in 2006.

He developed and implemented a successful cost reduction program and promotion analysis program. Due to these programs total costs have reduced more than 10% and gaming revenues have increased 17%.

As an instructor at University of Nevada, Las Vegas (UNLV), Mr. Chang draws on his extensive background in operational management and has helped senior students majoring in Hotel Management to find jobs in casinos.

After graduating from UNLV, Mr. Chang began his career with MGM Mirage as a Corporate Internal Auditor. In 2000, he joined Red Wind Casino in Olympia, Washington and was promoted to CFO position-where he became, in less then eighteen months from graduation, the first Chinese American CFO in the gaming industry. From 2000 to 2005, he held several executive positions and acted as a contracted consultant for Indian gaming entities. He helped three Indian governments to plan and develop new casinos in three different states.

Mr. Chang received an associate degree in casino management from CCSN, a bachelor's degree in accounting, and MBA degree from UNLV.

以拉斯維加斯與澳門經驗

看台灣的博奕業發展

【聯合報駐美國拉斯維加斯特派員伊佳奇報導】馬英九以高票當選中華民國總統後的名言之一，是「只要高興一個晚上就好」，的確也是，目前的政府遺留下的問題，從關係民生問題的各種物價不斷調漲，到政府的廉潔、官員的操守、各項財經、稅賦、交通、環保、教育、外交、國防等事務有待新政府來建立新氣象，其中關係到台灣經濟再發展的博奕(Gaming)政策，還涉及到交通、旅遊、教育、區域性經濟、物流、社會工作、文化等層面的議題，新政府應以宏觀的角度、他國的經驗、區域性的發展來思維，建構出健全的博奕事業且能成爲帶動台灣再一次經濟奇蹟的助力。

美國拉斯維加斯從一片沙漠中，建立起舞光十射繁華熱鬧的賭城，澳門也在亞洲試圖創造出另一個亞洲賭城，新加坡更是加緊腳步，規劃與建構其博奕經濟，這些個案均可印證，博奕業是可成爲經濟發展的發動引擎，帶動整體經濟成長，但也可從這些個案經驗檢視出，如果沒有整體性的規劃及跨部會的組織來整合政府的資源與執行力，也可能淪於跨國企業的生財器具，製造更多的治安、社會與教育問題，以博奕業爲核心的經濟活動，也可能發展出畸形經濟體，值得慎思而行。

拉斯維加斯華裔博奕業高階經理人根據其從事博奕業多年經驗指出，台灣發展以博奕業爲核心的服務業亦可帶動與博奕有關的生產事業，這其中包含著：電子業、影像事業、電腦業、精密儀器業、軟體設計業、家俱業等，全球總產值約爲新台幣九千億元。因此博奕業是可刺激經濟成長，帶來大量就業機會，也能帶動地方區域性的經濟發展。

但他們建議，新政府應以宏觀的角度，國際性的視野作整體規劃台灣的博奕業。他們表示，台灣博奕業政策必須以國際市場的觀光客爲主要考量，利用台灣本身的文化特色與旅遊據點，發展台灣成爲以博奕業爲核心的休閒旅遊渡假服務業經濟體，行銷目標從大中華區、東北亞、東南亞、大洋洲、發展到歐美等區域。

爲發展有我文化特色的博奕場所，擁有多年實務經驗的高階經理人表示，博奕場內部動線設計與規劃雖須借重西方經驗，而建築物外觀與主題則可以表現中國與地方的文化特色，與城市融合爲一，任何一博奕場的占地面積上千到上萬畝，員工從數千到上萬人，猶如一個小型都市，事先的整體都市規劃，更須有中長期計劃，以文化特色爲發展核心，重視各項基礎工程與交通動線，建構成具有本土文化的博奕業旅遊城市。

所有在美國博奕業發展的華裔主管都認爲，台灣發展博奕業的地點，必須考慮到國際觀光客、大陸觀光客、本地觀光客等在空運、海運、高鐵、高速公路等環狀的交通網絡便利性，發展國際旅遊、餐飲、會展、物流、翻譯等服務業人才的培育，教育的配套措施、再職教育的人力培訓、專業證照的認可與核發等，都是不可忽視的環節。

就以澳門爲例，這位經常來往全球各大賭博奕業城市的高階華裔主管進一步表示，快速的發出博奕場執照，事前未對都市及交通進行中長期計劃，現在見到是混亂的交通、擁擠的機場與碼頭、不足的人力、匱乏的基礎建設等窘境。

在於博奕業的管理方面，多位高階華裔主管都認爲，目前美國州政府的賭業管理委員會是值得借鏡，對於賭場執照的審批、賭場的稽核、法律的執行、從業人員個人信用及犯罪記錄的查核等，都有健全的組織、嚴謹的制度、完備的規範與獨立運作的客觀性等。

一位台灣來的高階華裔主管指出，這個機構應由官方來運作，其位階應相當於部會級，並且擁有獨立的執法人員。博奕政策的形成則可邀請有立法知識、稅賦經驗、業界代表、都市計畫、交通、旅遊、經濟、社工、心理學專家等學術與實務界人士組成委員會，來完成全面性的博奕政策。

由於澳門治安問題日趨嚴重，所有華裔主管都認爲，賭癮的預防及治療，是與酒癮、毒癮都有同等的重要，須有教育、心理與社工專業人士進行長期宣導與諮商輔導，對博弈休閒益智的功能認識。高階華裔主管特別表示，在美國已有很多州已將賭癮患者納入健保，因賭博上癮者不像吸毒、酗酒者可從外表看出，有賭癮者較難被發現，往往被發現爲時已遲，危害更大；此外，博弈合法化後，對非法賭博行爲應加重刑罰，避免影響政府稅收，及衍生出的社會問題。

這位台灣來的高階華裔主管根據其多年案例研究經驗指出，博奕執照是一特權(Privilege)，而非權利(Right)。博奕業的發展產生社會成本，其利潤應由全民共享，博奕業應國有民營或全民持股，其利潤在交出一定比率作爲政府照顧弱勢族群及偏遠離島的發展基金後，其餘額可資援全民健保。

至於發展博奕業後，全國是否淪於賭博國家。博奕業高階經理人指出，根據拉斯維加斯發展的經驗，1998年拉斯維加斯從事博奕業工作人數占全部的24%，到了2008年降到18%，拉斯維加斯已由博奕業發展出以旅遊會展，娛樂，購物及美食多元化的經濟體，政府應將博奕業(Gaming)視爲高附加價值的服務業，亦可成爲經濟發展的發動引擎，進行中長期的整體規劃，避免像今天的澳門所面臨各項層出不窮的社會、治安、交通、人力資源、黑道氾濫等問題，此類博奕欠缺社會的公平性，影響博奕業的長期發展。

博奕政策- 外資的迷思

據報載, 五二0後國府將會通過博奕條款, 而且許多說法都傾向吸引外國博奕公司來投資. 而博奕是一特權(Privilege), 並非權利(Right), 因博奕業的發展而產生的社會成本, 將由台灣全體人民所承擔, 當政府要授與博奕這特權時, 應考慮其利益是否能由全民所共享. 讓任何外國博奕公司獲取暴利, 而由台灣全體人民承擔社會成本, 是一種得不償失的作法.

美國國會於一九八八年通過印地安博奕法 (Indian Gaming Regulatory Act of 1988) 後, 各印地安部族政府 (Tribal Government) 已在美國二十八個州建立了超過三百三十個賭場. 其博奕收入早已過內華達與紐澤西州的總和, 而其盈餘85%以上均用於部族族人之福利. 這些印地安部族族人在八零年代末時, 仍是低收入低教育程度的一群人, 連他們可以做到”國”有民享的博奕, 台灣一定可以做的更好.

由於台灣博奕政策尚未明朗, 各國的政府勢力, 遊說團體, 投機客, 加上本土勢力已在台灣攪起一團混水. 很多人建議要學澳門, 而澳門自從引進外國博奕資金以來, 博奕業績雖蒸蒸日上, 但治安日危, 各地(含台灣在內)黑道均進駐賭場包賭廳. 黑道除帶來更多的娼妓與毒品問題外, 高利貸與暴利討債的問題, 已使得澳門成爲東南亞地區的毒瘤. 台灣不但不能師法澳門, 還應以澳門爲戒.

筆者曾幫三個不同州的印地安部族政府, 籌劃博奕事業, 對於整個作業流程(附註)均有豐富的經驗與深入的瞭解. 美國前五大的銀行中有三家設有博奕貸款部門. 無論是這些投資澳門的大公司或是三百多個印地安部族政府的賭場的資金都由此而始. 國府只要有適當的規劃, 資金絕不是問題. 國府要使用的應是外國銀行的資金, 而不是外國博奕公司的資金, 以保有公司的主權及人民的利益.

章果立 4.11.2008 Las Vegas

附註: 從政策的建立 地點的選擇 市場的分析 企劃書的擬定 貸款的談判 賭場的設計與發包 工程管理 組織與管理系統的建立 人才的篩選 到開幕與正式營運

錦濤主席勛鑒：

如今全世界經濟衰退皆受美國牽連，中國也不幸波及，所幸政府處置有方，迅速果斷救市，希望一切順利！祗是任何事不能不作長遠周密的考慮，也須集思廣益，因此特將昨日美國世界日報之社論剪附，以供卓參。

敬頌

政祺

嘮叨叟

孫大公謹上

2008.12.01

rnal.com
月30日 星期日 SUNDAY, NOVEMBER 30, 2008 世界日報 焦點(三) A4

中國兆元投資須防大隱憂

中國一年一度的中央經濟工作會議即將召開，往年這個會議的核心內容，即宏觀調控的方針政策，無論是財政政策的積極和貨幣政策的寬鬆，還是擴大內需的根本任務，均已提前釋放。「兆元投資」的相關問題，則成為會內會外的中心內容。來年的中國經濟，無疑將是一場投資經濟，而這場前所未見的大投資，對中國來說，將是有喜有憂，而且可能有大憂。

雖在環球危機之下，外界看好中國，中國也傳出衝擊有限之說。但在事實上，中國的經濟形勢，可能會比1998年的亞洲金融風暴時嚴峻。除了出口增速持續下滑，前10月的經濟數據顯示，消費和投資增長也在放緩，拉動經濟的「三駕馬車」齊齊乏力，外商投資今年以來首度負增長，主要工業產品創歷史最大跌幅，還伴隨著股市下沉、樓市滑坡。

在這種情勢下，中共領導層定下擴大內需、保經濟增長的方針。具體來說是出台10項措施，由之導出「投資新政」，亦即4兆元人民幣投資的刺激經濟計畫。但過去10餘天中，地方政府展開了投資計畫大競賽，目前已蔓延出地方逾10兆元人民幣的投資計畫。

擴大投資的政策取向，當然沒有錯，最直白的解釋，就是政府推出投資計畫，由中央帶動地方，由政府帶動民間，當投資大幅成長，經濟由冷變熱，走向穩定成長，民眾就業得保證，收入有增加，才會消費，經濟不僅可抵禦外部衝擊，還有利走向良性循環。但這一投資計畫，掀起的熱情比預期更高。據說中國國務院出台4兆元人民幣的投資計畫，本意是中央財政方面，真金白銀地拿出1兆元人民幣，再加上地方和社會的投資，而4兆元投資計畫，也是分兩年展開，以之鼓勵地方和社會的投資熱情。但地方如此爭先恐後，全國的投資計畫不斷放大，就不再是喜出望外，而是喜中有憂了。

兆元大投資，至少帶來三大憂慮。先看經濟層面，令人疑慮的首先是一「賬」，一「脹」。那「賬」字，就是投資錢從何來的賬。中央財政還有點錢，但已在減收中，大投資不排除增發國債，增加赤字預算。地方政府方面，錢包早已吃緊，除中央放寬放地方債一路，其天然的衝動，就是增收稅費，擴賣土地，猛拉外資。至於民間企業，現在可能獻身的偏少，觀望的居多。賬，還得好好算。

至於「脹」，是經濟走勢，本由高增長低通脹，轉向高通脹低增長。在保增長、大投資之下，進入通貨緊縮的擔心可消除，但會否在來年造出新一輪大通脹，這種通脹又好不好防治，已有問號。另一大隱憂，是大投資計畫項目。中央方面希望以基礎設施建設，以民生發展，來有效刺激經濟。但到了地方，會有地方的算盤。最大的問題，還不是地方與中央不能有默契，而是地方極力把防經濟過熱中，壓產能過剩時，被中央否決的項目，一一再上。各地派一隊隊人到京「跑部」要項目，側面反映大投資恐將泥沙俱下。

而中國經濟的傳統，是一放就熱、一哄而起。這次中央投資計畫，據說在兩個星期內草成，起草者也沒想到這麼快獲批和推出，而地方的跟進，也在10來天內大熱。會不會有新的重複建設，會不會再現產能過剩，會不會再來經濟過熱，問題一大串。

還有隱憂，反映在政治和社會層面。面對龐大的投資計畫，面對巨大的投資熱情，在政治和社會層面，至少有三大擔心，第一擔心貪污賄賂大增，在黨風不正、官風不清、缺乏監管下，大投資的各個環節，項目都可能出問題。難怪民間說，新一批「首富」，即將在各地各業崛起。

除了「貪污賄賂工程」，人們最擔心的還有兆元投資，在不准輿論監督、缺乏民意監督之下，項目來得如此輕而易舉，會不會帶出一系列「政績工程」。而政績工程通常在為官員們臉上貼金之外，會衍生出一大堆「豆腐渣工程」，那就不只是錢的問題，而是要民眾付出鮮血和生命的代價了。

溫總理勛鑒：

全球的經濟因美國放任的自由資本主義而崩潰。实际上資本主義本身就不健全，加上人类的貪婪本性，經过多年的演化，美國終致自食其果！

我们中國的改革開放才几十年，已經有傲人的成果，可是衝得太快，脚步有些零乱，不如趁現在稍微放慢脚步，徹底检讨一番，把西方的渣滓剔除，以免後患。

特将此间有関經濟的精闢理論寄上，以供參閱。

（三分鐘讓你明白美國金融危机爆发的原因、我也嘗是一块肉、美中救經济計劃就是樣、中國兆元投資須防大陰霾、論兩岸經济合作框架的虛与实、）

敬頌

國泰民安

77叟 孫大公謹上

2009、03、08

錦濤主席 勛鑒： 近平副主席 勛鑒

近來全球經濟嚴重衰退，我國也未能倖免，究其成因，實乃「資本主義」惹禍！ 美國奉行資本主義多年，其最狠之處是吃人不吐骨頭，（見附件一）（我也曾是一塊肉），而最終引火自焚，也因將資本主義玩到盡頭（見附件二）（五分鐘說你明白美國金融危機爆發的原因）。

如今全世界引頸企盼我國儘快復蘇，以帶領大家脫離苦海。 經過此次金融海嘯之後，期盼我國能勿蹈資本主義覆轍，故特寄奉二附件，敬請撥冗一談。 恭頌

國泰民安

[illegible] 杭人

孫大公謹上

2009.03.20

（一）

天下之最危!!!

資本主義之吃人術，亦是自毀路！

我也曾是一塊肉

——《華爾街的肉》讀後感

／陳思進

儘管金融風暴如此兇猛，多家金融機構倒閉或被併購，數萬名人丟掉飯碗，股市跌至8000多點，可華爾街金融大鱷們「馬照跑、舞照跳」，一方面向政府求助，一方面照領大紅包「過肥年」，總數竟高達184億元，相當於2004年股市繁榮時的水準。歐巴馬總統1月29日終於重話怒斥此種行徑「可恥」（shameful）、「駭人聽聞」、「極不負責」。

華爾街人到底是怎麼樣的一個群體？

華爾街曾是全世界精英熱切嚮往的地方，如今被斥為行徑「可恥」。（美聯社）

這是一個非常奇特，為了利益不惜作出任何事情，表面卻充滿光鮮亮麗的世界。華爾街每天上演著無數瘋狂與貪婪的故事，無數的華爾街之星曾一度耀眼閃亮，眾人仰望……。「分配資本」就是華爾街的實質，那些投資銀行和證券經紀公司，就是通過這個賺錢的，其他的名號基本上都是騙人的。

——安迪凱斯勒（Andy Kessler）

15年前，當我過五關斬六將闖入華爾街，感覺不知有多好！華爾街——全世界精英熱切嚮往的地方，我夢想的「聖地」，心裡喊著，Hello，Wall Street，here I come！在華爾街我從最低層做起，雖然有兩次因公司兼併而下崗，但每一次都找到更好的位置，不到10年便升至管理中層，算順風順勢。可漸漸地感覺有些地方不對勁兒，具體又很難說出個子丑寅卯來。

2004年的一天，逛書店時一排財經書籍中一本書吸引了我：「Wall Street Meat: My Narrow Escape from the Stock Market Grinder」（華爾街的肉：我從絞肉機中死裡逃生），拿起來一翻便放不下了。

作者安迪凱斯勒和我背景相似，也是電腦軟件出身，進入華爾街擔任半導體行業分析師。最後在摩根史坦利準確預測到以英特爾為代表的半導體行業崛起，迅速在華爾街奠定地位。然而與此同時，他毅然辭職離開華爾街，放棄每年幾百萬美元的高薪。

■我們在為誰作嫁

真是有人辭官歸故里，有人漏夜趕考場。凱斯勒為何在輝煌之時離開華爾街？我買下了這本書，一個晚上一口氣看完此書，而後一夜未眠，陷入了沉思。

書中最怵目的一句話：「在華爾街無論你做哪種工作，我可以向你保證，它什麼意義也沒有！你只不過是小齒輪、小卒、小兵……我就是華爾街的一塊肉，在華爾街每一個人都只是一塊肉，「他們」從我們身上榨取脂肪，煎炸後被拿來當作保持市場潤滑、有效率的機油，每個人都有利可圖。但是，每個人也都隨時可以被取代，一旦你的油被榨乾……」這些話字字句句敲打著我的心，與我的感覺不謀而合，那就是我不過是在替「他們」作嫁。

凱斯勒講了不少故事，毫不留情地揭露了華爾街那些投資銀行家和證券分析師，如何為自身的利益進行巨大的欺騙，並操縱市場。書中講到一個故事，當英特爾的股價在20美元時，凱斯勒分析它的前景看好，應該會漲到35美元。但他的同事羅森、當年高科技企業的頭牌分析師，非要他把目標價格調整至50美元。「就這樣，靠著分析師不斷提高價格目標，作出建議推高了股市，從而形成了泡沫」。

後來泡沫破滅，凱斯勒和羅森的桌上堆滿投資人激動與憤怒的電話留言紙。凱斯勒向投資人一一回電致歉，而羅森連錯誤都不願承認。

■我們都為虎作倀

即使我們向投資者承認了錯誤，結果又能怎樣？損失的錢還能回到他們的帳面上嗎？我也有過類似的經歷，曾經數次按老闆的要求，在「做多」時，故意高估公司的業績；或者在賣空某股時刻意貶低該股的價值。所以這個「他們」也包括了我自己。我們都曾為虎作倀。

凱斯勒更在書中詳細地揭示華爾街的本質，書中不止一次指出，華爾街本身不產生財富，而只是做資本的再分配。有些公司很容易融資，而有的公司則必須付出更高的代價獲取資本。華爾街控制著資本的門路，向期望進出此資本市場的公司收費，藉此獲取巨額利潤：「企業所支付的是融資費用（例如承銷手續費），投資人付出的是交易經紀佣金，這看似公平合理，其實『骯髒』的秘密在於，華爾街人把這些公司創造的利潤，一半『分配』進自己的口袋！」

真可謂英雄所見略同，我也不只一次想到這個問題。我當時所任職的公司，是華爾街幾大包銷商之一，我曾參與過多家公司的上市，親眼目睹我們公司如何通過IPO的定價、佣金的比例、再加上市後通過做Green Shoe期權，將全部融資至少40%融進我們公司的腰包。雖然好像都合法，但是合理嗎？

這就像《水滸傳》裡梁山泊好漢在山上設關卡攔路取財「此山是我開，此樹是我栽，要從此路過，留下買路錢」，梁山泊好漢還會仗義疏財，而華爾街人包裝得更精良，透過高薪和年底的巨額獎金，將「買路錢」笑納；同時還在媒體上大肆炫耀「戰績」，比拚誰家的「買路錢」攔截得更多。

■他們是絕對贏家

凱斯勒還談到，在華爾街證券中，一邊是魔鬼般高智商的精英們，一邊則是無數愚蠢的個人投資者。「他們根本不懂證券投資，不宰他們宰誰？」事實上即使散戶們學懂了證券投資也沒用，因為信息嚴重不對稱，就像打麻將，你手中攥的牌對手一覽無餘，你能贏嗎？

這真是「店大欺客」，而另一方面是「客大欺店」。凱斯勒講了微軟怎樣玩股市的故事。有一次，微軟也許下星期要為員工配股定價格，於是選這時機召開分析師會議，說服分析師將微軟評級降低：「在會上，微軟總裁說：『我想對各位的獲利預估表示一點意見，在座的有些分析師的預估值太高，應該向下修正。』」為了自己的利益，分析師怎麼敢得罪微軟呢，只能無條件服從。結果，那天微軟股價一天跌去4.5%；「……我起身上洗手間，走出會議室時，碰到比爾蓋茨和鮑爾默站在那裡笑得樂不可支。」

「他們」把市場當木偶般耍。

儘管在華爾街十幾年，類似的事件碰到不少，而《華爾街的肉》進一步證實我一直說不清、道不明的感覺，頓時萌生退意。不過一夜思考之後，便想看看情況再說吧，說不定這本書出版後，會促使華爾街的改變。我太天真了，華爾街豈會為一本書而改變？其實，這本書也不過是將華爾街人早就心照不宣的事情說了出來而已。

2007年底，眼看著華爾街越玩越離譜，我再次翻看這本書，終於下定決心不能再為虎作倀，便像凱斯勒那樣，「從絞肉機死裡逃生，揮揮手，不帶走一片雲彩……」　■

Gmail

davidtksun@gmail.com | | | |

搜尋郵件 搜尋網頁

撰寫郵件

« 返回收件匣 封存 回報為垃圾郵件 刪除 移至 標籤 更多動作 較新 第 452 個，共 1515 個 較舊 ›

收件匣 (223)

Fw: 5 分鐘讓你明白美國金融危機爆發的原因！ 收件匣 x

Dennis Ku --- On Fri, 10/31/08, Yevonne Luo <yevonneluo@gmail.com> wrote: > From: Yev 2008/10/31

孫t.k. sun ---------- Forwarded message ---------- From: Dennis Ku <dennisyku@yahoo.com> 2008/11/1

孫t.k. sun 寄給 Angela、Charles、chiujy、ch_cheng、clacalle、kleo48、jyshen321、 2008/12/5

---------- Forwarded message ----------
From: **孫t.k. sun** <davidtksun@gmail.com>
Date: 2008/11/1
- 隱藏引用文字 -
Subject: Fwd: Fw: 5 分鐘讓你明白美國金融危機爆發的原因！
To: **Clement Sun** <clemsun@gmail.com>, **h** <adam@crewsmac.com>, jeannechu@art.net, **xben1** <xben1@hotmail.com>, phoenix_lim@hotmail.com, **benedice sun** <benedicesun@yahoo.com>, **Raymond Cheng** <rayycheng@gmail.com>, **lee james** <bkk0314@gmail.com>

垃圾郵件 (1028)

---------- Forwarded message ----------
From: **Dennis Ku** <dennisyku@yahoo.com>
Date: 2008/11/1
Subject: Fw: 5 分鐘讓你明白美國金融危機爆發的原因！
To: david sun <davidtksun@gmail.com>
Cc: petersemail@gmail.com

通訊錄

即時通訊

搜尋、新增或邀請

孫t.k. sun

Clement Sun
DavidHu胡伯駿
lee james
raecoke
Raymond Cheng
sung888
Adam Sun
Angela Cheng
suchiulin
xben1

標籤

邀請朋友
將 Gmail 介紹給：

傳送邀請 剩餘 50 個

--- On **Fri, 10/31/08, Yevonne Luo** <yevonneluo@gmail.com> wrote:

From: Yevonne Luo <yevonneluo@gmail.com>
Subject: 5 分鐘讓你明白美國金融危機爆發的原因！
To:
Date: Friday, October 31, 2008, 4:08 PM

必讀

| FYI

5分鐘讓你明白美國金融危機爆發的原因！

這一篇是網路文章
我想可以幫助很多人釐清這一次次級房貸跟金融風暴的成因
寫的很淺顯
轉貼出來讓大家多吸收一點新知
才知道這一波到底是在跌什麼
你手中的連動債和基金為什麼會這麼慘的主因

一、槓桿
目前，許多投資銀行為了賺取暴利，採用20~30倍槓桿操作，假設銀行A自身資產為30億，30倍槓桿就是900億。
也就是說，這個銀行A以 30億資產為抵押去借900億的

Recent Activity
Visit Your Group
Yahoo! Groups
Do More For Dogs Group
Connect and share with dog owners like you
Learn to live
a full life with these healthy living groups on Yahoo!
Y! Groups blog
the best source for the latest scoop on Groups.

筆者以為，次貸主要是給了普通的美國房產投資人。這些人的經濟實力本來只夠買自己的一棟住房，
但是看到房價快速上漲，動起了房產投機的主意。他們把自己的房子抵押出去，貸款買投資房。
這類貸款利息要在8%－9%以上，憑他們自己的收入很難應付，不過他們可以繼續把房子抵押給銀行，
借錢付利息，空手套白狼。

此時A很高興，他的投資在為他賺錢；B也很高興，市場違約率很低，保險生意可以繼續做；後面的C,D,E,F等等都跟著賺錢。

五、次貸危機
房價漲到一定的程度就漲不上去了，後面沒人接盤。此時房產投機人急得像熱鍋上的螞蟻。房子賣不出去，高額利息要不停的付，
終於到了走頭無路的一天，把房子甩給了銀行。此時違約就發生了。

此時A感到一絲遺憾，大錢賺不著了，不過也虧不到那裡，反正有B做保險。

B也不擔心，反正保險已經賣給了C。那麼現在這份CDS保險在那裡呢，在G手裡。G剛從F手裡花了300億買下了 100個CDS，
還沒來得及轉手，突然接到消息，這批CDS被降級，其中有20個違約，大大超出原先估計的1%到2%的違約率。
每個違約要支付50億的保險金，總共支出達1000億。加上300億CDS收購費，G的虧損總計達1300億。

雖然G是全美排行前10名的大機構，也經不起如此巨大的虧損。因此G 瀕臨倒閉。

六、 金融危機
如果G倒閉，那麼A花費5億美元買的保險就泡了湯，更糟糕的是，由於A採用了槓杆原理投資，根據前面的分析，A 賠光全部資產也不夠還債。
因此A立即面臨破產的危險。

除了A之外，還有A2，A3,...,A20，統統要準備倒閉。

因此G,A,A2,...,A20一起來到美國財政部長面前，一把鼻涕一把眼淚地遊說，G萬萬不能倒閉，它一倒閉大家都完了。
財政部長心一軟，就把G給國有化了，此後A,...,A20的保險金總計1000億美元全部由美國納稅人支付。

七、美元危機
上面講到的100個CDS的市場價是300億。而 CDS市場總值是62兆，假設其中有10%的違約，那麼就有6兆的違約CDS。
這個數字是 300億的200倍。

如果說美國政府收購價值300億的CDS之後要賠出1000億。那麼對於剩下的那些違約CDS，美國政府就要賠出20兆。
如果不賠，就要看著A20,A21,A22等等一個接一個倒閉。無論採取什麼措施，美元大貶值已經不可避免。

以上計算所用的假設和數字同實際情況會有出入，但美
國金融危機的嚴重性
無法低估。

資金用於投資，假如投資盈利5%，那麼A就獲得45億的盈利，
相對於A自身資產而言，這是150%的暴利。
反之，假如投資虧損5%，那麼A銀行賠光了自己的全部資產還欠15億。

二、 CDS合同
由於槓桿操作風險高，所以按照正常的規定，銀行不應進行這樣的冒險操作。所以就有人想出一個辦法，把槓杆投資拿去做"保險"。
這種保險就叫 CDS。

比如，A銀行為了逃避槓桿風險就找到了機構B。機構B可能是另一家銀行，也可能是保險公司，諸如此類。
A對B說：你幫我的貸款做違約保險怎麼樣？我每年付你保險費5千萬，連續10年，總共5億，
假如我的投資沒有違約，那麼這筆保險費你就白拿了，
假如違約，你要為我賠償。

A想，如果不違約，我可以賺 45億，就算拿出5億用來保險，我還能淨賺40億。如果違約，反正有保險來賠。
所以對A而言這是一筆只賺不賠的生意。

B是一個精明的人，沒有立即答應A的邀請，而是回去做了一個統計分析，發現違約的情況不到1%。
如果做100家的生意，總計可以拿到500億的保險金，如果其中一家違約，賠償額最多不過 50億，
即使兩家違約，還能賺400億。

A,B雙方都認為這筆買賣對自己有利，因此立即拍板成交，皆大歡喜。

三、 CDS市場
B 做了這筆保險生意之後，C在旁邊眼紅了。
C就跑到B那邊說，你把這100個CDS賣給我怎麼樣，每個合約給你2億，總共200億。

B想，我的400億要 10年才能拿到，現在一轉手就有200億，而且沒有風險，何樂而不為，
因此B和C馬上就成交了。

這樣一來，CDS就像股票一樣流到了金融市場之上，可以交易和買賣。

實際上C拿到這批CDS之後，並不想等上10年再收取200億，而是把它掛牌出售，標價220億；
D看到這個產品，算了一下，400億減去 220億，還有180億可賺，這是"原始股"，不算貴，立即買了下來。
一轉手，C賺了20 億。

從此以後，這些CDS就在市場上反覆的炒，現在CDS的市場總值已經炒到了62兆美元。

四、 次貸
上面 A,B,C,D,E,F. ...都在賺大錢，那麼這些錢到底從那裡冒出來的呢？
從根本上說，這些錢來自A以及同A相仿的投資人的盈利。而他們的盈利大半來自美國的次級貸款。

人們說次貸危機是由於把錢借給了窮人。筆者對這個說法不以為然。

博弈首要全民蒙其利

台灣開放前 應諮詢賭城才德兼備專家

【本報記者馮鳴台拉斯維加斯報導】台灣是否開放博弈，近兩年話題不斷，一波一波的外國投資人、台灣本土財團、地方民意代表、政府公職人員，勤於奔走台灣與賭城間，積極施展身手，但為私己利益奔忙的氣味很濃。

不論透過何種管道，這些人訪問拉斯維加斯，主要在尋找肯花大筆鈔票投資的老美賭場股東，認為找他們去台灣開賭場，萬無一失，自己掌握好第一手地點資料，在賭場預定地週圍炒地皮，發一筆土地財再說。

來賭城取經者，幾乎沒有人想真正了解什麼樣的博弈政策最適合台灣需要，真正具有實質賭業專業知識、能勾畫出台灣未來賭場實像的賭城華裔職業菁英，應該是最有資格提供諮詢的人。

拉斯維加斯華人居民大多在賭場裡工作，深知賭業對員工清廉要求嚴格，任職經理級以上的華人，更了解賭場各項防弊措施，他們訓練有素，能適時看出疑點，正確並有效處置問題；這些華人能為台灣開放博弈提供很有價值的意見。

目前在拉斯維加斯Tuscany Casino擔任財務長的華人章果立，也是拉斯維加斯大學旅館與博弈學院指導教授，曾協助加州、華盛頓州及奧克拉荷馬州三個印地安部落建立賭業，讓他們發展部族興盛的博弈業，體會好的博弈政策，要先建立當地全民共蒙其利的優先順序。

章果立表示，從平地造高樓很容易，但博弈業不是只蓋樓房、開賭場那麼單純，章果立在為印地安部落政府規劃開賭場時，考慮的還有政策建立、賭城設計與發包、工程發包、地點選擇、市場分析、計畫書擬定、貸款談判、組織及管理系統建立、人才篩選等一直到開幕正式營運，每一項都得仔細篩選。

台灣如果發展博弈業，章果立有意組織品德高尚理念相似的華人賭業人員，為台灣博弈創造出慈善博弈、社福博弈，他表示，博弈建立在利益全民共享，幫助社會弱勢，提升全台灣人民生活及心靈素質，這樣的博弈業，才是發展博弈的正途。

章果立希望才德兼備的華人業者，能響應他的呼籲，參與他創立的888 Consulting and Services Co.。有興趣聯絡章果立，請寄信至P.O.Box19509,Las Vegas,NV 89132。

了以部長：你好！

自馬總統參選時即有幸和你連絡（見附件）如今已逾一年。此期間你公務煩忙，未敢打擾，祇選有意义的图文轉送至你的伊媒兒供你消閑之用。

最近台灣對正式開賭場興趣甚濃，希望從開始就有正確的博弈觀念和作法，以求為民興利。故特將此間報載有關新聞附上，俾供參攷。

孫大公謹上

2009.03.23

David Takung Sun
Reagan Ranch Member

温總理勛鑒：
美國在金融界捅出个
大紕漏，使全球經濟衰退，
他們不自我反省致歉，反而
推卸責任，拉大家來陪綁。
特寄上時報週刊(TIME)
的文章供閱。

77叟
孫大公上
二〇〇九・四・十一

"No arsenal or weapon of the world is so formidable as the will and courage of free men and women."

Ronald Reagan

他们捅出纰漏，要找人来陪绑！

25 PEOPLE TO BLAME

The good intentions, bad managers and greed behind the meltdown

VENGEANCE IS MINE, SAITH THE Lord, except that right now everyone wants a little piece of it. The mob has been chanting for months, ever since former Treasury Secretary Henry Paulson arrived in late September on Capitol Hill to warn of disaster, pass around his three-page plan and demand $700 billion to fix the problem. Most members of Congress were so spooked they were ready to write a check, until their phone lines started melting with the angry voices of taxpayers demanding details about the likely return on the investment. But even the minimal strings attached did not prevent the first $350 billion from vanishing, with the government overpaying about $78 billion for the assets it bought. The banks told pesky reporters and congressional watchdogs that how they spent the bailout cash was really none of their business. And now, Tim Geithner informs us, the financial system needs $2 trillion more.

The crowd has gotten crankier in the face of the brash indifference to its fury. It seems that the mighty have been hit with some virulent strain of arrogance common to those told that they are Too Big to Fail. First the auto executives swooped into town in their Gulfstream IVs to ask for $25 billion; then Merrill Lynch superman John Thain spent $1,405 on a trash can and suggested he deserved a $40 million bonus for losing $15 billion in the fourth quarter. Even Tom Daschle, whose loyal Senate brethren were set to confirm him to the Cabinet, discovered the radioactivity of the phrase "unpaid taxes on his chauffeured limousine."

The modern civilized state claims a monopoly on punishment. Mobs with pitchforks, vigilantism, frontier justice—all seem sweaty and coarse compared with the men in powdered wigs duly processing the law. But as this crisis makes clear, we are in a new frontier now, the financial badlands created by technology and globalization, with no maps and few rules, and the law has not caught up to us. Until it does, we are left with the old sanctions: symbols and shame. That still leaves the problem of knowing whom precisely to scorn. "Capitalism," John Maynard Keynes once argued, "is the astounding belief that the most wickedest of men will do the most wickedest of things for the greatest good of everyone." It is tempting to blame the whole political-industrial complex, starting with whoever first had the idea of lending $750,000 to someone making $17,000 a year; the regulators who said that was O.K. and the politicians who encouraged them; the financial geniuses who rolled up all those mistakes into a big ball of bad loans, chopped them up and sold them; and above all, the presiding executives who got performance bonuses whether they performed or not—buying and selling things whose value they could not possibly know, finding ways to reduce risk that instead greatly increased it, unleashing on the markets what Warren Buffett called "financial weapons of mass destruction."

The problem with smashing the whole system, however, is that it's a lazy answer to a fierce challenge. Modern capitalism has created unprecedented wealth in our lifetime, shown its power to lift people out of poverty and spread a culture of competitive genius. So in the pages that follow, we make a case for who got us here, and who might have saved us and didn't. Even faith itself can be faulted when it turns into blind optimism that sees no risk, hears no sirens. There are plenty of prosecutors who will have a chance to make their case against anyone who crossed a line. But there are also culprits who committed no crime, bankers and builders and prophets and Presidents, and the face in the mirror—since many of us in the mob now wish to punish those who gave us just what we asked for.
—BY NANCY GIBBS

GETTY (2)

migrants—
he refugees
them,
alty oaths
, seemed
izenship.
among
given Gaza
o find it
a and lob-
on a daily
and elimi-
n election
oining any
e-fire with
ations.

nd where
m the
tanyahu—
as Netan-
ibi was
Likudnik
also very
nyahu's
ate 1990s;
riel
party. But
would
governing
says some-
leration in
a the hours
umed
ns that
ed to
hich says
ng isola-

e U.S. to
ort if
y features
ipples
erate
nake
ficult for
nd Jordan;
h Israel
rabia.
urse: a
ud and
me real
qualities
resent-
ctory. ■

About the List

The venting of spleen is not a science—it's a joy. The following lineup was compiled and ranked by Massimo Calabresi, John Curran, Justin Fox, Stephen Gandel, Sean Gregory, Peter Gumbel, Barbara Kiviat, Bill Saporito, Adam Smith and Josh Tyrangiel.

Photo-Illustration by TIME

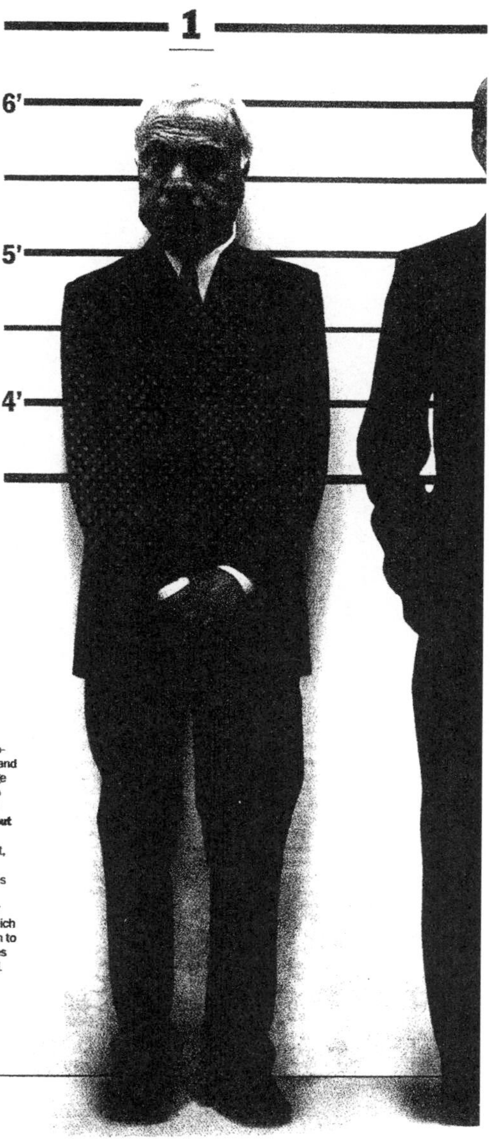

Angelo Mozilo

The son of a butcher, Mozilo co-founded Countrywide in 1969 and built it into the largest mortgage lender in the U.S. **Countrywide wasn't the first to offer exotic mortgages to iffy borrowers, but it popularized such products.** In the wake of the housing bust, which toppled Countrywide, Mozilo's lavish pay package was excoriated by critics. He left Countrywide last summer after its sale to Bank of America, which later pledged to pay $8.7 billion to settle predatory-lending charges filed against Countrywide by 11 state attorneys general.

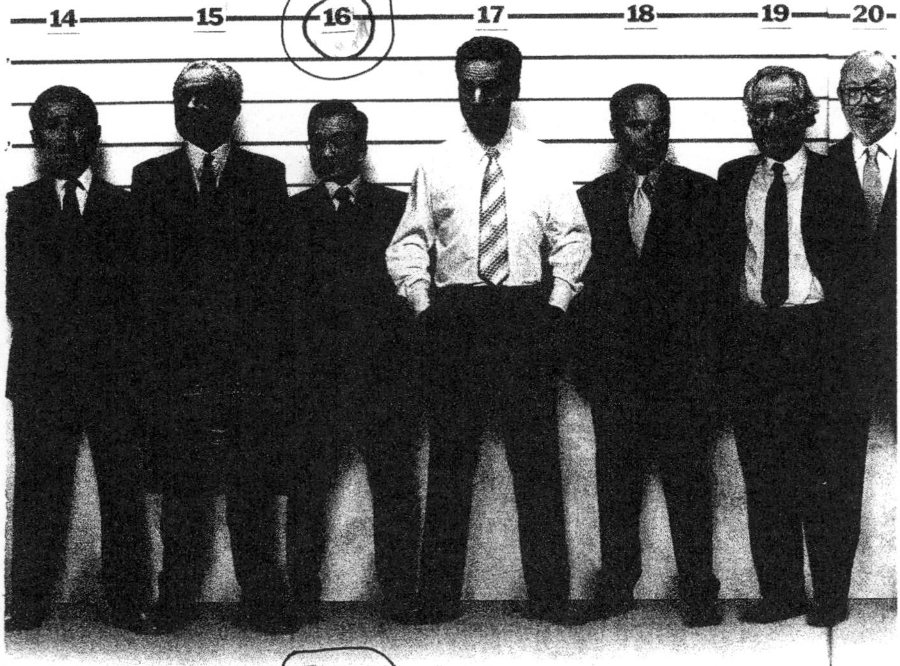

George W. Bush

From the start, the "ownership society's" No. 1 fan embraced deregulation and allowed federal oversight agencies to ease off on banks and mortgage brokers. True, he stumped for tighter controls over Fannie Mae and Freddie Mac and backed and signed the aggressively regulatory Sarbanes-Oxley Act after Enron blew up. But when SEC head William Donaldson tried to regulate hedge funds, he was blocked by Bush's advisers at the White House and quit. Plus, let's face it, **the meltdown happened on Bush's watch.**

Stan O'Neal

Merrill Lynch's CEO for nearly six years, ending in 2007, he guided the firm from its familiar turf—fee businesses like asset management—into the lucrative game of creating collateralized debt obligations, which were largely made up of subprime mortgage bonds. To provide a steady supply of the bonds—the raw pork for his booming sausage business—**O'Neal allowed Merrill to load up on $41 billion of them.** As the subprime market unwound, Merrill went into crisis, and Bank of America swooped in to buy it.

Wen Jiabao

If cheap credit was the crack cocaine of this crisis—and it was—then China was one of our primary dealers. Wen leads a China that is now the U.S.'s largest creditor, holding some $1.7 trillion in dollar-denominated debt. Its massive dollar holdings can be linked to determined efforts to control the value of the renminbi vs. the buck; **China didn't want its currency to rise too rapidly against the dollar,** in part because a cheap currency kept its export sector humming. And humming it was until U.S. demand cratered last fall.

David Lereah

When the chief economist at the National Association of Realtors, an industry trade group, tells you the housing market is going to keep on chugging forever, you apply the discount. But Lereah, who held the position through early 2007, did more than issue rosy forecasts. In his 2005 book, *Are You Missing the Real Estate Boom?*, and elsewhere, **he regularly trumpeted the infallibility of housing.** Lereah grew concerned about the market in 2006, but consider his January 2007 statement: "It appears we have established a bottom."

John Devaney

Hedge funds played an important role in the shift to sloppy mortgage lending, and Devaney was one of the cheerleaders. By buying up mortgage loans, **Devaney and other hedgies earned fat returns for a while,** which encouraged mortgage outfits to make ever sketchier loans. Devaney knew some of those products were ugly; in early 2007, referring to option ARMs, he told MONEY, "The consumer has to be an idiot to take on those loans, but it has been one of our best-performing investments."

Bernie Madoff

His alleged Ponzi scheme could inflict $50 billion in losses on society types, retirees and nonprofits. The bigger cost comes from the notion that **Madoff pulled off an epic fraud** right under the noses of regulators. Assuming it's true, the banks and hedge funds that neglected due diligence were stupid and paid for it, while the "feeders" were reprehensibly greedy. But if in fact Madoff depants the regulators, exposing them as grossly incompetent, then the downturn is that much tougher to take.

ew anieri

et the father rtgage-backe ds. In the la 70s, the coll pout and Sa der coined th *uritization* to dy bit of fina emy in whic e packaged d to instituti estors. It wa idea, as it a ks to shed r ke more loa home owner loded in the 00s, **the mo d business ll Street's b** . So the firm ed ever bigg ever riskier hese securit know the re

Photo-Illustration by TIME AP (2); BLOOMBERG (2); CORBIS; GETTY (4); JUPITER; LANDOV; POLARIS (2); REDUX (3); REUTERS

英九總統閣下鈞鑒：

民國九十六年十月廿一日於台北國軍英雄館接受閣下授旗，擔任美國馬蕭後援總会之總会長，在美國成立了七个分会（美東、美西、美南、北加州、尔灣、舊金山、拉斯維加斯）儘量促成会员返台投票，終因 閣下之人格感召得以順利高票当選，可喜可贺。而我也在三月廿七日即辭去總会長職务，以減除閣下可能之人情負担。

閱報知政府為增加稅收欲在離島創办博奕事業，此事成败関係國家命脈，请審慎為之！

此间有位愛國華僑章果立先生畢業於拉斯維加斯大学之博奕系，現任知名赌场之高級職务，並曾協助成立數个印第安族之大賭场，学經歷来富，他对政府如何利用博奕事業造福國民有独特之見解（附其短文二则）。特建議在籌劃期間聽聽他的意見—集思廣益，好的開始是成功的一半。

閣下日理萬機，請多珍攝。

敬頌

國泰民安

孫大公上
2009.06.16
（黃埔校庆日）

中華黃埔四海同心會
美國馬蕭後援總會
Chinese Huang-Pu Union
Supporting Group of Ma Ying-Jeou in America
總會長 Chairman
孫大公
David Ta-Kung Sun
Tel/Fax : (949) 559-8356
China : 86-13681878089
E-mail : davidtksun@gmail.com
14932 Mayten Ave.
Irvine, CA 92606
U.S.A.

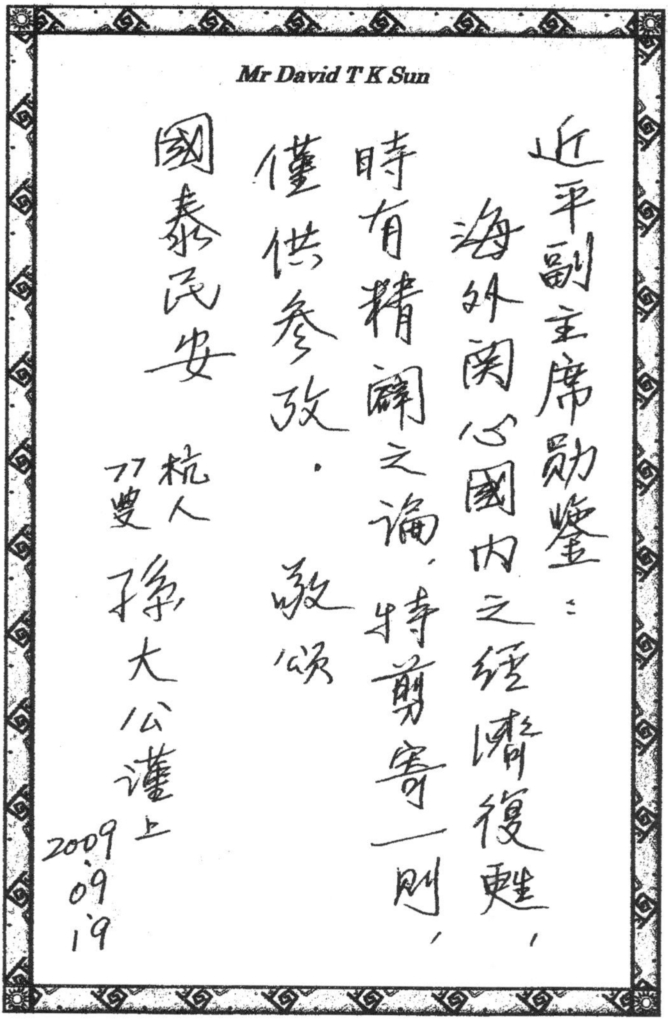

Mr David T K Sun

近平副主席勛鑒：
海外關心國內之經濟復甦，
時有精闢之論，特剪寄一則，
僅供參攷・ 敬頌
國泰民安
杭人
77叟 孫大公謹上
2009.09.19

al.com
5日 星期二 TUESDAY, SEPTEMBER 15, 2009 世界日報 焦點(三) A4

中國經濟復甦與中國特色問題復現

以9月15日李曼兄弟宣告倒閉為標誌，國際金融危機爆發一年整。對中國經濟是否步入和可能率先復甦，仍有不同意見，而中國經濟的問題是否開始復現，會否影響到中國之搶占先機，爭奪國際經濟制高點，仍在爭論之中。

自去年國際金融危機爆發以來，中國領導層的核心思路，有兩個重點，一是中國經濟要率先復甦；一是中國要透過化危為機，搶占全球經濟乃至政治制高點。

按照這一思路，中國領導層以擴大內需、保持增長為基調，拿出了以4兆元人民幣投資為核心的「一攬子計畫」。至今年上半年，中國經濟保持7.1%的高成長，第三季度更可超逾8%。經濟全年「保八」的任務，已不在話下。

對這一迎戰危機的表現，中國經濟界的建制派認為，中國經濟已步入復甦，下一步不會出現大的波動。「保增長」的任務鐵定完成，中國已有可能進一步擴大內需，提高本國經濟的自主性，同時也已有能力去調整結構，增強國際競爭力，放手企業「走出去」的兼併重組，提升中國在國際經濟中的地位和影響力。

與之同時，中國經濟界也有較悲觀的論點。有人認為，一場國際金融危機，美國受的是輕傷，歐洲受的是較重的外傷，中國受的是看不出的重內傷。於此，真正「率先復甦」的可能是美國，歐洲也可能較快緩過勁來，而中國一旦盲目樂觀，可能「不是第一個站起來的，而是最後一個倒下的」。

這種觀點太過悲觀，但有一定的現實依據，不去論美國、歐洲情況如何，只看中國大陸，確實一系列有中國特色的經濟問題，已在復現。首先是中國經濟之能保增長，實在有賴於巨額的固定資產投資，今年前八個月，新增信貸投資已約8兆元人民幣，創下歷史紀錄，全年有可能接近10兆元人民幣。現在人們擔心的是，還有多少貨幣可投放，貨幣政策會怎麼調整。

另一個問題，就是中國經濟有一放就熱，一壓就冷的老毛病。巨額投資之下，產能過剩的問題已經浮現，令當局不能不出手壓抑。與之同時，除大量投資一哄而起湧到熱門產業，還有相當數量的資金，湧到房地產市場，湧到股市，由之而起是資產價格的瘋狂上揚，形成不知何時會被捅破的經濟泡沫。

當然，還有一些積重難返的問題，在經濟回升階段中暴露和加重，比如就業問題，大多數地方政府都在忙投資，而不是問就業，因應就業的滯後效應，未來將成制約經濟復甦的要害。又比如中國的大小政府，有主導經濟的熱情，政府主導大投資，對民營經濟和民間投資的排擠效應已經顯現；政府為了大投資的財政配套，力攻財政增收，由之打擊了消費熱情，壓抑著內需提升。

不論是樂觀的建制派，還是悲觀的非主流派，各說各話，各有其理，但都證實，國際金融危機周年之際，中國經濟又走到一個關鍵時刻，決定性因素是經濟政策要不要調整，又如何去調整。

現在的問題，是中國經濟應跳出自身看全球，放下眼前復甦看長遠發展，首先是中國經濟已不能一枝獨秀，歐美經濟強勁反彈，可能令中國「趕超戰略」緩步，但歐美經濟滯脹衰退，中國經濟有可能受波及陷入困頓。

其次，中國當前的要務，已不是「保八」式增長，而是要利用時機解決自己的傳統問題，而不論是產能過剩、資產泡沫，還是通縮通脹，既與中國經濟的結構問題有關，又與中國的政府和政策偏差有關。不解決這些問題，「二次滑落」不是沒可能。

最後，中國理當利用危機帶出的契機，調整「世界加工廠」的身分，改變「以市場換技術」的發展策略，制定出自己更高目標的戰略，包括國際金融競爭的戰略、新能源發展的戰略、產業全球整合的戰略等等。

當然，因應中國特殊的國情、特別的政經現狀，要解決已現和將現的問題，要梳理出新的發展方向，中國領導層都面臨著兩難，這就迫使中國領導層要展現新魄力，拿出新思維，強化改革的決心，包括更深層次的體制改革。

吳敦義院長
澎湖縣長
　　議長　勛鑒：

報載政府有意在澎湖舉辦博弈活動，此事有利有弊，因此人民也有贊成和反對兩面。

因為「賭」之為害与「毒」相同，所以不办也罷，如果非办不可，則应將利益歸於人民，亦即賭坊由政府主办（國有）招商經營（民營）。至於龐大之建築費用，美國多的是銀行願意貸款，我的一个親戚就替印地安原住民申請貸款蓋了好几家大賭坊（從規劃到經營），可以問之他如何由政府白手舉办？ 每年的鉅大盈餘，與其被賭博財團取去，何不留下來為人民造福？！

不知　閣下以為然否？ 尚此　敬頌

政躬康泰

孫大公謹上

2009.09.24

又及：附友人文兩篇

敦義副總統勛鑒：

自從閣下担任行政院長開始，我就覺得國民党有了生氣，當時寫了封信為閣下鼓掌（附稿）。如今閣下官升一級反倒看不到精彩的表演了，不过没有関係，閣下在幕後仍是可以為党國着力的！

譬如今日報載「菲盖賭场、國庫吃紅」（附）。此事正和我们最近要在馬祖盖賭场一樣，确是一个為國庫添筹碼的妙招，祇是在開始立法時，就要把原則和办法訂妥才能得其好處。為此，我曾在上个月寫「讀者投書」（附）寄給联合報及中國時報，不知有否登出？如果賭场能依「國有」和「民營」來立法的話，則政府將受用不盡矣！

此事正是閣下為國為民為己名留千古的机會，因為開賭场是全世界大財團眼中的肥肉，要抗拒他们的勢力把賭场訂為「國有」的话，猶如聖經裡的大衛打巨人，難度甚大，但是结果大衛还是打勝了。因此只要閣下出面来主導的話，這「國有」和「民營」的立法是一定會成功的!!!

尚此　敬頌

政躬康泰

萬事順利

馬到成功

八十歲老党员　孫大公　謹上

2013.03.14

又及：另附一些资料（有関赌场）僅供参攷。

[redacted]

Tel & Fax
(949)559-8356

世界日報 worldjournal.com 2013年3月14日 星期四 THURSDAY, MARCH 14, 2013

菲蓋豪華賭場 國庫吃

斥資12億的度假村將開幕 另有三座興建中 年營收可望上衝百億

法新社

馬尼拉13日電

菲律賓斥資12億美元在馬尼拉灣打造的賭場索里拉馬尼拉度假村（Solaire Manila Resorts）即將於16日開幕，菲國將躋身全球博弈產業精英俱樂部的一員。

將來馬尼拉灣會有四座占地龐大的娛樂場，索里拉馬尼拉度假村是其中第一個完工的，業界與政府領袖希望這座蓋在填海地上的度假村，能吸引數百萬名有錢的亞洲觀光客前來。

索里拉美國營運長佛蘭契（Michael French）說：「索里拉帶來的娛樂與賭博體驗將是菲律賓首見，會讓人感覺像是到了拉斯維加斯。規模、興奮指數與誘惑力更是大大提升。」索里拉擁300張賭桌、1200台吃角子老虎機、七家餐廳、500間住宿房間及2000個停車位，老闆是擁有億萬身價的港口營運商雷森（Enrique Razon）。

這座度假村還有能過濾炙烈熱帶陽光的玻璃天花板、巨型吊燈、厚質紅地毯、水池及擁有眾多穿著緊身紅色裙裝的雞尾酒女服務生。另外也有30到40家高檔商店，以及一座劇院供賓客觀賞百老匯表演。

其他三座賭場的開幕準備工作正在進行中，全都獲得外資挹注。這四座賭場鄰近馬尼拉機場，將共同組成菲律賓的「娛樂城」。

由菲律賓首富施至成、澳洲億萬富翁派克（James Packer）和澳門賭業大亨何猷龍合資興建的Belle Grande，預定明年開幕。日本賭博大亨岡田和生和馬來西亞雲頂集團（Genting）則與當地多位華裔菲律賓富豪，參與另兩座賭場的興建，兩者計畫2015年到2017年開幕。

菲律賓賭場監管機關主管納蓋亞特（Cristino Naguiat）預估，拜索里拉開幕之賜，菲國今年博弈收入可望倍增至20億美元。四座賭場都開幕後，娛樂城預料每年可為該國帶進多達100億美元的博弈營收。相較下，澳門和拉斯維加斯賭場目前年營收各為380億和60億美元。

斥 元打 賓賭 馬尼 16日 望能 遊客 菲國 收入 億美 索里 年12 案照 （ 照片

虛擬撈過界

PokerStars網站 要買賭

財經新聞組

綜合報導

全球最大撲克遊戲網站撲克之星（PokerStars）打算買下位於大西洋城的賭場，在內華達、新澤西、德拉瓦等州近來通過新法開放線上賭博後，這象徵博弈業新一波淘金熱鳴槍開跑。

政府文件顯示，PokerStars母公司英國Rational集團已達成收購Atlantic Club賭場的協議；據傳價碼約3000萬美元。若這起交易獲批准，將成為純線上博弈業者擁有美國實體賭場的首例。

代表傳統實體賭場的美國博弈協會（AGA）呼籲新澤西政府駁回此案，指PokerStars多年來「以違法方式營運」，線上博弈市場70億美元年營收逾半數都落入PokerStars手中。

PokerStars發言人霍列司則說：「博弈業的未來將需要網路內外的專業技術…我們透過線上比賽，為全世界主要的實體賭場夥伴帶來客源，在倫敦羅、巴塞隆納、里約等撲克旅遊事業。這些比玩家，無論是線上或賭

這樁交易可能在博弈撼。促進美國線上博弈的非營利組織iMega主說：「習慣去賭場的群長。許多年輕人從未去要去賭場，有一半時間慧手機或電腦玩遊戲或絡。」

賭業金雞母

線上博弈 解禁後錢景可

財經新聞組

綜合報導

投資人看好線上賭博將成為Zynga等線上遊戲商的下一個金雞母，激勵股價大漲。

Zynga宣布進軍海外線上賭博事業後，今年來股價大漲59%。Glu Mobile 12日宣布和倫敦博弈服務業者Probability合作推出實體貨幣的吃角子老虎手機遊戲，股價躍漲18%。

在許多海外國家合法的線上賭博，在美國大部分地區都遭禁，但隨著美國即將開放線上賭博的可能性升高，這兩家遊戲業者的股價也隨之上漲。

遊戲產業極力遊說國會放寬線上賭博禁令，主張撲克等遊戲是靠技術而非機率取勝，外界預估近期將展開修法。

Sterne Agee分析師巴提雅說：「我們謹慎、樂觀地看待Zynga的線上賭博潛力，還有許多未知數，在有更多最新進展前，這比較像是願景而非現實。說，如果美國線上賭博Zynga必須和適合的業找出獲利方式，但Zyn可能不會獲利，「比較明年獲利成長，而不是

以臉書熱門遊戲Far家的Zynga，正面臨退燒的困境，去年股80%。不過，去年12月布向內華達州申請博後，股價回漲。

錦濤主席
近平副主席
家寶總理
勛鑒：

聽說政府欲將海南島建成一个渡假乐园，此事極好，唯設立賭坊則因「賭害」与「毒害」等齊，若不幸惹起全民賭癮，則悔之晚矣，所以能不設賭坊就最好不設，若萬不得已非設不可時，請以全民利益為主，由國家設立（國有），委民經營（民營）。

美國各大銀行皆願借貸設立賭坊，故籌資不難。由於（國有）是老板，（民營）是伙计，因此鉅大的盈餘归全民分享，不是被賭坊魔王吸走，如此对國民还可交待。

敝戚章果立（華裔美籍）畢業于拉斯維加大学之博弈系，曾協助原住民印第安人設立數處賭坊，現為大賭坊之財务長。前為台灣欲在澎湖設賭坊而建言（附），似可作為原始之參攷。

耑此　敬頌

國泰民安

孫大公謹上
2010、01、21

請三思：博奕地點與管理機構的設計

最近報載國民黨立院黨將離島建設條例（含博奕事業除罪化）列爲優先法案 台灣第一個賭場座落於澎湖的機會大增 由於博奕業事關重大 茲以博奕地點的分析與管理機構的設計 提供大家一個參考

以澎湖現在的狀況是缺少國際旅遊景點條件的 如以博奕加上國內旅遊雖有小利可圖 但對整體經濟是沒有加分的 如博奕業僅針對國內市場 其結果僅造成國內財富的重分配 獲益者爲博奕投資者與從業人員 政府可得些許博奕稅收 如果博奕地方稅收是中央政府唯一的目的 政府實無須大張旗鼓的設賭場於澎湖 只要多分配澎湖些中央預算即可 因博奕稅收(與營收)乃各縣市居民所輸 各縣市居民輸錢後產生的資金排擠效應 會減少其個人及家庭支出 造成各縣市稅收減少 澎湖多了博奕稅而各縣市稅收減少 其結果不就等同中央將資源(中央預算)重新分配嗎？

由於我們的人民是可以自由遷移的 外地的投資者與從業人員可以輕易的成爲澎湖居民 因此新的博奕場對現有的澎湖居民在就業上的幫助上也不大 然而 就治安與其他社會成本而言澎湖居民卻成爲立即的受害者

從 50 年代中開始美國內華達州爲了將犯罪組織（黑幫 ） 逐出博奕事業 成立了第一個州級的博奕管理單位 經過三十多年的努力終於在 80 年代終期 正式宣告勝利 自此美國各州博奕管理機構的層級均爲州政府的一級單位 印地安部族的最高管理單位（NIGC）則爲美國聯邦政府的一級單位 美國的博奕史是最好的借鏡 如果博奕管理的層級太低 或者資源不夠 政府最終須花費更多的資源與時間來糾正錯誤

以目前台灣的狀況而言 如果政府要發展博奕 其最高管理單位必須爲中央政府部級單位 其組織與人員的訓育均需一筆不小的先期預算 如中央政府不願做先期規劃與投資則將重蹈美國內州之覆轍 反之 僅爲了對澎湖一縣的允諾 花這麼大的功夫 其經濟效益是有待商榷的

子曰：信近於義 言可復也 領導人的承諾如果不符合正義 應與大眾溝通 公道自在人心 大眾應會支持與瞭解領導人理念與善意 況且當初的承諾有一個退場機制-須澎湖縣民的同意 政府能提供足夠的資訊 相信澎湖縣民會三思的

博奕政策- 外資的迷思

據報載, 五二 0 後國府將會通過博奕條款, 而且許多說法都傾向吸引外國博奕公司來投資. 而博奕是一特權(Privilege), 並非權利(Right), 因博奕業的發展而產生的社會成本, 將由台灣全體人民所承擔, 當政府要授與博奕這特權時, 應考慮其利益是否能由全民所共享(博奕業應國有民營或全民持股，其利潤在交出一定比率作爲政府照顧弱勢族群及偏遠離島的發展基金後，其餘額可資援全民健保). 讓任何外國博奕公司獲取暴利, 而由台灣全體人民承擔社會成本, 是一種得不償失的作法.

美國國會於一九八八年通過印地安博奕法 (Indian Gaming Regulatory Act of 1988) 後, 各印地安部族政府 (Tribal Government) 已在美國二十八個州建立了超過三百三十個賭場. 其博奕收入早已過內華達與紐澤西州的總和, 而其盈餘 85%以上均用於部族族人之福利. 這些印地安部族族人在八零年代末時, 仍是低收入低教育程度的一群人, 連他們可以做到"國"有民享的博奕, 台灣一定可以做的更好.

由於台灣博奕政策尚未明朗, 各國的政府勢力, 遊說團體, 投機客, 加上本土勢力已在台灣攪起一團混水. 很多人建議要學澳門, 而澳門自從引進外國博奕資金以來, 博奕業績雖蒸蒸日上, 但治安日危, 各地(含台灣在內)黑道均進駐賭場包賭廳. 黑道除帶來更多的娼妓與毒品問題外, 高利貸與暴利討債的問題, 已使得澳門成爲東南亞地區的毒瘤. 台灣不但不能師法澳門, 還應以澳門爲戒.

筆者曾幫三個不同州的印地安部族政府, 籌劃博奕事業, 對於整個作業流程(附註)均有豐富的經驗與深入的瞭解. 美國前五大的銀行中有三家設有博奕貸款部門. 無論是這些投資澳門的大公司或是三百多個印地安部族政府的賭場的資金都由此而始. 國府只要有適當的規劃, 資金絕不是問題. 國府要使用的應是外國銀行的資金, 而不是外國博奕公司的資金, 以保有公司的主權及人民的利益.

附註: 從政策的建立 地點的選擇 市場的分析 企劃書的擬定 貸款的談判 賭場的設計與發包 工程管理 組織與管理系統的建立 人才的篩選 到開幕與正式營運

克強副總理勛鑒：

報載(附)您擔任保障房協調小組組長，要在今年十月底前完成全國一千萬套保障房開工任务。這件事太好了，因為目前社会的緊張多半是住的問题引起，如果能釜底抽薪，打開這个结，維穩就輕鬆多了。

我在四年前發現這个腫瘤在不正常的擴大，就不怕冒昧跟錦涛主席提出个建議(附)，如今您正大力主導這个工作，真是太好了！祇是仍请注意相関的配套法令也要儘快完成，避免有後遺症。尚此　敬頌

國泰民安

79叟　孫大公謹上

2011.04.04

溫家寶：三管齊下打高房價

大陸新聞組

北京14日電

中國第11屆全國人大四次會議14日上午在北京閉幕，在經過對政府工作報告、「十二五」規畫綱要等八項重要議程進行表決。

溫家寶總理在會後的記者會上強調，中國在今後五年以至中國經濟發展的相當長時期，要把轉變經濟增長方式作為主線，真正使中國的經濟轉到主要依靠科技進步，和提高勞動者素質上來，著重提高經濟的增長質量和效益。

溫家寶表示，經濟發展速度低，就業人數少，但很容易使經濟走向衰退。但經濟發展速度高，就業人數就會多，但通脹的壓力也會大；他表示，中國必須在這兩條道路當中走出一條光明的路，把兩者有機地連接起來。

但就未來解決中國壓力沉重的就業問題，溫家寶表示，一定想辦法，在比過去低的(經濟發展)速度下，還能解決中國日益增長的就業壓力問題。他說，這對政府是一個極大的考驗。但「我們完全有決心能夠辦好這件事情」。他舉例指出，解決問題，可以發展服務業，包括可以容納更多就業機會的生產服務業。

在談到中國如何對抗通貨膨脹時，溫家寶不點名的暗批美國製造通脹。他說，中國目前出現的通脹其實是國際性，「看看整個國際的形勢，由於某些國家實行量化寬鬆的貨幣政策，而造成匯率和大宗物資價格的大幅度波動，這對全世界都造成影響」。他承認今年上半年將是中國比較困難的時期，而且輸入型的通脹對中國有很大的影響，這也是中國所難以控制。因此今年在政府宏觀調控的各項工作中，把抑制通貨膨脹擺在第一位，對管好通脹預期，中國還是有信心。

對抗節節高漲的房價有「三管齊下」的辦法，溫家寶指出，首先要控制貨幣的流動性，消除房價物價上漲的貨幣基礎；其次運用財政、稅收和金融的手段來調節市場的需求；最後加強地方政府的責任，無論是物價和房價，地方都要切實負起責任來。也就是說「米袋子」省長負責制，「菜籃子」市長負責制，房價也由地方來負主要責任。

在回答台灣的媒體提問時，溫家寶首先表示向「台灣同胞問好」，接著他表示，大陸與台灣的ECFA早期收獲今年1月1日開始實施。在今年2月，兩岸有關方面進行一次評估。他說，總的認為開局良好，進展順利，效果初顯。溫家寶表示，今年1月，兩岸貿易額增長30%，去年大陸與台灣的貿易額超過1400億美元，台灣的順差達到860億美元。

他強調，台灣不必擔心大陸經濟的轉型會使台灣企業邊緣化，(因為)大陸已成為台商投資的一個重要目的地。現在在大陸的台資企業已經有8萬多家，直接投資超過500億美元。他說，如果算上異地投資，就是經過維京群島這些島嶼，整個投資超過900億美元。台商投資已經占到大陸吸引外資的9%。

溫家寶強調，大陸推進科學發展，轉變發展方式，只能為台資企業創造良好的投資環境和更有利的商機。台資企業在內地的發展不僅不會被邊緣化，而且預計會有更大的發展趨勢。

溫家寶還意猶未盡的再補充說，在ECFA實行的過程中會遇到一些問題，而且我們還將本著循序漸進的方式進一步推進ECFA的後續談判。他說，在整個談判過程中，台灣都可以感覺到大陸的誠意和對台灣商界和人民利益的關心。他表示，「我們是同胞，骨肉之親，析而不殊」。（相關報導見A10、A11）

美世界日報 2011.03.14 頭

2011.02.21

廣建保障房 住建部下達軍令狀

大陸新聞組

北京21日電

在施壓地方政府進行嚴厲限購之後，住建部自21日開始將陸續與各省、自治區、直轄市簽訂《保障性住房目標責任書》，完成1000萬套保障性安居工程住房的分配任務。目前，住建部已經向地方政府下達「軍令狀」，所有分配完成的目標任務，必須在2011年10月31日前全部開工，否則主要領導將遭到從約談到行政處分乃至降級、免職的嚴厲處罰。

中國經營報報導，所謂保障性安居住房工作協調小組系由國務院各相關部委組成，國務院副總理李克強兼任組長，辦公室設在住建部。國家發改委、財政部、國土資源部甚至監察部、國家審計署都是該協調小組的成員單位。這樣一份責任書的政治意味，地方政府心知肚明。

據報導，為解決這問題，住建部著手多方面為地方「找錢、找政策」。

美世界日報 A11版

界日報 worldjournal.com　2011年2月28日 星期一 MONDAY, FEBRUARY 28, 2011　大陸(二) A1

溫家寶：5年內建3600萬套保障房

連續三年網聊提房價 簽責任書以示決心「該管的事絕不含糊」

新聞組

北京28日電

理溫家寶27日與網民在線交
有信心遏制高房價。中央與
政府簽訂了保障房軍令狀，今
年將新建3600萬套保障房。這
溫家寶連續三年在網聊中提及
問題。

報導，溫家寶表示，前不久中
各地政府簽訂了保障性住房的
書。關鍵不在一張紙，而在於決
沒有決心，眼前到處都是困難，
中央已下了這個決心」。

對居高不下的房價，溫家寶說，
，會增加供給。去年政府投資
了590萬套保障房，竣工370萬
今年，我們將建設保障房和棚
改造住房1000萬套，「我們計
今後五年，新建保障房3600萬
。保障房應當以公租房和廉租
主，再加上棚戶區改造，不要
方向。

二，抑制投資、投機住房需求。
會採取經濟、法律等必要手
主要是用差別化貸款利率、稅
率以及土地供應政策，「我相信過一段時間，會見到效果」。

第三，管好市場，防止建商捂盤惜售，圈地不用。

報導指出，溫家寶再次強調，對於政府應該管的事情，絕對毫不含糊；對於市場應該管的事情，也會密切關注，充分利用市場對資源配置的合理作用。同時，抑制不合理的房價。

戶籍改革 進行中

另外，有感大城市戶口的好處越來越多，流動族的孩子被差別對待，中考高考都要回戶籍地。網民問，戶籍制度改革還會推進嗎？

溫家寶說，中央正在出台一個文件，就是要積極推進戶籍改革，已經過黨中央國務院討論。首先農民工要在放開的縣以及所在鎮解決戶口，接著解決農民工及其子女就業、教育都不應因戶籍而受到歧視，繼而在農民工進入城市落戶以後，是否放棄宅基地和承包地，要由農民工自願作主，不能強迫。

遏制高房價，溫家寶有信心。他指今後五年將新建3600萬套保障房。圖爲正在建設中的海口市福秀廉租房小區。（新華社）

溫家寶精采語錄

議題	內容
談民生	讓人們生活得舒心、安心、放心，對未來有信心。
談物價	我知道豬肉13塊錢左右一斤，雞蛋從上到5塊錢降到4塊7毛錢。
談教育	「中國崛起」的象徵是在人才、是在教育
談打房	如果我沒有信心，不去努力，那就是失職。我沒有調查你們每個房地產商的利潤，你們身上也應該流著道德的血液。
談個人成長	我的成長不是一帆風順，但我沒有一天服過。
談流浪兒童	不管什麼原因，我們都不能讓流浪兒童活沒有着落。
談退休待遇	雖然他們說要感謝政府，但我深知，他們心中還有不平，他們生活還有困難。
談盲目增長	我就對地方領導講，我說少蓋一點兒樓，縮小一點兒城市建設規模，拿來用在民生上，這不更好嗎？

資料來源：中新社　（大陸新聞組整

節如委員：

謝謝你以大無畏的精神來阻擋賭場的設立，可是利令智昏，很多人都希望開賭場賺大錢。如果，真要開賭場的話，其龐大的利潤也應由全民共享（貼補健保、教育……），所以，賭場由國家設立（國有），委由民間經營（民營）才是唯一可行之道！

附上一些正確理論供參考。即頌

時祺

孫大公上

2012.07.10

民進黨聲明反對 國民黨還待共識

記者李[illegible]、[illegible]

台北9日電

馬祖前天通過博弈公投，國民黨團書記長徐耀昌說，行政院未來若將博弈專法送到立法院審議，將支持立法；民進黨主席蘇貞昌表示尊重公投結果，但不能只通過一個母法，相關法律、配套措施更重要；民進黨團總召柯建銘則表明，民進黨團反對博弈政策。

民進黨立委陳節如表示，她將建議民進黨團在立法院強力監督博弈立法，甚至不排除以焦土方式阻擋。

她說，根據離島建設條例，離島對於設置賭場有同意權，但從同意設置到法律依據設置、行政院核定執照等還有三、四個關卡，凸顯出條文在程序上的錯置及荒謬。

陳節如說，行政院若核定博弈執照，馬英九總統就必須承擔推動賭場的後果。她擔心公投法規定每三年可重新投票，如今馬祖、澎湖不管正反方都嚷著要捲土重來，「離島會陷入賭場魔咒而無法脫身」，甚至增加貪腐的溫床。她希望民進黨團有一致共識，共同反對博弈專法。

國民黨中央政策會執行長林鴻池表示，博弈專法還沒送進立法院，目前沒有立場問題，應該等有行政共識後再來做討論。

徐耀昌說，馬祖和澎湖、金門等離島不同，資源相對較少，設賭場是繁榮地方經濟的捷徑，至於道德問題，可在博弈專法中設條款予以規範。

金門籍國民黨立委楊應雄說，地方對博弈產業有質疑，「行政部門應該先把遊戲規則和產業的大方向說清楚，我們再來討論。」

金門縣議員陳滄江2009年8月帶著460分連署書，向金門公投審議委員會提出博弈公投申請，2011年時以「反對財團炒作土地」為由撤案，但因申請文件未達撤案門檻，程序未完成。

美國 世界日報 2012.07.09 A6版

鴻池執行長：

賭博法未立之前，最重要的是它未来的方向——是为公，还是为私？如果是为公，则其龐大的利润应由全民共享（贴補健保，教育……）。所以，赌场由國家設立（國有），委由民间經營（民營）才是唯一可行之道！

附上一些正确理论供参考。即頌

時祺

孫大公上

2012.07.10

民進黨聲明反對　國民黨還待共識

記者李明宗、黃國樑

台北9日電

馬祖前天通過博弈公投，國民黨團書記長徐耀昌說，行政院未來若將博弈專法送到立法院審議，將支持立法；民進黨主席蘇貞昌表示尊重公投結果，但不能只通過一個母法，相關法律、配套措施更重要；民進黨團總召柯建銘則表明，民進黨團反對博弈政策。

民進黨立委陳節如表示，她將建議民進黨團在立法院強力監督博弈立法，甚至不排除以焦土方式阻擋。

她說，根據離島建設條例，離島對於設置賭場有同意權，但從同意設置到法律依據設置、行政院核定執照等還有三、四個關卡，凸顯出條文在程序上的錯置及荒謬。

陳節如說，行政院若核定博弈執照，馬英九總統就必須承擔推動賭場的後果。她擔心公投法規定每三年可重新投票，如今馬祖、澎湖不管正反方都揚言要捲土重來，「離島會陷入賭場魔咒而無法脫身」，甚至增加貪腐的溫床。她希望民進黨團有一致共識，共同反對博弈專法。

國民黨中央政策會執行長林鴻池表示，博弈專法還沒送進立法院，目前沒有立場問題，還該等待行政共識後再來做討論。

徐耀昌說，馬祖和澎湖、金門等離島不同，資源相對較少，設賭場是繁榮地方經濟的捷徑，至於道德問題，可在博弈專法中設條款予以規範。

金門籍國民黨立委楊應雄說，地方對博弈產業有質疑，「行政部門應該先把遊戲規則和產業的大方向說清楚，我們再來討論。」

金門縣議員陳滄江2009年8月帶著460分連署書，向金門公投審議委員會提出博弈公投申請，2011年時以「反對財團炒作土地」為由撤案，但因申請文件未達撤案門檻，程序未完成。

美國　世界日報　2012.07.09　A6版

应雄委员：

你的质疑绝对正確，如果大方向不说清楚，等将来贻害地方就来不及了！

其实，赌场应由國家设立（國有），其龐大利润由全民共享（貼補健保、教育……），然後再由民间经營（民營），才是唯一可行之道！

附上一些正确理论供参攷。即頌

時祺

孫大公上

2012.07.10

民進黨擺明反對　國民黨還待共識

記者李昭安、黃驛淵

台北9日電

馬祖前天通過博弈公投，國民黨團書記長徐耀昌說，行政院未來若將博弈專法送到立法院審議，將支持立法；民進黨主席蘇貞昌表示尊重公投結果，但不能只通過一個母法，相關法律、配套措施更重要；民進黨團總召柯建銘則表明，民進黨團反對博弈政策。

民進黨立委陳節如表示，她將建議民進黨團在立法院強力監督博弈立法，甚至不排除以焦土方式阻擋。

她說，根據離島建設條例，離島對於設置賭場有同意權，但從同意設置到法律依據設置、行政院核定執照等還有三、四個關卡，凸顯出條文在程序上的錯置及荒謬。

陳節如說，行政院若核定博弈執照，馬英九總統就必須承擔推動賭場的後果。她憂心公投法規定每三年可重新投票，如今馬祖、澎湖不管正反方都嗆聲要捲土重來，「離島會陷入賭場魔咒而無法脫身」，甚至增加貪腐的溫床。她希望民進黨團有一致共識，共同反對博弈專法。

國民黨中央政策會執行長林鴻池表示，博弈專法還沒送進立法院，目前沒有立場問題，應該等有行政共識後再來做討論。

徐耀昌說，馬祖和澎湖、金門等離島不同，資源相對較少，設賭場是繁榮地方經濟的捷徑，至於道德問題，可在博弈專法中設條款予以規範。

金門籍國民黨立委楊應雄說，地方對博弈產業有質疑，「行政部門應該先把遊戲規則和產業的大方向說清楚，我們再來討論。」

金門縣議員陳滄江2009年8月帶著460分連署書，向金門公投審議委員會提出博弈公投申請，2011年時以「反對財團炒作土地」為由撤案，但因申請文件未達撤案門檻，程序未完成。

美國　世界日報　2012.07.09　A6版

輯四：提防狼子野心

——喚醒中國人民的自覺

等 待

孫大公

人一生下來就在等死
花開了以後就在等謝
天道輪迴
自然現象

有些人等得不耐煩
就製造了
社會的騷亂和世界的不安
有些人參透了天機
默默地
修身養性
熱心地助人爲善

同樣是等待
變化卻千萬
受了
基因,環境,教育,遭遇,和選擇的影響
就有了
時好時壞的花花世界

我很好奇
你為自己選擇了一個什麼樣的等待

敬啟者：

本人於2001年7月率團赴 貴館參觀，對於各种設施及資料之完備皆印象深刻，非常欽佩！

近聞有一冊「南京大屠殺－历史照片中的見証」出版，內容丰富，不知是否 貴館印行？？也聞友人有意購贈各自之母（美國）校圖书館作永久之見証，不知如何購買？？如何寄遞？？多買有否優待？？等？，盼能撥冗見告，以便拜知。

即頌

時祺

孫大公啟

2003.6.6

又啟：貴館电话有否更改？？

附名片、寄「館長」

孙先生大鉴：

来信收悉，感谢先生对敝馆的信任。先生查询的《南京大屠杀——历史照片中的见证》（*The Rape of Nanking : An undeniable history in Photographs.*）一书，不是敝馆印刷出版的，该书由美国芝加哥的 Innovative Publishing Group 出版社 1995 年出版，编辑者是旅美华人史詠、尹集钧。前几年，国内出版社曾经翻印了这本书，编辑者增加了部分内容（附件中增加了明妮·魏特琳等美国传教士的日记、信函）。该书是首部以中英文对照形式出版的南京大屠杀大型图片资料集，资料翔实，值得向海外学人推介。有关情况，先生可向美国的出版社查询。

敝馆的电话号码是：025—6612230。

敬颂

大安！

侵华日军南京大屠杀遇难同胞纪念馆

馆长 朱成山

2003 年 6 月 17 日

館長：　您好！　（南京大屠殺紀念館）

七七事變倭寇侵華之日又到，我在2001年率团參觀"南京大屠殺"後，对於 貴館保存史实之翔实非常讚佩，可是不知 貴館是否有網站可供自由瀏覽？是否除"南京大屠殺"之外还有其他發生在全國各地之日軍暴行登載？

歲月匆匆，如今能知抗日時日軍残殺數千万同胞之國人已然不多，若再不利用簡易流傳之網站使後代皆知，則日本軍國主义再起，受害者必然又是我國，所以祇有似 貴館有充分之人力、財力、物力和珍貴之資料者方克設立一永久完整之網站資料庫，也才能提醒及教育我同胞！

茲建议網站如下：

WWW.中國人遭受日本軍隊屠殺实錄.com（中英文）

一、南京大屠殺实况

二、全國各地之暴行实况*

* 請將抗日時親身經历之日軍暴行告知（須有時、地、人、事），以便登載。

地址：

Fax：

Email：

陸軍軍官學校旅美同學會
Chinese Military Academy Alumni Association

孫大公敬上
2004.6.30

二十八期
孫大公
David T.K. Sun

Tel: 949-559-8356
14932 Mayten Ave.
Irvine, CA 92606
U.S.A.

市長：　您好！

閱報載（附影本）知　貴市某娛乐中心不欢迎尋春之日本人。此举甚當，因為日本人始终把我國当作它的殖民地，抗日战争時濫殺我同胞数千万人，更是血海深仇。如今有骨氣之中國人站起来不欢迎日本人与狗，這种举動是值得鼓励效法的！

茲建议在每个耻辱纪念日（如七七、八一三、九一八）在商店外張贴大字报，以提醒及教育國人。

或更設立网站收集日軍暴行，讓年青一代（如李賡一之類）知道日本人目前正在整軍經武，将来受害的又是我们中國人！！！因此，在讚賞　貴市敢作敢為之餘，也代表海外國人向田兵等諸先生致敬。

孫大公 敬上

2004.7.1

羅蘭崗:1015 S NOGALES ST. #106 ROWLAND HTS., CA 91748
維錄部 (818)964-9858 LW0359

中華民國八十五年十二月十五日 星期日　Sunday, Dece

世界日報是北美洲銷售量最大的中文報紙，廣告效果宏大，

納粹黨員的南京「戰爭日記」

「紀念南京大屠殺受難同胞聯合會」趕譯珍貴史料

本報記者／潘嘉珠

具有德國納粹黨員身分的德國商人約翰．雷伯（John H. D. Rabe），在一九三七年十二月南京大屠殺前後，擔任「國際委員會南京安全區」主席，他親手撰寫一份長達兩千多頁的「戰爭日記」，詳盡記載了當年日本軍人在南京進行屠城的慘案。這份從沒有曝光的日記，在戰後由雷伯親人收藏長達半世紀，為至今仍為日本人所否認存在的南京大屠殺，提供最新的證據，經過紐約「紀念南京大屠殺受難同胞聯合會」近半年鍥而不捨的努力追蒐，終於在十二月重現世人眼前。鑒於戰時日德同為「軸心國」盟國，做為納粹黨員雷伯的當時屠殺日記筆錄，更是具有高度的真實價值。聯合會在十一月初取得部份日記影印本後，初步譯出的日記資料已顯示日軍在南京的凶殘獸行，聯合會正在加緊趕譯這份雷伯的這份德文日記，期能讓世人更全面詳盡瞭解慘案真相。

由於伯雷在當時的南京安全區所擔負的特殊職責，以及他的國籍，儘管他在日記中所披露的僅以安全區中所發生的事實為重，並且要保障安全區的中立與安全性，他向佔領南京的日軍，只能進行的非常具有保留的溫和抗議（他曾在日記與向德國元首希特勒所做的報告中坦承，向日方提出函件的措詞，被委員會中的國際人士認為是摻和了「蜜糖」，有所保留），但是他在日記筆下所透露的戰爭史實，讀來依然令人心生戰慄。聯合會認為，在該會歷來所蒐集的相關南京大屠殺的史料中，這份日記頗具客觀性，而它載錄內容的真實性，也禁得起考驗。

目前主要負責翻譯「戰爭日記」的聯合會總幹事邵子平表示，雷伯的日記原件共分八卷。在經過多方追查聯繫後，由紐翰．伯雷的外孫女萊茵哈特夫人陸續自柏林寄給聯合會，再由該會專人翻譯為中、英、日文，向全世界揭露日軍在南京的暴行，供各界學者研究。

萊茵哈特夫人專程自德國飛來紐約，於十二月十二日慎重的將「戰爭日記」及伯雷的檔案記錄，贈給耶魯大學特藏室保存。她表示，祖父紐翰．伯雷當年是以相當嚴謹及審慎的態度，記錄下當年南京城所發生的事，披露中國民眾在南京所遭受到的種種災難。

在伯雷給希特勒的報告中透露，考慮並決定寫下「戰爭日記」的時間是在一九三七年八、九月間。雷伯在當時是任職德國西門子公司駐中國總代表，他原本認為「盧溝橋事變」和過去一樣，僅是多次發生的地方性事件，可以很快的就地解決。但是「盧溝橋事變」的發展不同於以往，在南京他隱隱聞到戰火的煙硝，決定記錄下所聽所聞的身邊事，為歷史留下一份見證。

「戰爭日記」是從一九三七年（民國廿六年）九月開始撰寫，日記裡記述國際委員會南京安全區的建立經過，委員會獲得包括美國、英國及德國大使的同意設置，並知會日本大使；伯雷同意出任委員會主席，維持安全區的安全，協助並安頓中國百姓。在他厚厚翔實的日記中，一九三七年十二月十四日南京城陷當天，伯雷便有長達十頁的記載，清清楚楚的記錄下，日軍佔領南京後的種種令人訝異、驚悸的暴行。

（文轉第S4頁）

「南京大屠殺」圖片展

歷史維護會發起捐書捐款活動

【本報記者王善言亞凱迪亞市報導】歷史維護會洛杉磯分會4日趁著南加州中文學校聯合會舉辦國語演講暨詩詞朗誦比賽之際，推出「南京大屠殺」圖片展，吸引老少參觀，不少小學生表示，他們不曉得日本軍閥這麼可惡。

該會會長臧大成指出，該會使命在促使相關政府單位於教科書增加日本侵略亞洲史料。支持相關研究及教育，收集並流通資料。爭取日本政府、軍方正式對受害人道歉和賠償，以期結束此懸案。當天推出該展，希望能加強華裔中小學生對這段歷史的認識。

該會財務余占正說，該會理事除華裔外，尙有白人、菲裔、日裔、韓裔等，大家都很支持該會維護史料的活動。

該會目前並發起捐書或捐款活動，希望全美各大圖書館都藏有「南京大屠殺— 歷史照片中的見證」一書。

該書精裝本每本50元，意者可洽該會，地址：Alliance to Preserve the History of WWII in Asia – Los Angeles，P. O. Box 862283，Los Angeles, CA 90086。Robert M.D. 電話：213 – 687 – 9911。

B6 二〇〇三年三月九日 星期日 世界日報

戰爭與罪責 日軍侵華暴行實錄

李長江／安那罕

筆者曾在喜瑞都圖書館日文書架上，發現本標有SENSO TO ZAISEKI一書，一時好奇取下細看，原是本精裝日文書，其封面恰如英文拼音「戰爭與罪責」。翻覽目錄，全書共17章359頁，書中所載全屬日本侵華事跡，1998年8月初版，2002年再版11次，堪稱暢銷書，由岩波書店發行，作者野田正彰1944年生，是位專業醫師生兼大學教授，就讀醫學院時專攻比較文化精神科。

作者在序文中開宗明義地說「掠奪、暴行、放火、誘拐、虐殺」，是侵華日軍在中國普遍所犯慣行。此書內容真實，因作者自1993年初春起，走訪戰時曾在中國屢犯上述非人道滔天大罪，而如今懺悔之官兵。在訪問過程中，作者邊細聽當事人敘述、邊作筆記，然後選重點，親赴中國實地查詢對證。

數年中他曾往訪東北，原「七三一細菌部隊」舊跡、撫順礦區集體活埋中國人「萬人坑」，以及南京大屠殺紀念館與民間。所到之處，經證實多與日兵所言相符，遂將人證物據彙編成書「戰爭與罪責」。自1997年2月，連載於日本「世界周刊」，趕在1998年8月、日本戰敗53年週年發行單行本。

作者在書中每每用「敗戰」，非如一般日人稱「終戰」。時值極右翼竄改侵華史，方興未艾之際，該書甫問世即轟傳遐邇，惟遭右派圍剿，則不言而喻。但該書卻極廣受大眾青睞，一時成洛陽紙貴。

筆者自圖書館借閱兩週仍意猶未盡，遂往洛城小東京書店覓購，數家書店俱無斯書，幸得一店承諾可代向日本訂購，兩週後以原價之三倍購得此書，但極值得。

該書第15章「父の戰爭」的主角大澤雄吉，戰時為憲兵准尉。曾經淪陷區的國人同胞，每聞日本憲兵，多如談虎色變。大澤自九一八事變而「七七」，中日戰爭14年中，他橫行於中國達12年8個月之久。因他是憲兵，非同一般戰鬥兵種，故長期遭他殺害者都是中國平民、知識分子。

事極湊巧，筆者40年前自日本收藏保存一幀日本軍官砍殺一中國少年的照片，兇手正是大澤雄吉。大澤在中國與隨軍護士結婚，生兩男一女，女兒菱子1947年出生。有關大澤的故事，多由後任中學教師女兒菱子向作者提供。

據菱子記憶，自幼到中學畢業的十數年中，父親幾乎夜夜惡夢中驚醒全家，惡夢多與以往在中國，曾犯罪行有關。大學畢業後，她更瞭解父親對以往所犯罪行悔恨不已，故戰後返國，即成極端反戰者。大澤全面否定並憎恨昭和天皇，認為昭和主導侵華，造成無可彌補之人間悲慘歷史，更對當時竄改侵華史者，痛恨至極。

大澤雄吉於1986年、71歲時因食道癌過世。於彌留之際，他勉強拔掉點滴管，從枕下摸出事先用鉛筆寫的字條，交予病榻旁女兒，自責造孽深重，愧對中國人。字條上說：「戰後迄今40年，日本未曾向中國道歉，我不道歉，焉能瞑目九泉？」囑女兒照此字條，刻在其墓碑上。倉橋(夫姓)菱子，因受父感召，完成了兩部以日本侵華為背景之小說，出版於父親死後七年之1993年。

筆者盼望，諳日文之親日、媚日派，能藉著一讀此書「戰爭與罪責」，瞭解有關軍國日本加害中國之史實。

1937 年 12 月 13 日開始，日軍進入南京城展開大屠殺。

百人斬り超記録

向井 106—105 野田

兩少尉さらに延長戰

"百人斬り競爭"の兩將校

日本報紙（Japan Advertiser）報導兩個日本軍官比賽誰先斬獲一百個中國人的頭。

日軍斬頭比賽實景之一
（圍觀之日軍皆笑）

日軍斬頭比賽實景之二
（刀剛過頸時，人頭尚未落地）

被斬下之中國人的頭

日軍圍觀用活的中國人練習劈刺術

日軍用活的中國人練習刺殺

日軍圍觀活埋中國軍民

被集體屠殺之中國軍民

無數被日軍集體屠殺之中國軍民遺棄屍江邊

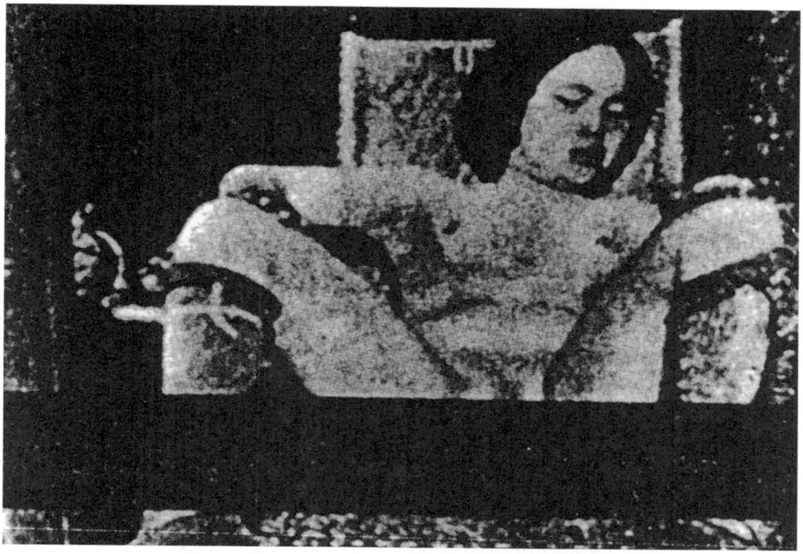

手腳被綁在椅子上之中國婦女遭日軍輪姦

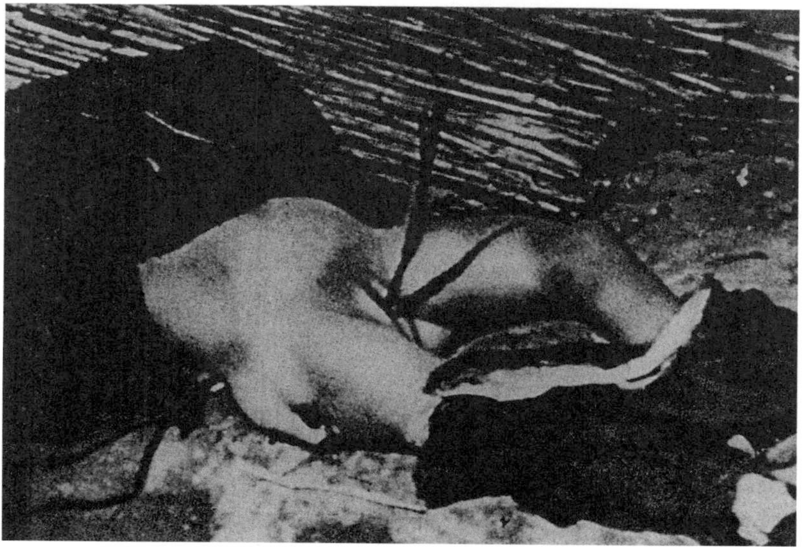

中國婦女遭日軍強姦後被刺刀刺入陰戶致死

日軍強姦中國婦女後拍照留作侵華紀念

抗日戰爭勝利後，盟軍調查人員在被日軍殺害之「萬人塚」前留影

澤民主席勛鉴:

七七抗日纪念日刚过,阅报载全国各地只有极少数地方有官式纪念,聊备一格,颇深感慨!

想日军在中国直接间接杀害几千万同胞,时间超过十年,地方超过万里,而却全无懺悔道歉之意,甚至潜改教科书抹杀血的史实,教育下一代将来再来残害中国,最近更变本加厉出白皮书,将国策改由"防御"变为"出击",以其精良的军备,丰富的财库,和美国的撑腰,不知何时又将对我国开启战端?可是反观我国目前正在全国追求享乐,毫无危机意识,将来又不知有多少无辜人头落地!所以宜积极仿效犹太对族人及全球之宣传,迫使德国人道歉及赔偿之法,由国人民间组织起来扩大宣传(此事政府不宜出面,祗能默默支持,以免引起外交纷争),期能使国人觉醒及全世界知道日本是残酷和野蛮的民族,也许可稍遏日本之狼子野心.

此事说来简单,若无周密的计划和彻底的执行不克竟功. 我是在台湾毕业的黄埔校友,曾受邀率团回国寻根(附剪报),我有整套计划可在一年内掀起全国风潮,如 主席有意,我可随时回国面报.

敬候复音. 祝

时祺

孙大公敬上

2004.7.10

環球会長大鑒：

世界日報記者葛康誠专文報導「抗日戰爭史實維護会」七月十日在舊金山華埠举办紀念七七事变及義賣活動。閱後深、敬佩　貴会之義举。

誠如您所指出日本人有併吞中國之野心，同時自1931年918侵佔我东三省開始至1945年抗日勝利為止，14年间直接间接殺害我同胞数千萬人，而至今不知悔改，甚至最近更將「防禦」國策改為「出擊」，如果我們不記取教训，不知何時日本鬼子再啟戰端再度殘殺我同胞?! 所以我們要不斷地用各种方法提醒同胞和世人，日本人是殘忍凶暴貪得無厭的民族，大家要防範和壓抑它的野心，因此我想建議　貴会成立一个中英文的網站，專題報告日本鬼子在中國的獸行，完全是事实報導（最好附照片），如南京大屠殺等，並可在網站鼓勵大家把知道的時、地、人、事，用Fax或Email傳給網站，周知全世界，這樣可以讓更多的人（尤其是中國人的後代）知所警惕。——不知尊意然否?!

孫大公敬上

2004.7.20

中國人「以德報怨」却遭日本人蔑視和起再征中國之心；而美國丟它兩顆原子彈倒使小日本磕頭稱臣奉為祖宗。由此看來，中國人再不狠狠給它个教訓，不久又会有南京大屠殺之翻版。

大公談！2004.8.17

中日世仇情結何時了？

■孟玄

亞洲杯足球賽7日晚「中日大戰」，中國以3比1敗北，引發少數大陸球迷狂熱民族主義失控行爲。日本外相9日接見大陸駐日大使武大偉對此表達遺憾，武大使也承認，這些球迷行爲「令人非常難過」。按理說，事前事後中國政府對失控行爲的防備和制止，已經盡力，並且表達歉意，中日足球事件的不愉快事件應該早日落幕。

可是保守派日本媒體卻有得理不饒人之勢，想要擴大事件的意義。「讀賣新聞」、「產經新聞」和「富士電視」借題發揮，其評論員聲稱「要徹底消除中國的反日，就要先刪除中國歷史教科書內的抗日戰爭內容」、「南京大屠殺、萬人塚的日軍暴行史實都應該被否定」。更離譜的是外相川口順子也回應說：「在教科書上，日本的一個特別組織正與中國檢討，對於不恰當地方提出反對，要求更正。」

聽在中國人耳中，這些話簡直是「顚倒黑白」、「做賊喊捉賊」。50年來日本有意淡化侵華史實，一再否認南京大屠殺發生過，否認日本殘酷侵略是造成廿世紀中國人民無限痛苦的根源。戰後日本更改教科書，把侵略中國改爲「進出中國」，把幾十年的日本侵略中國歷史輕輕一筆帶過。教科書中甚至把日本侵略亞洲，美化爲日本幫助「亞洲落後人民推翻歐洲殖民主義之舉」。雖然經過無數次亞洲國家人民強烈抗議，文部省置之不理。每年日本首相堅持去靖國神社追悼包括甲級戰犯在內的日軍陣亡軍人，堅持這是日本權利。日本種種拒絕正視侵略史實作法，才使得亞洲人民不肯遺忘遭受日本侵略痛史。現在，日本反而指責中國不肯遺忘日本侵略歷史，會帶給中國人民「厭日」、「反日」情緒，豈非倒果爲因、胡說八道嗎？

這場中日足球糾紛引發的歷史情結，看來會越鬧越大。中日兩國人民相看兩厭，當然不是兩國之福，更非亞洲之福。爲什麼日本不能像德國一樣地對侵略歷史懺悔，得到受害的歐洲國家人民的接受呢？深究下來，原因並不是受害的亞洲人民不如歐洲人寬容，而是日本政府和人民始終不肯眞心悔過。只要把日本人民對美國認錯的態度，和對亞洲國家悔過態度一比，立即讓人感受一眞一假，兩者差異甚遠。

一位研究日本民族的美國專家強森指出：「日本人打心底認爲優於其他亞洲人，日本是帶領亞洲進入歐美先進文化的優等民族。一個民族如果認爲錯在自己，會願意對比自己更高級、更厲害的文化眞心悔過。但是，對於比自己落後的民族，即使錯在自己，但要對一向瞧不起的民族眞心認錯，是很不容易的。」因爲不眞心認爲日本有錯，或是錯誤太大，所以對自甲午戰爭以來侵略造成的中國人民的禍害，日本不自覺的想規避歷史責任，才會想出種種言不由衷的表達方式。

亞洲人民當然感覺得出來日本道歉的虛情假意。他們直覺認爲，日本根本不會面對歷史、以史爲鑑，可是日本反而覺得他們已經道歉過多。中國韓國死咬歷史不放，是要日本永遠背著歷史包袱，以有罪心理面對亞洲。右翼日本政客更倒打一耙，妄指中國擴大日本侵華歷史，才是造成中國人民反日原因。

(世界日報 2005.5.21 131版)

大成先生：

閱報知 先生与黃授良先生正在发起阻止「日本入常」，這真是十二萬分重要之事，因為日本鬼子侵略我國害死沉千萬同胞，至今不知悔改，甚且变本加厲，目前又蠢蠢欲動，所以一定要設法不讓它「入常」。此事有勞史維会及二位了！

(附上20元支票一帋)。

祝

抗日成功！

孫大公敬上
2005.5.22

又及：(2005.8.17)

(一)前信于5.22寄世界日報採訪組轉，不知收到否？

(二)附拙作，請指正。

(三)臧大化先生是否合手足：我已去信願「做欣」義工。(亦由世界日報轉)

世界日報採訪組煩轉
Chinese Daily News
1588 Corporate Center Dr.
Monterey Park, CA 91754
Tel. (323) 268-4982
編傳 (323) 265-1192
263-9860

反對日本入常 4200萬個簽名支持

史維會士氣大振 希望向聯合國秘書長安南展現連署成績

【本報記者吳忠國洛杉磯報導】全球大串聯一起向日本進聯合國安理會「嗆聲」簽名活動，兩個多月來已收集到4200萬個簽名支持，反應熱烈。洛杉磯第二次大戰史維會20日宣布這項好成績，同時，他們將進入第二階段「大型報導日軍二戰罪行」運動，讓美國人民理解日本在二戰的暴行，跟德國納粹屠殺猶太人一樣的兇殘和血腥。

反對日本進入聯合國安理會常任國的全球簽名，自3月分展開，各方反應熱烈，超乎想像地收集到4200萬個簽名，遠超過當時設定一百萬的數字，主辦單位士氣大振，理事長臧大成、理事黃授良、和日裔理事山中譽中出席記者會，呼籲大家再接再厲，第二階段目標是「報導日軍暴行」，以及「募集十萬元經費」。

臧大成提出中國名言「一失足成千古恨、再回頭已百年身」，呼籲日本首相小泉趕緊懸崖勒馬，免得越陷越深不可自拔。他深具信心地說，讓美國民衆認知到日本暴行，這是中國人向民族歷史交代的負責態度。

目前他們已完成192封陳情書，將分發給聯合國會員國，表達華人、韓國人、以及廣大東南亞國家人民的心聲。同時，他們也透過安排，希望能見到聯合國秘書長安南，親自展現千萬簽名成績。

而在各國簽名統計上，前幾名國家分別是韓國16萬4000、美國13萬、加拿大七萬、日本4萬4000、英國3萬5000、澳洲1萬8000、而洛杉磯當地收集到簽名超過8萬份之多，其中以華人最多，約有5萬4000，台灣人在全球簽名上也有20萬6000多人、澳門9萬9000人、香港23萬1000人。而中國大陸占最多，超過一千萬大關。臧大成強調，如果不是大陸政府關閉簽名網站，這個數目應該還會更多。

義惠先生大鑒：

在世界日報上拜读大作「喬瑟夫独立完成『南京夢魘』」，真是佩服这位老外博士以人间最高的正義拍出最慘無人道的历史。我们中國人既欽佩他，又对自己感到羞愧！想想看，中國地方这么大，人口这么多，僅海外的僑胞就有几千萬人，可是不及地方和人口少的猶太人。他们使全世界都知道德國的暴行，全世界都譴責德國，而迫使德國懺悔道歉。我们呢？被殺了几千萬同胞，日本鬼子非但不道歉，还竄改歷史，認為殺得有理，最近又露出猙獰面目要想再打中國，还要想坐上常任理事國寶座。天道何在？！中國人的骨氣何在？！

喬瑟夫先生完成了「南京夢魘」之後，不知他預備如何来推展这部影片，讓全世界都知道日本残暴的民族性和醜陋的面孔？我們應當有很多方法來做这件事，尤其七七抗戰紀念日馬上就到，正是個宣傳的好機會。

先生慧眼独具，採訪到如此重大的新聞，希望由这個火花，點燃了全世界的憤怒大火，也讓中國人出一口多年的怨氣，以慰被日本鬼子殘殺的千萬同胞在天之靈!!!

衆路神祇都會支持保佑你的！

读者

孫大公敬上

2005.6.15

南京大屠殺

二〇〇五年六月十四日 星期二 TUESDAY, JUNE 14, 2005 世界日報

喬瑟夫 獨力完成南京夢魘

紀錄日軍二戰暴行20年方竟全功 屠殺中國百姓 慘無人道至極

【本報記者黃美惠聖荷西報導】朗恩．喬瑟夫（Rhawn Joseph, Ph.D）單獨完成了紀錄片「南京夢魘」（Nightmare in Nanking）。這是他20年前發願、十年前立志，近半年全時間花了四百小時工作的成果。

可是你問他：「紀錄片裡讓你個人最覺恐怖的，是哪一鏡頭？」原本侃侃而談的喬瑟夫忽然墜入沉默。

「那是一個集體活埋的鏡頭，」喬瑟夫說，取得的原是一秒半的影片，他決定以慢動作呈現，「這些中國老百姓，男女老少被推進一個大坑活埋。我現在閉上眼都記得那最後一個被推下去的男子，他的雙手被反綁著。然後，日本兵開始把土鏟下，一鏟又一鏟。」

這是南京大屠殺期間，被人以攝影機捕捉下來的鏡頭。「南京夢魘」片長約80分鐘，影片和大約150幀圖片參雜出現。由喬瑟夫自已撰寫英文旁白、自己講述。

喬瑟夫早年在芝加哥大學醫學院取得醫學博士學位，之後到耶魯大學醫學院實習，出版過兩本神經心理學教科書。

他和中國人素昧平生，也從來沒有聽過「抗日史實維護會」等組織，他說：「只是單純對這段歷史感到興趣，覺得該把眞相整理呈現出來。美國人、中國人都可以看看這部片子。」

決定和華文媒體聯絡，因爲覺得是時候請大家來看看「南京夢魘」的試映，第一場將於27日在密爾比達的社區中心（Community Center）舉行。

「還記得五歲時在老家，祖母念舊約聖經故事給我聽——出埃及記——我應該是那時候就喜歡上了歷史。」加州人的喬瑟夫學業順利，年輕輕就讀到芝加哥大學的博士，但他「不喜和病人爲伍」，靠著神經學、神經外科的專長，他寫書、作研究、發表論文，還曾經有十年是加州高等法院鑑識專家小組成員。

衣食無虞，他努力圓自己的歷史夢。當然，他已經發現，就像本業生物科學所告訴他的——這是個弱肉強食的殘酷世界，他說：「喜歡讀恐怖故事的人會發現，到歷史裡就找得到最恐怖的故事。」

又以南京大屠殺爲恐怖之最。20年前，他在一本書上偶然讀到南京大屠殺，心中播下了種籽。後來，只要在書上看到相關的篇章，都把它保留下來，他的願望慢慢清楚，就是要針對納粹滅絕猶太、日軍對中國施虐各拍一紀錄片。

張純如出版「南京大屠殺」後，原本也想寫書的喬瑟夫知道自己可以不必寫了，因爲張純如寫得太好了，他仔細拜讀，也去研究當年挽救很多南京百姓的金陵女大外籍教師華群女士的事蹟，並且看了其它兩三部紀錄片，「南京夢魘」構想漸漸成型。

「希特勒日記」（Hitler's Diaries）紀錄片先在去年完成，已在有線電視台、教育電視，以及一部分的公共電視網PBS播放，KPX-CBS給予「mesmerizing」（令人神馳）的評語。

「南京夢魘」花去他約2萬5000元成本。他有過寫腳本的經驗，又向來喜愛電影藝術，經營紀錄片有其品味，像「希特勒日記」全片只有配樂和字幕，營造出獨特的沈重氛圍；「南京夢魘」不少處亦無旁白，而以字幕道出重點，「因爲閱讀比聽人講，更能深刻打動人心。」

「剪輯這部片子，我看到人世間最慘無人道的事，爲什麼造孽的日本人可以像沒事一般走開，過好日子、天年以終？」喬瑟夫說：「至少也應該叫日本政府對中國作出百億、千億美元的賠償才對！」

钰如嫂：（陸官同期同学）

謝謝你们昨晚為毓軒暖壽！

席间谈起的潛藏外患危机，是這些年來日本人只承認被兩顆原子彈轰敗，而侵略中國的戰争仍是勝利的，所以他们对美國人百般馴從，对中國人却從不認错，否認有南京大屠殺，甚至篡改教科书上的侵華史，激勵下一代的軍國主義，继续他们征服中國的美夢。如果我们不提醒我们國人這潛在的危机，可能又要被日本人殺我们千百萬人和無可计算的财务損失了！

基於這个概念，最近我用自己的电脑拷貝了100片「南京夢魘」，寄给國内外的親朋好友和單位，讓大家多了解日本人的兇狠殘暴，希望大家告訴大家提高警覺！也希望你们這樣做（附片）。祝

健康快乐

弟　大公　拜上　2007.04.07

ESDAY, JANUARY 30, 2007 世界日報 聖地牙哥

十年磨一案 日軍檔案終解密

史維會努力有成 十萬多頁文件 包含二戰時日731部隊細菌戰、南京大屠殺等罪行

【本報記者李大明聖地牙哥報導】今年1月12日，由美國政府掌握的一批德國納粹及日本皇軍戰爭罪行歷史檔案正式解密，向公衆開放。這批共計十萬多頁的文件涉及日軍731部隊在中國東北準備細菌戰、1937年12月南京大屠殺慘案等種種細節，不僅極富學術研究價值，而且對肆意歪曲史實、粉飾侵略的日本右派也是當頭一棒。

從1997年起全力推動這批檔案解密的聖地牙哥「列強侵華史實維護會」（APHAFIC）對這一進展感到鼓舞，該會負責人羅黔輝、孟憲嘉等表示，此事一波三折，前後歷時十年，終告成功，說明還原抗戰史實、爲受難者討回公道需要鍥而不捨的耐心與韌性，關鍵在於加強與民意代表的互動，爭取主流社會的認同與支持。

羅黔輝在接受採訪時指出，要求美國將日軍戰時檔案解密是世界「抗日史實維護總會」（APHAFIC爲其分支組織）的統一行動，當時各地分會兵分三路，同步進行。北加州方面有丁元、李玉玲等人遊說代表加州的國會參議員范士丹，南加州由羅黔輝、孟憲嘉、梁能等人聯絡代表聖地牙哥的國會衆議員比爾伯雷（Brian Bilbray）。華府方面則由華家熙（後於2005年逝世）、張聞選等人直接向國會陳情。

於是，內容相同的參議院S1902號提案、衆議院HCR126號提案，分別由范士丹與比爾伯雷等人在兩院提出，正式要求將美國戰後取得的日本戰爭罪行檔案公諸於世。雖然兩案在國會交付表決時大致順利，先後獲得通過，並由總統簽署成爲法律，但美國政府部門對解密仍顧慮重重。加上比爾伯雷2000年爭取連任失敗，提案的落實進展緩慢，予人「石沉大海」之感。

時隔七年，由美國多個有關部門組成的資料調查工作組（Interagency Working Group，簡稱IWG）終於完成審閱與評估的程序，同意將超過十萬頁的文件解密。這些部門包括國務院、中央情報局、聯邦調查局、陸軍情報處等。解密後的文件存放於馬里蘭州大學園市（College Park, MD）的國家檔案館研究室，民衆憑身分證便可借閱。

與APHAFIC長期合作、爭取上述文件解密的美國退休教授、「死亡工廠」（Factories of Death）一書作者指出，美國對公布這批歷史檔案有顧慮，是因爲美國在冷戰時期一度打算利用日本731部隊的細菌戰研究成果。臭名昭彰的731部隊負責人、「殺人醫師」石井四郎中將曾以向美國占領軍供出這些成果，換取對自己從輕發落。

然而，良心與正義在這場較量中畢竟占了上風，這批塵封的檔案（包括文件、電報、照片、日記、報導、證詞、審訊紀錄等）終於得以重見天日。

身爲美國商務部統計專家的羅黔輝表示，「十年成一案」實屬不易，她今年一定抽空前往國家檔案館，看一看這些史料的「廬山眞面目」。

英九總統閣下暨夫人：

釣魚台事件已擾攘很久了，全世界的人都知道這是美國為重返亞洲，故意唆使中國的鄰國和中國作對而引起的，但不幸的是如此一來把台灣也推到風暴中心，目前中日已到擦槍走火的邊緣，台灣如何自處？真是個大難題；如果声援中方，美日不悅；保持中立，全球華人不悅。難也！

可是此事之緣起是在台灣，是在李登輝，他做中華民國的總统居然公開宣佈「釣魚台是日本的」依此賣國言論，日本就理直氣壯地大声說釣魚台是日本的國土。

自從這個日本雜種（李敖先生在電視上揭穿的）賣國開始到現在，大家懾於他的淫威，沒有人敢稱他是「賣國賊」，以致很多人相信他說的是真的。

如今到了攤牌的時刻，我們

再不譴責他的賣國言行（至少這是台灣能做的），还讓它以訛傳訛，等中日真正打起来的時侯，台灣就更難以自處了！

如何擺脫這个兩難困境？我想最好從拔根開始，正巧美國的世界日報社論正式駁斥李登輝的賣國行為（附），我亦為文声援（附），是否就此把這事登上知名網站或部落格？讓全民来議論，這樣也算是台灣間接的表態。假設現在还有贊成李氏賣國論的，那他也是賣國賊了！

我有六十年的党齡，今年八十歲了，除愛國之心外，無所求取，看到閣下如此為党國操勞，我却愛莫能助，特在此推荐我陸官校同学林國峯担任閣下顧問，他学問淵博、思想正確（附其文数篇），曾為陸官紐約校友会会長，這樣多一个魏徵，也畧減「人圍狭小」之譏。

國運昌隆！

孫大公上
2012 11.06

賣國賊是誰？李登輝

孫大公／橙縣

20多年了，大家都知道「賣國賊」是誰，但是就沒有一個人敢說出他的姓名來，直到2012年9月14日世界日報的社論才勇敢地說出來：他是李登輝。

社論把李登輝的各種賣國論和行為都抖了出來，罵他個狗血噴頭，可是仍很含蓄地說他是「出讓」釣魚台。難道做過中華民國總統的把國土奉送給敵人不算「賣國」？

這種無恥的人不算「賣國賊」那誰才算？所以在台灣最大最無恥的「賣國賊」就是李登輝。

他是台獨和綠營的領導人，言論一向徹底倒向日本，「其所反映的歷史認知和判斷，根本就是胡說八道，甚且是反歷史，故意抹滅史實的痞子語言。」

台灣擺脫日本的殖民統治回歸祖國，在李登輝的眼裡居然是「台灣人的悲哀」，其言與行豈止是可誅？

他放言「釣魚台就是日本的領土」，可是全世界的中國人都在示威抗議日本侵占了我們的國土，難道他還不算是「賣國賊」？

台獨和綠營的高層都對李登輝的言論噤聲，對同黨籍的宜蘭縣長林聰賢宣稱釣魚台「自古為中國領土」也不知如何接腔，但是對馬英九宣示主權卻大加批評。這正可以檢驗誰在出賣釣魚台？誰在出賣台灣？誰才是真正的「賣國賊」！

美國 世界日报 2012.10.28 B16版

徹底揭穿賣國賊的真面目！

世界日報 worldjournal.com　社論　2012年9月14日 星期五 FRIDAY, SEPTEMBER 14, 2012　焦點(三)　A4

且看李登輝「出讓」釣魚台的認同錯亂

李登輝的最高職務曾經是中華民國總統，前後掌政十二年，大肆操弄民粹和台灣主體性；但又一再表示釣魚台主權歸屬日本，台灣只能和日本談談漁權。這是一個很矛盾的論述，在缺乏主權的情況下，何來漁權可言，面對急於向外擴張的日本，李登輝的讕言若非癡人說夢就是欺人之談。

馬英九總統今天願意和日本談漁權的論據，完全建立在主權不可退讓的前提下。可以擱置爭議，但不可中斷對主權和漁權的主張或任意截斷。李登輝身為綠營或說主張台獨論述的前領導人，所以一再釋放出徹底倒向日本的言論，或可謂這才真是李登輝定義的「台灣人的悲哀」。在認同上無所歸屬的遊魂，只能換得無止境的悲哀。

李登輝以提問的方式質疑：「台灣什麼時候跟日本打仗得到了釣魚台？」其所反映的歷史認知和判斷根本就是胡說八道，甚且是反歷史，故意抹滅史實的瘋子譫言。同理，台灣什麼時候和日本打仗了，居然可以擺脫日本的殖民統治，台灣回歸祖國，在李登輝眼中竟是「台灣人的悲哀」，論其心境和動機，其言其行又豈止可誅。

李登輝放言「釣魚台就是日本的領土」是一回事；從而推論「日本絕對不要對故弄玄虛的中華帝國做出讓步」，又是另一回事。合而觀之，李登輝的意圖更赤裸裸地藉由釣魚台妖魔化自己的母國。日本出了石原慎太郎發動購島民粹，那是為兒子石原伸晃爭逐自民黨黨魁開道，李登輝又為什麼呢？「台獨」遭斷後的絕望，難道不更悲哀嗎？

就李登輝的成長歷程可謂是後殖民的反面寫照，非僅未能反省自身的矛盾和困境，且詛咒自身的文化母體。不僅是李登輝一人，台籍且曾接受日本皇民化的台籍精英在戰後看似備嘗文化失語症的痛苦，實為意圖從政治上恢復皇民化的既得利益而未遂，而這也是早期台獨的淵藪，甘為日本的虜從猶不知恥。

釣魚台是日本人的擂台調，李登輝意在提醒綠營支持者，台灣以前也是日本的殖民地。這就注定李登輝者流，必要擺脫個人出身，獻媚於殖民主子。至於日本殖民台灣加諸台灣人的種種罪行，皆可遺忘。

李登輝向來以知日、親日傲視台籍精英，但新一代的知日精英根本就看穿了李登輝的落伍和無知。東海大學日本區域研究執行長陳永峰即指出，釣魚台列島共有五個小島，日本政府「買下」的只有三小島，另有兩小島官方文書中依然以赤尾嶼和黃尾嶼稱呼，且還是美國海軍的轟炸靶場，根本由不得日本政府拿來做買賣，又何來釣魚台主權和領土可言。

美軍所以仍擁有釣魚台靶場，當然是沿自二戰後的戰勝國優勢。若以日本降書和國土處分論，日本戰後還能擁有的只能是本土四島。美國未經聯合國以及當事國同意強行將琉球諸島的行政權交付日本根本是霸權行為。同時可以看出美國作為霸權，根本還在釣魚台現場，還在操弄。令人發噱的是李登輝者流又何嘗從人道和尊重本土文化觀點聲援過琉球獨立運動，其為假性台獨且為殖民應從的心態在此可謂不證自明。

釣魚台主權爭執在島內原應屬於藍綠同心的大事，但民進黨高層從蘇貞昌、謝長廷到蔡英文皆對李登輝的論述噤聲，對同黨籍的宜蘭縣長林聰賢宣稱釣魚台「自古為中國領土」也不知如何接腔，反過來批評馬英九的主權宣示。在在顯示「台獨」缺乏自主性和主體論述的虛弱本質，所以猶抱琵琶者，蓋猶期待美日右派能明裡暗裡為「台獨」撐腰。

李登輝的讕言完全不重要，李登輝也無權「出讓」釣魚台；但正可檢驗台灣內部對釣魚台認知的分歧，也可檢驗誰在出賣釣魚台、誰在出賣台灣。「台灣人的悲哀」若不是虛構的，那就是從李登輝「出讓」釣魚台來的。

該死的「賣國賊」！大公誌 2012年

中國威脅論與七塊論

林國峰
2003年11月

日本軍國元老西鄉隆盛，首倡『大陸論』，在明治維新前已制定亡華三部曲：一是併吞韓國、二是佔領東北、三是征服支那，最後稱霸東亞。1990年，日本防衛大學副教授村井友秀，在『諸君月刊』上登有『論中國潛在威脅』，文中指出，有日本廿五倍大領土的中國，是日本地理宿命上的難纏敵手。蘇聯解體後，日本朝野咸認下一個威脅，必定來自『難纏敵手』的中國，因此高唱『中國威脅論』。1993年，哈佛教授杭廷頓在其『文明衝突』書中，銜接村井友秀的看法，把『中國威脅論』的觀點發揮淋漓盡致，並兜售全世界，成爲十幾年來，『圍堵中國』政策的基本理論根據。爲延伸此一主軸，日本右派學界進一步補強此論的完整，陸續推出王文山的『和平七雄論』和宮崎正弘的『美中對決時代來臨了』等書。

1992年，日本記者中嶋嶺雄在其『中國悲劇』書中，大膽建議：世界只有把中國分成十二塊的『切割論』，削弱其國力，日本才得安全。**1996年台海危機，李登輝受中國飛彈攻擊的刺激，唆使王文山把中嶋嶺雄的『十二塊論』，重新研析整理後，把中國分割成東北、新疆、蒙古、西藏、台灣、華中、華南七個小國**。全書主題是指中國太大，以中國文化的腐敗、人民的鄙陋、社會的墮落，自己無能統治，也無法過現代文明生活，導致不斷革命和內亂，不僅爲中國自己製造災難，也成世界亂源。爲亞洲安全與世界和平計，有必要把中國像歐洲一樣，分成許多國家，分而治之，才能永保和平相處。它的中文版由『前衛出版社』，日文版由『文藝春秋社』分別出版。李登輝把該書譽爲『立論正確、剖析深刻、見解精闢、相當敬佩』，並向日本友人深田祐介（前日本讀賣新聞社長）、森喜郎（前日本首相）等政要，大力推薦，是爲李登輝『七塊論』的由來。其實它是中嶋嶺雄的『十二塊論』的引申，也是『中國威脅論』日本版本的執行方略，**共同目的是支解中國、奴役中華民族**。

出身早稻田大學的宮崎正弘，是日本評論界的要角，也是精通中美兩國政務的美國通和中國通。先後著有『中國下一個十年』、『中國大分裂』、『中華帝國的野心』、『中台電腦大戰』等書。去年（2003年）三月，又出版『美中對決時代來臨了』。文中極盡挑撥中美關係，擴大中美磨擦裂痕之能事。唯恐美國把未來戰略眼光，下注在中國身上，遺棄日本的不安心態極力鼓吹美、日、台三國結合，以遏制中國的統一強大。心底下認爲，中國的崛起不僅壓迫日本的生存空間，也威脅日本生命線，更害怕中國有一天突然算起舊帳，報復日本，這些，實非日本國民所能長久承受的壓力，何況數十年來，中國老強調『記取歷史教訓』、『以史爲戒』，更加重此壓力的強度。他在書中明確指出，日本外務省患有『中國恐懼症』，台灣又爲黨爭所苦，兩國人民好逸惡勞，缺乏鬥志，唯有寄望美國把日本標定爲亞洲政策的重心，成爲美國世界戰略的核心同盟。經由自由貿易的經濟特區，共同提攜，再進入類似政治軍事聯盟架構，以阻絕中國霸權的擴張。其實它最中心主旨，就是挑起中美大戰，兩敗俱傷後，日本坐收漁人之利，重登東亞霸權地位的癡夢。

李登輝的『台灣主張』，表面是他卸任前，向國人提『政績報告』，實質是推銷『七國論』。中嶋嶺雄、宮崎正弘都是日本人，王文山是李的御用學者，在言論自由下姑且不論。但李登輝是國家元首，堂而皇之把它當『主張』提出，就成了『奇談』和『怪談』。**如果驗證他的：『東亞戰爭，日本不必道歉』、『釣魚台是日本領土』，他是十足的漢奸兼台奸。把台灣宜蘭縣的行政管轄地，說是日本領土，豈不是台奸？聯合日本要共同支解中國，豈僅是漢奸而已？**

標題: 省籍 國籍 都不重要！李登輝的身世揭曉(無關藍綠橘)

朱高正以前為什麼都不大聲的說出來?以致讓國家社會族群亂成這個樣子!

朱高正的先翁與李金龍, 都是日據時期的警輔(台籍警察，日本人則被稱警佐) ,因此朱高正最清楚李登輝的身世~李登輝的身世揭曉....
本文轉載自"大東亞反日共容圈"

我家是道地的台灣人，家父以前即與李登輝為舊識，關於李登輝的點滴，常是我們家中茶餘飯後的聊天話題。看到今天的選舉文化，每到選舉時，總是有些居心叵測的人，挑起省籍情結，欲造成族群對立，今日就李登輝的小檔案，分析省籍重不重要。李登輝於民國 12 年 1 月生於台北市，其生父為：筱原笠次郎，係日本派駐台北服務之刑警，生母為：江錦氏，是台灣女子。李登輝是其母在筱原笠次郎家中幫傭時所生下之私生子。李登輝自小進入淡水中學及台北高等學校，畢業後由其父帶回日本進入帝國大學深造，至民國 34 年因日本投降，遂與同學彭明敏、許遠東等多人回台。李登輝回台後，舉目無親，想找尋與其父曾在台北一起服務之金龍伯伯，經多方探詢才獲知李金龍已退休回三芝鄉置產養老，遂前往且拜為義父，由原名岩里正男改名為李登輝。故李總統曾與很多日本訪華團在接見時還用日語向他們自誇自己在 22 歲以前還是真正的日本皇民身份呢！〈也所以有日後高唱釣魚台是日本的叛國之調。〉

其義父李金龍喜歡喝茶，常與老朋友品茗聊天時，偶爾說出：阿輝與曾文惠結婚時，要我不可為他主婚，因嫌我長得太矮，一塊站在台上不稱配，有失面子，為此我感到非常遺憾。

李登輝確於 35 年參加中共台大讀書會，36 年由吳克泰介紹加入中國共產黨，後來在中共指派謝雪紅領導的中國共產黨台灣工作委員會(即共產黨外圍組織)中任書記，於 38 年 4 月被台灣治安單位發覺，由國家安全局所逮捕，曾與翁文維同押於台北市西寧南路保安司令部拘留所，被稱為『台大四六案』李登輝當時被囚四個多月，為求脫身，不惜寫自白書，並密告同學同志多人，致有蔡松城、張壁坤、胡滄霖、賴正亮、吳玉成等五位同學慘遭槍斃，並有多人判刑。彭明敏、許遠東等則聞風而潛逃至海外，倖免於難，李登輝因密告破案有功，特准由行政院副院長徐慶鐘保釋交由蔣彥士(農復會主委)安置農復會工作，先由技術士再升組長，在台大任副教授時才辦自新，當時國安局長周中鋒曾對李登輝說『你以後可以當教授，但不可以當公務員』真夢想不到後來還當上國家元首了。在蔣經國逝世，李登輝代理總統，便命一同坐牢難友翁文維為調查局長，得將以前所有不法案件資料徹底全部銷毀。在以後之黨政大權掌握下，開始獨裁，不聽諫言，一意孤行，吸收金牛，掛鉤黑道，排擠忠良，打壓異己，重要罪行是以一己之私，亂改憲法，以外來政客製造省籍情結，廢除三民主義課程，與民進黨台獨相呼應，使黨內精英相繼出走，又以總統之身，要求廢省、凍省，以遂其早日完成台獨心願，再以修憲增權，以鞏固其專橫之政權。任滿後之總統大選，更排除異己，罔顧黨內聲音而提名連戰競選總統，仍一心想當上『太上皇』、及穩坐國民黨主席的位子，唉！真是權利腐蝕人心！走筆至此，想想一個日本人的兒子，都可當上台灣的總統，統治台灣達 13 年之久，而且又刻意栽培陳水扁等人，誰還會在意省籍不省籍？

郭董喊買釣島
陸網友罵漢奸

台灣新聞組

台北20日電

中日就釣魚台主權仍爭議不休之際，鴻海董事長郭台銘（見上圖，本報資料照片）前日在集團股東會上聲言，台灣和日本淵源極深，他非常欣賞日本人，願出資買下釣魚台與日本共同開發。昨引起大陸網友痛罵，直指郭是「漢奸」、「賣國賊」！

郭台銘前日在台北召開的鴻海股東會上，表示願出資把釣魚台買下來，與日本共同開發，如此不但日經指數會大漲，台灣經濟亦會大幅增長。

郭台銘表示，不應用政治眼光、而是可以用經濟眼光看待釣魚台問題，台日雙方可以共同在釣魚台開發油田。他又指，台灣和日本淵源相當深，不但相隔的距離近，而且擁有相同文化、海島經濟和地震經驗，台日雙方可以互補，攜手邁向全世界。

郭有關言論引起大陸網友高度關注，有網友批評郭台銘向日本購買釣魚台，等同間接承認對方擁有該島主權，是漢奸和賣國行為。鴻海集團昨發說明，指郭是根據「擱置爭議，共同開發」原則，從企業家角度，談論中日台共同開發，以獲得共贏。

郭董：一、我欽佩你的愛國情操，請繼續發揚。

二、日本人是倭寇，不值得欣賞。八年抗日戰爭中，牠殺了幾千萬中國人！牠要的是中國的「土地」，不是「中國人」。請細讀拙作。

三、曾寄一本「我所知道的孫大公」給你，有否收到？

美國　世界日報　2012．06．20　A7版

孫大公上　二〇一二．〇七．〇一

S Mr. David T. Sun
41 Rolling Grn
Irvine, CA 92620-3550
(949) 559-8356

P. 1/6

Fax

To: 南加論壇 孫靖洋		From:	孫大公
Fax: (323) 265-1192		Pages:	(949) 559-8356
Phone:		Date:	06-21-2012
Re: 郭董買釣魚台		CC:	Pages: 6

☒ Urgent ☐ For Review ☐ Please Comment ☐ Please Reply ☐ Please Recycle

靖洋先生：

見報載鴻海的郭台銘欲購「釣魚台」被罵為「漢奸」「賣國賊」，頗為其不平，特撰小文為其平反，不知是否可上貴報？ 尚請 敬頌

撰安

孫大公 謹上

又及：附上前曾刊登於論壇有関日本之小文兩篇。

郭董你受委屈啦！

孫大公／洛杉磯

日本小鬼想侵占我國土釣魚台，但牠不敢用武，怕有毀滅性後果，於是想出一個歪點子，就是用鈔票來買，這樣一來，兩岸要維護國土，打也不是，不打也不是，可是又不能眼睜睜地看到國土被世仇倭寇用經濟手段「買」去，真是兩難！

這時，鴻海郭台銘董事長激於氣憤跳了出來，說要出資買下釣魚台與日本共同開發。我想，他是基於愛國思想用企業家的眼光來解決兩岸的難題：你日本小鬼想走歪路，用鈔票把我國土買了去，我就跟你競標用鈔票買下來。如此，釣魚台雖在私人名下(郭董或鴻海)，但仍是我中國的領土，免除了打與不打的難題，而他本人也可在青史留芳。

不幸的是，郭董祇是個企業家而不是政治家，他沒有想到從日本人手裡買下釣魚台，等於間接承認日本現在就擁有此島的主權，因此被人罵「漢奸」罵到臭頭。

其實，我猜郭董的原意是基於愛國情操想為國家做點事，想維護國土，想為兩岸解決個難題，只是思路不夠深入，在雙方激烈爭奪主權的時候，間接承認了主權的歸屬，故而被人罵成「賣國賊」。而真正把釣魚台免費送給倭寇，把國民黨和中華民國都賣掉的日本人，到現在兩岸還沒有一個人或政黨敢叫他一聲「賣國賊」。

所以，郭董你受委屈啦！

党

雜种

美國世界日報 2012.07.01 B12版

worldjournal.com
2009年6月21日 星期日 SUNDAY JUNE 21 2009　世界日報

提防日本狼子野心

孫大公／洛杉磯

又到了7月7日蘆溝橋事變的國恥紀念日。

大家都不會忘記抗日戰爭期間，日本人蹂躪了半個中國，殘殺了上千萬的中國同胞，可是日本人戰敗後並沒有懺悔、沒有道歉、也沒有賠償，因為在他們眼中，中國這塊大肥肉遲早還是要吃的，現在沒有必要做這些費事又屈辱的動作。

第二次世界大戰以後日本人的普遍看法是：

一、除對美國戰爭失敗以外，其餘對中國及其他亞洲國家的戰爭是勝利的。

二、認為侵略中國已占半壁江山，軍隊已逼近陪都重慶，占領中國指日可待。

三、估算美國之戰力錯誤，以致偷襲珍珠港後飲恨於兩顆原子彈。

四、日本人認為國土狹小，必須擴張，其侵略對象仍是最接近的中國。

如果從第二次世界大戰以後，德國和日本戰敗後之不同表現，即可看出日本之狼子野心：

一、德國

1.承認戰敗。

2.向被侵略之國家道歉及賠償。

3.向被屠殺之猶太人懺悔及道歉。

4.教導國人不可再掀戰端。

5.參與週邊國家之結盟，為歐盟而努力。

二、日本

1.不承認戰敗(除向美國)。

2.對亞洲國家不承認「侵略」，只是「進出」。「投降日」稱為「終戰日」。

3.殘忍殺害千萬人卻不道歉不賠償。

4.篡改教科書，淡化侵略事實，培養國人侵略野心。

5.偷偷儲備戰力，以自衛隊之名發展各種新式武器。(如建輕航母聲稱只供直升機用，但日後即為垂直升降之戰鬥機用)

6.藉各種機會把自衛隊伸展至世界各地。

7.想在聯合國的安理會擔任常任理事國，以便日後有否決權來掩護它的侵略行動。

中國是個寬厚偉大的民族，歷朝各代都有寬待別國的事蹟，可是我們睡在虎狼之旁，不可無警惕之心：「你不欺它，它卻有吃你之意。」很多事情可以見微知著，你在它野心漸露之時，就要不斷地提醒各國與後代子孫來作防範的動作，尤其我們再經不起像上次一樣被日本人殺戮和蹂躪了！

時至今日，我們並沒有把日本的劊子手像猶太人一樣把納粹的劊子手追緝到天涯海角，也沒有要他們跪地賠罪，更沒有想用原子彈把日本三島炸平，只希望他們知錯能改，不要再有侵略中國的狼子野心，以後大家攜手合作，共享太平！

可是證諸日本人現在的動作，不得不讓我們提高警覺，尤其是提高沒有經過抗日戰爭新一代人的警覺。今天他們哈日成風，不知那一天就會被日本的軍刀砍下腦袋，或刺刀刺穿胸膛，或活生生的被埋在土裡。所以為了後代子孫的生存和幸福，希望大家能不斷地提醒世界各國和我們的後代子孫，要正視與提防日本的狼子野心！

（南京大屠殺就是最顯著的例子）

「日本」是「倭寇」，「倭寇」就是「日本」

距今六百年前的明朝時代，日本海盜開始侵擾中國沿海的島嶼和城鎮，燒殺擄掠，強姦婦女，無所不用其極，當時我們叫他們「倭寇」。倭寇侵擾中國的情況延續甚久，直到民族英雄戚繼光出現。戚繼光訓練百姓民眾抵御外侮，終於逐退倭寇，恢復了沿海的平靜，民眾方得安居樂業。

曾幾何時，日本歷經明治維新之後，國勢漸強，狼子野心又再出現。而中國在清末腐敗軟弱，屢被列強欺侮，賠款割地以求苟安。民國建立以後則是軍閥戰亂，國弱民貧。日寇乃乘機侵略中國，這一次不似海盜式的零星出擊，而是傾注全國軍力發動一波波的侵略行動。從侵占東三省開始就意圖吞滅中國，因此不斷製造事端以激怒中國人的反抗來挑起戰爭，然後想以戰勝國的姿態奴役中國人（如同奴役台灣同胞一般）。直到爆發了七七盧溝橋事變，全國同胞對於日寇醜陋殘暴的行徑終至忍無可忍，乃掀起同仇敵愾全面抗日的決心，打了八年的苦戰，贏得最後的勝利。

迄今不過半[redacted]世紀，新一代的日本人又起野心，蠢蠢欲動又想侵略中國。有心人士動作頻頻：諸如赴靖國神社參拜侵華戰犯、修改教科書將〝侵略中國〞改成〝進出中國〞、否認有南京大屠殺、侵占中國的釣魚台列島、認為〝慰安婦〞是〝自願〞的……等等不一而足。種種作為都在鼓動風潮，待機而動。

同胞們，向這般根深柢固而又蠻橫的海盜自稱「日本」，我們有必要跟著稱它「日本」嗎？當年他們侵華時叫我們〝支那〞而不稱〝中國〞，我們為什麼不名符其實地叫他們「倭寇」？我們有權利這麼做，我們要讓後代子孫和各國民眾都認識它的真面目，我們要呼吁政府和媒體，從此改叫「日本」為「倭寇」，因為這樣才真正符合他們的身份。

各位親愛的同胞，日後為文寫作遇到「日本」這兩個字時，就把它寫成「倭寇」。因為「日本」是「倭寇」，「倭寇」就是「日本」！

孫大公

锦涛主席勛鑒：（近平副主席勛鑒）

京奥很快就要開幕了，這是中國百年來向全世界展現成就的一个機会，可是西方國家不想要中國趕上他们，使用种种鬼计来破壞京奥，使中國丟脸。

最近鬧得全球起鬨的藏独事件，就是西方國家利用小丑達賴（与陈水扁同类）来阻擾聖火引起的，所幸政府處置得宜，暂時将火头壓了下去，於是他们就唆使猶太人出面把中國人貶為德國納粹（附件一），並呼籲全球各地的猶太人抵制京奥（附件二），這真是太過份了！尤其二战時中國人救了這麼多猶太人，而納粹殺了百萬计的猶太人，怎能互相等比?! 這是真正的忘恩負義。我已寫信叱責雜誌的編輯（附件三），也寫信給親朋好友警惕此事（附件四），更寫信給駐美大使，請他向猶太組織提出抗議（附件五），可是思來想去力道都不夠，可能要由國務院的新聞發言人來辯正他們的錯誤和譴責他們的行動，以正全世界的視聽。

不知道這个建議是否可行？或有更有效的方法？

敬頌

政祺

嘮叨叟（杭人）孫大公謹上

2008.05.05

又及：馬英九在台灣競選（附件六）我在全美幫他成立了七个後援分会（美东、美西、美南、北加州、舊金山、拉斯維加斯、和尔灣），如今他当選使兩岸緊密起来，我非常地高興。

大使閣下：　　　　（致中國駐美大使）

猶太人忘恩負義，把二战時救了很多猶太人的中國人比成殺了百萬計猶太人的德國納粹！（附件一）真是令人氣憤!!!

我已寫信叱責他们的編輯（附件二），同時寫 email 给我的親朋好友（附件三），可是沒有想到昨日（05-01-2008）報載（附件四）猶太领袖呼籲全球各地的猶太人抵制北京奧運会，真是「是可忍，孰不可忍」！

不知　閣下是否可向猶太人组織提出抗議以息衆怒？　敬頌

康泰

孫大公 鞠上 2008.5.2

附件四

美國猶太領袖 籲抵制京奧

美國世界日報 2008.05.01. A2.

【本報綜合報導】美國多個猶太團體的領袖30日聯署一分聲明，呼籲全球各地的猶太人抵制北京奧運會。

據「英國廣播公司」（BBC）報導，本週五是納粹大屠殺紀念日，目前已經有185名猶太教教士、修院職員和其他顯赫的猶太人簽署了聲明。

簽署者之一、原教旨主義派的猶太教教士盧克斯坦說，中國支持蘇丹政府的大屠殺、虐待西藏人民、向伊朗敘利亞提供導彈、並且與哈瑪斯組織為友，這些行為都使猶太領袖感到憂慮。

聲明指出，猶太人在納粹大屠殺期間曾經被盟友背叛，因此他們此刻覺得更加有義務站出來，對抗目前的不公正情況。

不過猶太教教士盧克斯坦強調，他們並不是把中國政府等同於納粹政權。他認為，中國與1936年時的德國一樣，利用奧運會作為公關伎倆，轉移人們的視線。

組織者希望，上述聲明可以促請以色列和全球的猶太裔運動員抵制北京奧運會。

不過他們也承認，鑑於以色列和中國的政治和商貿往來，要真正落實抵制並不容易。

附件一

Nazi Olympics Exhibition Offers Historical Perspective on Beijing Games

For two weeks in August 1936, Adolf Hitler's Nazi dictatorship camouflaged its racist, militaristic character while hosting the Summer Olympic Games. Soft-pedaling its antisemitic agenda and plans for territorial expansion, the regime exploited the games to dazzle spectators with an image of a peaceful, tolerant Germany.

The Museum's exhibition *The Nazi Olympics: Berlin 1936* explores how the Nazis used the games successfully for military training, pageantry, and propaganda. Now, after a ten-year national tour, the exhibition returns to the Museum, April 25–August 17, to coincide with the Summer Olympic Games in Beijing.

View *The Nazi Olympics: Berlin 1936* at ushmm.org under "Online Exhibitions."

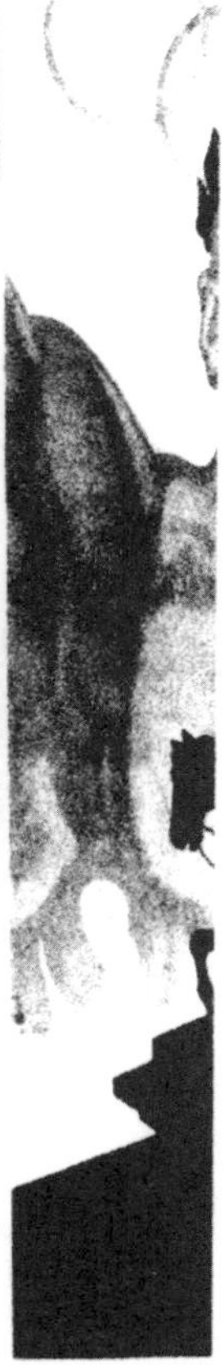

ABOVE The offic a
Games in Berlin b
Wuerbel depicts
landmark Brander

UPPER LEFT Nazi
where crowds ga
Olympic flame

LEFT Spectators s
of the 11th Olymp

TO ALL EDITORS :

附件二

Don't you forget that in World War II, the country which saved thousands of Jews is CHINA. How come you compare CHINESE as NAZI who killed thousands of Jews ???

A Chinese proverb says " Think where it comes from while you drink water ". That shows Chinese people always grateful to those who do the favorable things to them. I wonder what is Jew's proverb?

I will let all Chinese people know what is the real thinking that Jews have about Chinese.

We all hope there will be no World War III !

DAVID T.K. SUN

各位親愛的同胞：

附件三

最近我收到一份猶太人宣傳有關納粹屠殺猶太人的雜誌,裡面第4頁(附)居然把中國人比成納粹,真是豈有此理！

想當年第二次世界大戰時德國納粹屠殺了數以百萬計的猶太人,嚇得他們逃亡到世界各地,只有中國人是大量熱情地收容了他們,除了讓他們安居樂業無生命之憂外,還造就了不少的猶太富翁.

豈知猶太人翻臉不認恩情,不究實質差異,居然把中國人比成了納粹,真是令人氣炸,也讓我們看清了猶太人的本質,這就難怪納粹的狠毒了！

中國這個愛好和平的民族受了幾千年的氣,現在剛剛出現有個好的遠景,就不容於世界,除了西方列強外,連受過中國恩惠被德國趕盡殺絕的猶太人都來污蔑我們, 希望大家要保持警覺,拋棄內部的矛盾,埋頭努力建設國家,只要國家強了,大家才會有好日子過喲！

孫 大 公 上　　2008-04-28

輯五：社會、慈善、文化與民族發展

——振興國人道德、拯救國家

蘇武牧羊

孫大公

冰天又雪地
好冷啊
朝中久無音訊
更教人冷得發抖
這麼冷的日子
怎麼過啊

唯有在血管裡流通的
愛國熱忱
給予了一絲絲的溫暖

就這一絲絲
一絲絲的溫暖
成就了蘇武的不世英名

張大衛先生大鑒：（美國金士頓公司創辦人之一）

由於我和你有相同的英文名字，所以有人把寄給你的信誤寄了給我，現在完璧歸趙（附上）。

從傳播媒體上知道你很為我們中國人—尤其是炎黃的中國人—揚眉吐氣。在這樣根深蒂固的功利社會，拿出一億美元作獎金來回饋員工，這正是我最欣賞的地方。因為我以前在香港東財團做事時（附以前的名片），就是特別提出豐厚的獎金—當然不能和你的比—來獎勵員工。這是中國人飲水思源的美德。

在全美國都知道你慷慨仁慈地回饋員工之後，大家可能在想你會不會對這些造成你今天成就的美國社會有所回饋？我想以你的才能你是會極感激的，可是用什麼方法呢？如果也用分紅方法，那么把你全部的盈餘拿出來全美每人也只分到几塊錢。我建議不如用成立基金會的方法，如此非但可以回饋美國，若有餘力和需要時亦可回饋同胞（台灣和大陸）。針對各地的需要而作各种有利國家、有助人羣的捐助計劃，這樣是一步步直至長遠以善的愛心表現，祇要經營得當可以世世代代傳承下去。

我作了一份問卷（附）供你參考，若你有興趣我們另約時間再談。專此 即頌

耶誕快樂
新年愉快

張大公拜上 1996.12.23

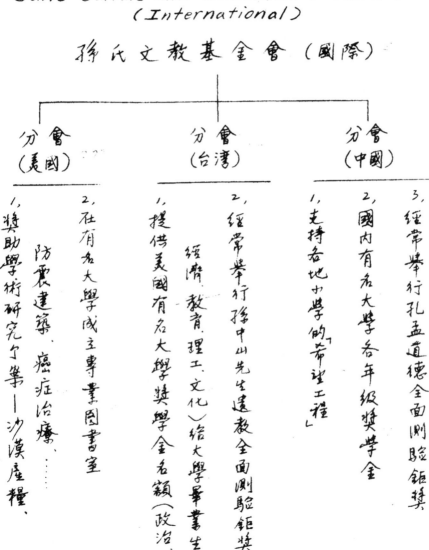

Sun's Culture and Education Foundation (International)

孫氏文教基金會（國際）

分會（美國）

1, 獎助學術研究專案——沙漠產糧、防震建築、癌症治療、……

2, 在有名大學成立專業圖書室

分會（台灣）

1, 提供美國有名大學獎學金名額（政治、經濟、教育、理工、文化）給大學畢業生

2, 經常舉行孫中山先生遺教全面測驗鉅獎

分會（中國）

1, 支持各地小學的「希望工程」

2, 國內有名大學各年級獎學金

3, 經常舉行孔孟道德全面測驗鉅獎

孫大衛先生大鑒：

前兩天在報上又看到你对員工慷慨分紅的新聞，這真是為我们中國企業家增光，也告訴全世界人我们中國人就是与眾不同！在這裡謹表敬佩之忱。

前年在读到你將一億美金當作紅利分給員工的新聞之後，我曾寫一封信給你（附影本），建議你除發員工之外，也可以發同胞（不論是中國人或美國人），最簡單有效的方法是成立「基金会」（如洛克斐勒、福特等），如此可以用利息不斷地來做有意義幫助大眾的事。可惜兩年以來不見片紙隻字回音，不知是你沒有收到，還是不「齒」下问。

總之，我作此善意的建議是為你着想，盡我一份孫氏本家的心意。我今年已六十六歲，又是學土木工程的，不會藉此向你電子公司謀職。如今台灣陸軍總司令和以下各級司令大半是我的學生，我还不至於是在外招搖撞騙之人，所以我的誠懇建議还是值得你再三考慮一下。

我們生不帶來死不帶去，能有機會和能力為同胞多做点事，也是功德一樁！

尚此　順頌

時祺

孫大公拜上

1998.9.24

台銘董事長:

恭喜你和曾馨瑩小姐的大婚，也恭喜你對公益事業的大筆捐獻．這是中國人的大事,應會留於史冊．

報導說你將捐三分之一財產給”教育藝文”,拍攝一百部電影，這真是電影界的盛事，不過，如果你在這三分之一內拿出三分之一成立一個”郭曾文化教育基金會”,專門用來振興中華固有道德文化,則不但中華民族得以走上興盛的正軌，你們賢伉儷也將永垂不朽!

我今年七十五歲,名叫”大公”,私淑關公，滿腦子都是如何強國富民的思想，希望從四維八德做起，只是命中無財，祇能空想而已，如今有你的財力和愛國思想，我想把我整個的構想貢獻給你,由你轟轟烈烈地施作一番，我也私下堪慰了!

我是美國普度(PURDUE)大學的土木碩士,曾任陸軍官校的土木系主任,現在陸軍總司令以下的高級將領都是我的學生．退伍後，受 遠東集團創辦人徐有庠老先生親聘，同一時間擔任他集團內兩個公司(遠揚建設和遠揚營造)的總經理．

有錢人最怕別人打主意動他的錢,所以我附一篇我寫人和一篇人寫我的小文給你,証明我是正直可信之人,孫中山的信徒-----天下為公．

假如你有興趣聽聽我的構想的話,請告訴我你何時有空,我專程去向你面陳．

祝你們

婚姻美滿
健康快樂

孫 大 公 拜上　　2008-08-01

又及:　我的地址.電話,email 如下 :　DAVID TAKUNG SUN
14811 MAYTEN AVE., IRVINE, CA 92606
TEL/FAX:(949)559-8356　EMAIL: tksun2010@gmail.com

台銘董事長大鑒：

每在報上看到你的消息（附剪報），諸如事業、財富、美眷、豪宅……等等，就會引起全民的羨慕和欽佩。都覺得如此人生可謂不虛此行！可是你對國家和同胞的回饋上似乎尚有所不足，因為兩岸中國人雖然在經濟上傲視全球，但是精神上已日趨墮落，全世界看我們中國人是暴發戶和未來的敗家子！如何來挽救這亡國亡种的趨勢？正是愛國的大企業家們都在深思熟慮的問題。

一般說來精神如要健康，必須思想要正確。我們現在兩岸都亂，是因為逐漸喪失了道德準繩，一切都向「錢」看齊，就不知道什麼是四維八德了！尤其現在的年青人含着金匙長大，從小沒有經过歷鍊和熏陶，將來國家由他們來治理就非常危險了！為了防範於未然，我們現在就要儘快地想出各种方法來教導國人，使大家慢慢地回歸正统，知道「物质」以外还有「精神」。一个健康的社會必須要有正确的思想来規範，所以富有的大企業家们就有義务拿出大量的財富用各种方法来振興國人的道德以拯救國家。

兩年前我曾致書閣下（附影本）建议用你的愛國心和龐大的財富去救兩岸快丧失殆尽的固有文化和道德，不知經过歲月的啟發，閣下是否能重新考慮我的建議?! 救國不會嫌晚的，國父孫中山先生就是好榜樣！

若有所垂詢，可用附件上的通讯工具。並请賜知和你的連络方法。

耑此　即頌

身体健康

事業發達

孫大公 謹上

2010.03.12

郭曾文教基金会

执行方案：

(一) 全國徵文 (执附一)

(二) 全國演讲比賽 (执附二)

(三) 奬助民间孔孟组织 (执附三)

(四) 奬助民间文教报業 (执附四)

(五) 〃 〃 〃 〃 〃 〃 研究 (执附五)

(六) 資助大学文教系所及学生 (执附六)

(七) 創辦中國固有道统文化之雜誌 (执附七)

(八) 〃 〃 〃 〃 〃 〃 〃 〃 〃 〃 〃 書院 (执附八)

孫大公

DAVID TAKUNG SUN
14932 Mayten Ave.
Irvine, CA 92606 USA

Tel/Fax (949)559-8356 Email: davidtksun@gmail.com

美世界日報 2010.02.08 A10版

鴻海愛心園遊會 郭董捐6億

記者鄒秀明／台北8日電

本報系聯合報報導，鴻海集團12日尾牙，7日先舉辦「感恩幸福安康慈善嘉年華」愛心園遊會暖場，董事長郭台銘與永齡基金會共捐出6億元做公益，其中3億元做為永齡希望小學推動電子書教學，今年暑假將提供3000台電子書供學童課後輔導。

鴻海慈善園遊會昨天聚集近百個社福機構設攤義賣，除鴻海員工響應參加，也邀請民眾買愛心券，郭台銘現場捐出3億元補助弱勢團體，另捐3億元推動電子書教學。他表示，看到大家一起參與公益，是他自金融風暴、八八風災後最快樂的一天。

郭董夫人曾馨瑩感受現場氣氛溫馨，見到有病友特地前來感謝郭台銘，感動到流淚。天下雜誌創辦人殷允芃致詞時也稱讚，郭董是「成吉思汗」，但最近幾年臉上線條變柔合了，願意彎下腰來救助弱勢。

值得一提的是，郭台銘允諾提供3億元予永齡希望小學做電子書軟硬體的設計與擴校所用，暑假過後將有3000名學童受惠，軟體內容將由永齡基金會負責國文、英文、數學研發教材，相關硬體設備由鴻海集團支援。

郭台銘（右）攜夫人曾馨瑩（左）參加慈善嘉年華。（記者黃義書／攝影）

郭台銘：找回水牛精神

美國世界日報 2009.10.15 A9版

王前董事長永慶前輩：

謹以恭敬的心情在四萬呎高空之上，在與您心靈溝通最近的咫尺天涯之距，願靈犀相通，將晚輩隱藏心中的過往追憶寄念二三，用作您離開我們塵世返歸天上神府將屆一年之追念。

您的一生，除了工作還是工作，為您的理想工作，為社會盡責工作，為國家競爭力的提升工作，為弱勢族群、為社會公益工作，在您身上我們看到了「台灣精神」，也就是「台灣的水牛精神」，任勞任怨、無怨無悔、一步一腳印的實在耕耘，犧牲奉獻的水牛精神。可是您走了，台灣水牛漸凋零了，台灣精神也逐漸在喪失中，這不就是您所謂「先天下之憂而憂」的關鍵所在嗎？請賜福台灣人，找回台灣水牛的精神吧！

晚輩剛開始創業時，您的企業已是台灣最大且經營績效最好的企業，您非但沒有自滿、奢華與浮誇，仍每天努力地奮鬥工作著。從報導中得知您每天凌晨4時多起床來到市立體育場，一定要跑完5000公尺才回去上班，數十年如一日。

愚昧的晚輩自以為「毅力」是簡單的事，興沖沖買了雙球鞋，艱難地起了個大早已是六點多；第一天跑了1600公尺，自信認為練習幾天可跑到5000公尺，以我的年紀，多努力幾天應可達到您的標準。

但再跑了兩周，最多只跑到3000公尺就跑不下去，藉所有可推託之理由，放棄這看似簡單卻非有堅強意志力，便無法克服的心身兩大障礙。我心中投降了，從此更對您有無比佩服，真正了解「堅定的毅力」是多麼難以克服的身心障礙，我做不到，因為我是一個平凡的庸俗之輩。

還記得有次帶領我們公司幾位重要幹部到您府上，向您請教經營之各種經驗及訣竅。您直言，經營沒有捷徑，更沒有訣竅，只有扎扎實實的追根究底，不達目標絕不罷休的實幹精神。第一句您劈頭就問「你們公司自認為是做電腦的高科技公司，你們自以為用電腦的技術比我們傳統產業高一等吧，你們每個月結算及經營績效分析財報在幾日結出數字？」

我些許不安但仍小有自豪的向您報告，大概每個月5日到8日間。誰知您直言不諱的教導：「無效啦」（台語）、「笑死人」（台語），做電腦的公司「愛擱拖甲歸禮拜」（台語），我們台塑整個集團，每個月1日中午以前，一定會把所有營業結算及各事業部處的損益及經營分析和對策送到我的桌上。（您加重語氣的說）「統（台語）世界的工廠喔」，阮已經做十幾年了，不但是數字，「嘛愛（台語）包括所有的經營改善對策」。

王前董事長，我現在要向您坦白我當時的心境，真是無地自容。我真想挖個地道藏起來。

王前董事長您不是人，您是「神」，您是「經營之神」！

最近八八水災重創南台灣，原住民的聚居山區部落尤為嚴重。晚輩跑了兩趟災區想盡些棉薄之力，但從接觸原住民同胞口中得知，早在數十年前，您已為了拯救許多被賣入火坑的原住民少女，辦護士學校，供吃供住、免一切學費，訓練她們一技之長，讓她們可與平地人一樣受教育，走正當人生道路。您做了這許多積功積業積德的社會公益卻毫不矯情，沒有對外大聲嚷嚷以善士自居，請教誨指點我們這些凡夫俗子吧！您的平凡卻是出奇的偉大。

晚輩永遠記得！犬子守正結婚您送給年輕一輩的人生座右銘就是「信用」兩字，晚輩至今無時無刻謹記並遵循這兩字，做為做人及治家的格言。這個寶貴的資產晚輩今生今世不知如何回報，只能在此紀念您的時刻向您報告，我會以這句座右銘做為人生的目標，不能辜負您對後生晚輩的諄諄善導，謝謝您恩師（如果我有資格如此稱呼您！），天佑吾師精神永存不朽，天佑吾師典範日月同輝。

晚輩 郭台銘 叩書

于2009年10月5日飛航途中

（本文為節錄）

雪紅董事長大鑒：

冒昧跟你進言，实在是迫不得已，盼宥！

為了拯救國魂，振興中華民族的固有文化，在這漫長的十數年之中，我已屢次寫信給四位有錢的中國男仕，可是结果都石沉大海，因為他们捐大筆錢的目的不同：有的激勵員工為他多賺点錢，所以年終的紅利令人咋舌；有的对電影明星有興趣，所以獎勵拍電影；有的沽名釣譽，所以沿街發紅包；有的觀念正確，從教育救國，可惜祇到此為止，沒有把中國人固有文化中的善良本性挽救回來。

最近見報載（附剪報）台灣经營之神的女兒非但把父親的事業發揚光大，而且确实遵行「取之於社会，用之於社会」的遺訓，成立「威盛信望愛基金会」，已经在貴州創办威華職業学院，培育品格好而对社会有用之人。令我十分感動！我想男性富豪雖捐钱公益，但看不到中華民族的灵魂深處，也許女性首富思想比較細密，会有興趣了解一下如何拯救國魂。

我今年八十歲了，是个退伍的阿兵哥，沒有雄厚的財力來做這些事（雖然方法簡單），所以我到處寫信希望引起共鳴，可是经过這么多年的努力，我失望了，我想可能老天認為中華民族还沒有到興盛的時候，就在我準備放棄的時刻，看到了關於你的報導，使我又燃起了希望，如果你对振興中華民族固有文化有興趣的話，我可在四月返台時跟你見面，說明一切，只望你给一回音，我好安排時間。

為了讓你除却疑慮，我在此表明不要你一毛钱，來回旅費我自行負担，一切構想和做法等都免費奉獻，同時捐獻一百元美金给基金会（附支票），並附上小傳一冊讓你了解我的為人。

祝福

中華強大，不再被列強欺侮!!!

八十叟 孫大公

2012.02.08

（已沉海）

承襲王永慶回饋社會

學父親　大陸興學扶貧

宏達電董事長王雪紅除了延續父親（已故台塑集團創辦人王永慶）經營企業的精神之外，也承襲王永慶「取之於社會、用之於社會」的企業社會責任。在台灣，王雪紅成立威盛信望愛基金會，關懷不幸少女、協尋失蹤兒童及參與社會公益活動，在大陸則是興學扶貧。

王雪紅和先生威盛總經理陳文琦捐資人民幣1億8000萬元（約新台幣8億4000萬元），在大陸貴州創辦盛華職業學院，是大陸第一所非營利慈善高等學校，希望透過學校教育，協助西部貧困學生就學就業。

王雪紅坦言：「創立貴州盛華，是從父親身上得到的啟發，也和當年父親創辦明志工專的想法很像。」在她心中，希望透過貴州盛華，讓學生們得到最專業的訓練，畢業後，能夠找到薪水相當的工作，更重要的是品格要好，在社會上成為有用的人。

王雪紅觀察，大陸有些貧困家庭，為籌小孩學費，把房子賣了、還跟朋友借錢，「所有的希望都在小孩身上」。教育是最根本的扶貧，這使她興起辦學念頭。

宏達電董事長王雪紅家族合照，前排左起依序是王文祥、母親楊嬌、王文洋、後排左起爲王雪紅、王貴雲、王雪齡。

（本報資料照片）

年少時的王雪紅與父親王永慶合影。

（圖：王雪紅提供）

回憶影響一生的人

媽媽說　做人要有價值

王雪紅說，許多人說她最像父親，但對她一生影響最大的是母親。媽媽生前對她說，「做人要有價值」，不然就會被淘汰。這句話對王雪紅有很深的影響，經營事業時，她提醒自己要為人家創造價值。

王雪紅和媽媽一起住了50年，媽媽去年過世，她難過很久，生活也出現巨大改變。短短幾年父母先後離開她，「但感謝神，他們都在天堂裡面相見。」

媽媽和她的個性很像，深信「做人要有價值」。王雪紅回憶，她出生以來只和媽媽分開一年多，其餘50年都跟媽媽住在一起。媽媽並不是重視錢和權勢的人，媽媽陪著爸爸，一直到台塑、南亞股票上市後才離開，那時媽媽是董事長夫人，離開時卻什麼都沒帶走。做人要有價值的觀念，影響著王雪紅創業之路，王雪紅創立威盛、宏達電。她說，一個人若無價值，不如自動淘汰，人家的容忍只有一小段時間。

宏達電董事長王雪紅（右）眼中的宏達電執行長周永明（左），外表強勢、內心謙卑，是很好的執行者，也是好朋友。圖爲兩人與微軟執行長鮑默爾合作後的留影。

（圖：宏達電提供）

榮發總裁大鑒：

見報（附）知您要捐出全部財產做公益，真是欽佩！近來台灣富豪掀起一陣裸捐風，大家競相「取之於社会，用之於社会」。這是台灣社会的進步，也是中華固有「大同文化」的發揚。我知道您多年來除作一般公益事業外，特別維護傳統道德價值，這更難能可貴。因為一幢大樓是否穩固首先要看它的基礎是否堅实；一个民族是否能發揚光大首先要看她的立國精神是否正確。講「霸道」的國家沒有一个可以長久，而講「王道」的國家有可能永存。我們中華民族几千年的文化经过千錘百煉，其中心思想是王道的「四維八德」，可惜現在兩岸三地受環境污染，大家只向「錢」看，已不知廉恥為何物，也就是說這幢大樓的基礎已逐漸鬆軟，岌岌可危了；如何來救我們這个善良的民族？應該是炎黃子孫每个人都要思考的问題，也是每个人都要積極去做的事業。我有很多的構想和做法，祇是我這个窮阿兵哥没有這份財力去做，而且八十歲也力不從心了！

不过，我始終堅信救國应從「根」救起，所以不断寫信给當局們，希望他们能拿出部份基金来做這件対國家対民族都極有意義的事。在我看来，您是各方面都最適合做這件事的人，因此不忖冒昧寫信给您，請您放遠眼光，看看是否要来做這件千秋萬世可載入史書的事？！

我們学生为我寫了一本小冊（附），其中第201頁就是談我的「夢想」。僅供參考。

尚此 敬頌

健康快乐！

事業鴻發！

孫大公謹上

2012.02.22

（已沉海）

David Takung Sun
41 Rolling Green
Irvine, CA 92620
USA

長榮總裁成立基金會做善事

張榮發財產全捐 不留子孫

記者邱瓊平

台北7日電

選前力挺九二共識的長榮集團總裁張榮發，除了關心政局和經濟，近年更全力投入公益。他7日上午和媒體暢談投入公益的看法與態度，他強調台灣的窮苦人越來越多，呼籲更多民眾一起做善事。

他更說，身後要把所有的財產都捐給張榮發基金會，不會留給子孫，「小孩子有股票，可以生活就好，其他的就要自己拚！」根據富比世全球富豪排行榜，張榮發在台灣富豪排名第12位，財產估達16億美元。

由張榮發口述的新書「鐵意志與柔軟心─張榮發的33個人生態度」，今年2月出版，書中暢談張榮發從當船員到白手起家，並且創立長榮集團的故事；書中更清楚記錄張榮發經營的理念和對於公益的堅持，也描述他如何要求基金會訪查員幫忙窮苦人家。

張榮發7日上午表示，他默默做善事，由於篤信「因果」，他認為「錢是會流轉的東西，不是你的」。所以成立基金會做善事，現在做善事也是他感到最快樂的事，晚上也「卡好睏」。

擁有海空運王國，張榮發更說自己是前世種下的因，所以這輩子就要多做一點。

張榮發有感而發指出，社會上窮苦的人比有錢的人還要多；他也告訴基金會的訪查員，補助的預算無上限，例如若有一個家庭每個月需求是2萬元台幣，他會要求訪查員多補助這家人2000元，讓他們可以存起來，將來能夠好好運用。另外，有訪查員前往獨居老人家中，發現屋內堆滿回收物，氣味難聞，他也會要求訪查員必須忍耐。

張榮發於1985年設置基金會，多年來更和警政署合作，由國內7萬名管區警察主動發掘需要協助的家庭，再由基金會接手協助。張榮發說，他會持續做善事，未來過世之後，基金會大樓也不是他的，而是基金會所有，財產也會全部捐出。

張榮發一手創立長榮集團，他也以自己的例子勉勵年輕人要有眼光、要有頭腦，還要多反省、多研究、多讀書，也有機會成功；他也鼓勵民眾多做善事，「一定要加減做，如果沒做善事，至少也不要做壞。」

美世界日報 2012、02-07 A1版

灣4巨商 允捐3000億台幣

張榮發、郭台銘、尹衍樑、戴勝益 財不留子孫 總額約內政部年預算兩倍

台北7日電

起「捐贈風」，包括長榮集團總裁張榮
郭台銘、潤泰集團總裁尹衍樑與王品集
人，承諾捐款金額粗估新台幣逾3000億
內政部一年總預算的兩倍，規模驚人。
爾．蓋茲與「股神」巴菲特提倡捐出所
」(all-out donation)風潮，正在台灣發

台銘、尹衍樑與戴勝益等不同產業的企
要捐出大半財產，雖然距捐出全部身家
還有一小段距離，但郭台銘、尹衍樑與
別表示要捐出名下財產逾九成，或持有
益，仍是前所未有的創舉。

家身家厚實，捐出八、九成以上的身家
外界統計各企業家承諾的捐款方式，僅
衍樑、張榮發與戴勝益四人，捐款規模
元，相當於台北內政部今年全年總預算
左右。

公益各有想法，例如郭台銘遭逢元配、
的打擊，捐出100億元用作醫療研究；
諾貝爾獎成立「唐獎」，單一獎項的獎
額高。

企業家因為擁有不少上市公司，捐股票
的方式，但不少投資人關心企業大老捐
的影響。

師說，企業家捐款以捐贈給基金會或公
每年股票的孳息用作公益，直接在市場
若公司經營持續良好，股票價格蒸蒸日

張榮發宣布，身後財產不留子孫，全部捐張榮發基金會作善事。（記者李承宇／攝影）

上，代表投入公益的資金更多，對投資人與有意做善事的企業家來說，能創造雙贏效果。

戴勝益宣布捐出八成持股時提到，因為把大半持股都捐出去了，要更努力經營公司，「更愛公司、更要努力經營王品了，讓公司每年每股獲利有十元以上，『不然，我會餓死的！』」

他還表示，兒孫自有兒孫福，好好培養小孩，讓他們自己有能力打出一片天，沒有必要留太多錢給他們。

免費贈閱「道德月刊」 成獄中甘霖

鐵意志柔軟心 幫人幫到底

張榮發行善哲學：補到足

記者李承宇

台北7日電

張榮發口述的新書「鐵意志與柔軟心」日前出版，回顧他打拚事業的軌跡，也細數他近年做善事的點點滴滴。

張榮發認為，拚事業要有做善事的良心，做善事也要用頭腦。他說，今年會到監獄裡跟受刑人談「做人的條件」。

這本書從張榮發年少頭綁毛巾寫簡單的故事寫起，到他近年來從事慈善事業的心路歷程。在作者吳錦勳眼中，張榮發有很多「高反差的特質」：他既本土又國際，既獨裁又仁慈，既護衛傳統道德價值又敢於在事業上創新。

吳錦勳認為，張榮發充分展現「船長性格」，對外勇於挑戰海運強權，擁有「鐵意志」般的執行力；對內又化身為照顧員工的大家長，擁有一顆「柔軟心」。

不只是一味捐錢，張榮發做善事跟經營事業一樣，也很注重細節。他舉例，如果張榮發基金會每個月資助弱勢家庭新台幣2萬元，他會再加2000元，而且要基金會的訪查員要求申請人一定要省下這2000元，以免緊急時刻幫不上忙。

這種「補乎足」(補到足)的行善哲學，顯示出張榮發幫人力求徹底的原則。

許多弱勢學童靠學校營養午餐填飽肚子，但許多弱勢學童都是餓著肚子到學校上課。張榮發認為，營養午餐不能是孩子一天中的第一餐，於是指示基金會在資助弱勢學童營養午餐之餘，也提供營養早餐；這個例子也印證他「幫人幫到底」的態度。

感情內斂嚴父 很少誇子女

承恩兄如晤：

謝謝你打电话来给我鼓勵和高抬于我！其实我的投筆從戎（海軍、[illegible]、[illegible]、[illegible]等）和放棄留学、高薪等動作，在那國家命脈危岌的時代，很多热血青年都会這樣做的。

至於你我那一代的人沒有被國家重用，說得自誇一些应是國家的損失。想想看，我們的一代經过苦難和磨鍊、具有忠貞愛國的热忱、做事負責、努力、極具高度危機意识、……豈是現代小子可比?! 可是當我們初入社会時，當權者說：「嘴上無毛，做事不牢」要我們多多歷練，不过等他們的子侄從國外拿了博士回國以後，我們還未接棒就被排擠在「青年才俊」之外，整个的一代就這樣被白白地犧牲了！真是國家的損失啊!!!

好了，过去的已無可挽回，不谈了。倒是潛藏的外患危机不能不谈，否則中國人的下一代又要像抗日战争時期被日本人屠殺了！這些年來日本人只承認被兩顆原子彈轟炸，侵略中國的战争仍是勝利的，所以他們对美國人百般馴從，对中國人卻從不認錯，否認有南京大屠殺，甚至篡改教科书上的侵華史、激勵下一代的軍國主義，继续他們征服中國的美夢。如果我們不提醒我們國人這潛在的危机，可能又要被殺千百萬人和無可计算的财务損失了。

基於這个概念，最近我用自己的电脑拷貝了100片「南京夢魘」，寄给國內外的親朋好友和單位，讓大家多了解日本人的兇狠殘暴，希望大家告訴大家提高警覺！（我也附一片给你）

守業學弟如晤：

——（新任參謀總長）

值此國內多事之秋，軍心渙散之際，正需要一位正直實幹的將領來擔任參謀總長。此次上級選你出來挑此重任，確實具有慧眼。而你也正好藉此機會一展長才，為國家民族竭智盡力才不負此生！

我知道你出任總長，又升一級上將，真為你高興，特將我自己的座右銘供你參考：

「豈能盡如人意，但求無愧我心」

祇要胸懷國家民族，走在正義無偽的大道上，毀譽不計，歷史自有公論。 勉之！勉之！

祝

才華大展

建功立業

小兄

孫大公 上

2007.02.02

David T. K. Sun
14932 Mayten Ave.
Irvine, CA 92606

守業學弟如晤：（筆者親函自撰）

阿扁八年A錢賣官，衆所痛恨，我也早有所聞，故此在你派任總長時，特地把我的座右銘贈你，以「良心」為盔甲，擋住扁缸裡的污臭水。當然，如果，我对你的信心不夠的話，也就不會多此一舉。現在缸破污水横流，將你玷污，我相信清者自清，只要挺直腰桿，真金不怕火煉，假以時日自会還你清白。

此期間要鎮靜如恒，展現君子坦蕩之風，維我黃埔尊嚴，是切至盼！

祝很快

雨过天青

小兄 孫大公上

2009.04.14

又及：附上我的「每日必读」供你參閱。

光標先生：

您好！

閱報知先生將來要「裸捐」全部財產給慈善机関（附剪报），真是令人佩服得五体投地！先生自貧致富，还有如此的胸怀，是「勤勞、智慧、善良」的中國人才能做得到的！如果將來中國真正崛起以後，即可預見「世界大同」的到來。

我是独子，自小生長在中上家庭，從來沒有吃过如先生這般的苦，現在也沒有財富可捐，可是我認為「國家興亡，匹夫有責」，於是在年青時投筆從戎進入黃埔軍校，捐出生命保國衛民。所幸兩岸人民認知不可互相殘殺，統一須用和平方式，我終能以黃埔軍校土木系主任身份除役。如今台灣國防部長及陸軍總司令以下的高級將領都是我的学生。

我認為目前兩岸在精神層面大有缺失，都是向「錢看」，置中國固有文化「四維八德」於不顧！似此下去不久中國人將失去「王道」的道德思想，從而發揚「霸道」的帝國思想，就算崛起也如美國般想稱霸全球，不想「世界大同」。因此，我認為應成立一个「文化与教育基金会」來導正中國人的觀念，可是做這事要很多的錢，於是我在美國就每期都買樂透獎券，明知希望飄渺，仍不斷地買希望。如今知道先生有遠見，有胸怀，有財力，想建议您現在就成立一个「陳光標文化与教育基金会」—不要等將來，捐出十億的現金或資產給基金会，用最快最有效的方式來為國為民為全世界作出貢獻，留名青史！

至于如何才可快速生效？我有一整套的方法可以無償送您作參考。若您有需要可即來函。

另外附我寫人，人寫我兩文供參。耑此 即頌

時祺

孫大公 上
2010.09.06
（已沉海）

福成學弟：

遺憾呀！感慨呀！憤恨呀！羞恥呀！

我國的富豪為求出名、趕時尚，大家都要「裸捐」「做善事」，但等到新聞見報之後就沒有了聲息，因為要他（她）從根救國，那個太花錢太費時間，不如沿街派錢或是蓋兩間希望小學可以馬上見報，立刻出名！

我已經八十歲了，想趁有生之年還可以為國家民族做點事，可是限於財力無從做起，而所謂的富豪們對真正救國又無動於衷（連一封禮貌的回信都沒有），所以我才有前面的感言！

我現在只希望兩件事：

(一)希望媒体推動「恢復禮義廉恥」之風潮。

(二)希望媒体加強談論賭場「國有」「民營」，以特高的利潤來補足「健保」「教育」等益民之大事。（附件）

即頌

撰祺

小兄 大公 2012.07.09

又及：媒体事請與王韻菁連絡。(0935309401)

輯六：清貪腐、救國秘方

——給人民一個乾淨的社會

戲改陸放翁詩

孫大公

(之一)

死去原知萬事空　但悲不見九州統
英九當選總統日　家祭毋忘告乃翁

(之二)

死去原知萬事空　但悲不見九州同
阿扁送進大牢日　家祭毋忘告乃翁

英九部長：

大家都說「小馬哥」當了法務部長一定會為國家民族做一番事業，至少能夠澄清吏治，不要讓國家的「根」給爛掉，台灣的老百姓還能因此平安地多過几年，甚至國民黨還有復興的希望！

這就要看法務部「肅貪」是否做得徹底，是否比大陸最近推行的「廉政」更有效？其實，只要立法時加一条——「行賄自首者無罪」。這樣，受賄者在索賄和受賄時就要三思了，因此，貪污的事件可以自動少去一大半，也就是所謂的釜底抽薪法，不過，要使這条立法真正有效，必須受賄者判的罪要很重，而且行賄自首的時間要給很長才行。

以上淺見特提供參考。

祝

除貪定成

孫大公　上
民82.9.20

小平先生：

您好！

今年八月八日曾寫信給您，建議您值此社會蓬勃發展，而光明前途可能被不肖份子破壞之際，不妨再用您兩次使用都獲成功的法宝——「口號」來規範社會和重整人心，在信中我提出「秩序就是生命」的口號供您參考。可是肅貪或廉政也許需要一个更具体一点的方法來協助，那就是除了給受賄者判重刑以外，還要制作一條法律——「行賄自首者無罪」，如此一來，受賄者在索賄和受賄之前一定會三思而行，這樣，貪污事件將會自動減少一大半，事半功倍，豈不妙哉！

恭祝

健康 快樂 長壽

孫大公上

1993.9.26

喬石委員長：　您好！

自三个多月前由台灣返家鄉杭州長住以後，深切感覺到祖國的改革在飛躍猛進，未來廿一世紀極有可能由我中華民族來主導！祇是在轉變過程中難免有貪贓枉法的壞份子，我們一定要清除他！　目前在大力推行的廉政運動如果希望早日有成的話，那就完全要靠您了！　因為只要人代会立条法律——「行賄自首者無罪」，並且配合对受賄者处以重罰和把行賄自首的期限延長，這樣，受賄者在索賄与受賄時就要三思而行了，因此釜底抽薪之法可使貪污案件自動減少大半，豈不省了很多事情！！故此特提供給您作个參考。

祝

肅貪定成

孫大公上

1993.9.22

胡主席：您好！

我是一个熱愛中華民族的中國人，不論我在中國、在台灣、或在美國，都希望中國人能挺直腰幹屹立在地球之上。

前三个月我在台灣辦事，受陳水扁團隊和他家庭的貪腐無能刺激甚深，寫了篇「救國秘方」公諸大眾，期能對社会風氣有所助益。後来再想，此种腐化之事各國皆無倖免，祇是輕重之差而已。中國開放以後也時有所聞，政府也在大力整頓，期得一廉能愛民的政府，因此不揣冒昧，特將拙稿亦呈一份，僅供參酌。另外剪報兩則也是針砭時事之作，愛深責切與憂國憂民之情溢于言辭，故特蒐集俱呈。

耿耿愚忠，祈能見恕！

端此 敬頌

政祺

孫大公 謹上

2006年7月15日

陳水扁
↓

救國秘方

孫大公（前陸軍官校系主任）

中華民國是從頭爛到腳了！你不信？請你每天看新聞就知道了。

台灣，原本是個美麗的寶島，山川秀麗，民風淳樸，雖然兩千多萬人擠在很少平地的小島上，可是大家努力拼博，終於開花結果，國庫的外匯存底愈來愈多，人民的生活愈來愈安康舒適，國際上豎起大拇指，譽為亞洲四小龍的龍頭。正在大家覺得可以稍微鬆口氣，享受一點人生的時候，突然一個倒栽蔥，頭朝下狠狠地摔了下來。這是怎麼回事？才不過幾年的時間就演變成這樣，那是哪裡出了大紕漏？什麼原因呢？

原因很簡單，是十幾年來執政團隊摧毀了國之四維裏的「廉恥」。各位請看最近鬧得沸沸揚揚第一家庭的貪瀆案，他們大把大把撈老百姓的血汗錢，早就把「廉」字撕碎了踩在腳底下了。你以為他們是昨天才幹這貪瀆的事？錯了，多年以前有名的拉法葉購艦案就開始轟轟烈烈地幹了（甚至還殺了尹清楓），那為什麼到現在還懸在那裡破不了案呢？因為這個案子不敢辦上去，再查辦就要到「層峰」了。如今蕭規曹隨，愈來愈貪婪，愈來愈明目張膽，反正法院是他家開的，怕什麼？

所以我們發現「頭頂」開始爛了，不幸這種腐爛細菌傳佈得太快，一下子就爛到了「腳」，也就是所謂的上樑不正下樑歪，上行下效，整個官場（當然少數忠貞耿介之士例外）找不到個「廉」字，不是你伸手要，便是他願意送，一種是你不拿錢來就休想過關，一種是我情願送錢給你，只求你高抬貴手，不管是哪種形式都破壞了官場戒律，埋葬了「廉」字。

自從上面的撈飽了，下面的賺足了，就要為這些髒錢找出路了，於是大家買豪宅、買名車、買鑽錶……還多很多錢，男的就吃喝玩樂、包二奶、玩女人………，女的就美容、劈腿、貼小白臉……，總之，把個社會搞得八卦當道、笑貧不笑娼。以前賣身的在社會的最下層被人瞧不起，有德之士再窮也受大家的尊敬，可是現在你的品德、你的學問值幾個錢？很多的場合只能坐在角落的冷板凳上，而老鴇穿戴得珠光寶氣開著賓士車來到，大家一擁而上喊姑奶奶，哪裡還有個「恥」字？！其實幹不要臉的事也是從高層開始的，有的匍伏在地雙手把國土送給日本人，有的抱著美國人的大腿喊乾爹，根本不知道中國文字裡還有個「恥」字。記得美國有名的電影「華爾街」裏有一個精彩的片段，是奸商想把股票賣給另一個商人，在討價還價時惹惱了買方，於是買方出口成髒罵了奸商的娘，觀眾都以為這一下奸商要揮拳相向了，沒想到奸商嘻皮笑臉的說：「你既然污辱了我的娘，那你就要再加些錢給我！」我的老天，這還是人嗎？！你不要驚訝，現在我們的社會差不多也快要到那個樣子了！

還記得我在陸軍官校當老師的時候，經常鼓勵學生每個人都要做一個白色的小點子，將來畢業以後要把這個社會大染缸從黑色的變成深灰色，從深灰色變成淺灰色（但也不敢奢望變成白色），我們官校學生為了大我（國家）就要犧牲小我（自己），同學們聽了以後也都意氣風發地承諾。可是多年以後，我發現大部份的小白點子被排擠出缸，而留在缸裏的還在掙扎，也有極小部分不是被逼也是自願同流合污了。真慘！中華民國被宵小玩弄了十幾年玩成這個樣子，倒楣的是善良的老百姓啊！

其實「無恥」大部分是「喪廉」引起的，而「喪廉」卻又是從頭開始的，現在是已經從「頭」爛到「腳」了，再不趕快治療就要來不及了。那麼怎麼治療呢？有兩種方式：第一種是治本的，如同中醫一樣從身體本質的改變開始，慢慢地像調理，等達到內部平衡就一切毛病都沒有了。可是從現在開始教育大家要「知廉恥」，沒有十年八年不爲功。第二種是治標的，就像外科醫生割瘡一樣，一刀下去便見成效。不過爲了治這個重病必須兩者並行：調理部分交行政院去擬定教育計畫，如何去恢復加強我們的四維八德固有文化。（當然擬訂計畫的人不可以是出錯到「罄竹難書」，或者是頂著國際桂冠搞砸就落跑的人）;開刀的部分交給立法院在最短期間內立一條法，只要七個字的秘方—「行賄自首者無罪」，只要朝野立委能犧牲小我成全大我，本著良心和愛國熱忱，大家一同舉手通過這條法律，那台灣這個大染缸不久就可以清得養魚了。至於受賄者他這一輩子都怕行賄者去自首，他一定會「三思而後貪」甚至於你跪在地上求他拿錢他都不敢拿，怕後遺症啊！

不過如果沒有這條法，等於連最基本的手術刀都不備，那如何來割這個瘡？我認爲立這條法應該從政黨做起。不管是朝野的政黨，只要是真正爲國家，把人民的福祉擺在第一的政黨，在選舉民意代表的時候（不論是哪個階層的代表），就要先在黨內選擇賢能有德的人士，然後傾全黨的人脈和財力全力爲他（她）輔選，這樣選出來的民意代表，不會爲負債競選經費而愁，不會受金主的意願而左右，也更會全心全意制訂一條澄清亂象，救國救民的法條—「行賄自首者無罪」。也許有人說，這法條雖然強而有力，可以使受賄者一輩子不得安寧，卻會增加老百姓設陷阱來整官員的機會。老百姓先是卑躬屈膝地請官員收錢，等一切難關過了以後再跑出來自首，這樣豈不是故意設陷阱陷害官吏？聽起來好像有理，可是不要忘了，官員根本就不可以收錢的，不論是你要或他送，只要把錢收下那就是違了法，就要依法從事。如果是老百姓設了陷阱而你自願往下跳，那只能怪你自己太貪囉！倒過來，假設你是個好官，有人要向你行賄，你可報知上級，等他送錢來時請情治單位現場人贓俱獲，那時他就無法「自首」了。

中國幾千年的封建時期有好有壞，如果出了個好皇帝則國富民強，人民安居樂業;出了壞皇帝則民不聊生，國家滅亡。如今民主時代也是有好有壞，好的是人民可以選出個賢能有德之士來領導大家，壞的是被人騙去選票，結果阿狗阿貓都可以當總統。不過所幸立法權還在人民手裡，老百姓可以訂出法條來規範政府的走向和官員的行爲，也就是說韁繩和鞭子仍掌握在人民的手裡，這輛馬車要往哪裡走？是快跑或慢走？都看老百姓自己的了。

因此，大家是否深惡痛絕現在的社會風氣？是否想和以前一樣地安居樂業？是否希望國家欣欣向榮？那就看大家是否還有以前的豪膽來用我這個「救國秘方」了！

聯合報　中華民國九十五年六月十九日

守護台灣…如何面對子女？

是教他們多學趙建銘一樣聰明能幹？還是教他們多學政商的水乳交融，什麼錢都要？

關寧利／退役海軍中將（高雄市）

民國四十八年一位海軍中將因赴美考察期間，部屬涉及工程弊案，且其家人曾收受禮物，在一次小型會議中遭總司令指責，該員中午回到內惟家中乘妻子外出，寫下「用人不當，治家不嚴」八字遺書，換軍常服後舉槍自盡。這種將領知廉恥至此不惜以死謝罪，堪稱勇者。

今天我們看到的陳水扁所面臨的豈只是「用人不當，治家不嚴」而已，總統府內與第一家庭有人疑涉弊案，而高捷案、金控合併案等更多的疑問，普遍存在於國人心中待澄清；過去六年來幾乎無案不弊的聯想，國人無不期望有所解釋，這並不是多次召見檢調高層進府後，聲稱放手讓檢調辦案就可以向人民交代的。我們當然不至於期望陳水扁有像那位司令般的勇氣，但卻不能容忍繼續「不知反省」的操弄權謀，脫罪、卸責或硬拗。

談到知恥，美國海軍前軍令部長（等同我國現在的海軍司令）Jeremy M.Boorda 上將因胸前配戴一枚與事實不符的勳表，遭媒體指出後亦舉槍自盡，這位上將從士兵一路爬到海軍最高職位，是美國海軍的樣版，但是榮譽與廉恥心驅使他作此決定。如果在台灣，他那一點小錯算什麼？我們的高層幾乎天天撒謊，卻從未羞愧過，反而覺得自己很聰明可以耍盡全天下人。陳水扁迄今所作所為盡是保位的權謀，哪裡還有絲毫悔改之意？

今天居然還有人出面為他緩頰，更力倡守護台灣，捍衛本土，這些人還包括綠營的民代及大學教授在內，但我不知道他們將如何面對自己的子女，是教他們多學趙建銘一樣聰明能幹？還是教他們多學政商的水乳交融，什麼錢都要？今天我們看到這些嫌犯、律師以及出面為之聲援者，無一不是各年級的菁英、頂尖，都屬高級知識份子，看到菁英、貴婦們一食千金而毫無吝嗇，而社會上三餐不繼者比比皆是；看到涉弊案者購屋均以上億計，而民間終其一生不吃不喝難得能擁有遮風蔽雨陋屋者不在少數。這些居金字塔尖端的上層人士，之所以還在為敗德者粉飾，只有兩種解釋，不是心嚮往之「有為者亦若是！」，就是處於寄生結構，錯認「爾祿爾俸來自扁家」，扁亡則全亡，因此寧願咬著牙繼續挺扁。而金字塔下層的萬千小民，活該盡心盡力供養你們，如果還不知覺醒那就真的是甘願自作自受了。

府、邸乃全國道德之根源也，向為全國人民所景從，然上有好者下必甚焉，在這種道德淪喪的指標下，流風所及誰還能期望潔身如玉。作為一位國家領導者，當大家都懷疑他府、邸的清廉時，就應該請辭下台，還需要有犯罪的證據嗎？何況檢調都在你的掌控之下，即使基層再有是非感與除惡務盡的良知，敢主動偵辦嗎？在此狀況下，說「需要有犯罪的證據才下台」，這不是跟唱的一樣？騙誰呢？

錦濤主席勛鑒：

友人說我在談像喜鵲那樣報喜不報憂，可是对已經做妥之事不再贅言，对尚待改善之事嘮叨几句，也是愛之深責之切啊！

海外僑胞都喜談祖國日新又新，不斷精進，如果在报紙上經常看到負面事物的報導（如附件），就会感到心痛和沮喪，因此不免又要嘮叨几句，懇請海涵。

一个國家或社会倘使原地不動的話，就像一塘死水，愈來愈臭，但是大步向前走的時候，雖然生機蓬勃，也常会產生兩極現象——富者愈富，貧者愈貧。「愈富」固然好，「愈貧」則不妙。現在貪瀆以「億」為單位，奢侈到结个婚都要花三百万元，這些腐爛之風看在極大多數的「貧者」眼裡，不知會產生什么心理變化——是「認命」呢？還是「抗命」？以前連強秦都不敌庶民，更何況中國本來就是工農當家？！所謂見微知著，不可不慎啊！

另外附上「華夏春秋」雜誌一冊，除了它的內容可讀外，其內頁推薦的各种著作也頗有參考价值（如「中國学」），有些如「廉政公署」一书更有急切实用价值，故特奉上。

老朽垂垂老矣，但愛國之心從不后人，盼恕歷次上书之直言犯顏。

敬頌

時祺

孙大公 謹上

2006.10.25

（鄧小平子　中國殘障協会主席）

樸方先生：你好！

每到國家有重要事情的時候，我都想把一己的愚見貢献給对國家有影响力的人，心想也許這樣会对國家有所助益，尽些匹夫之責，於是就很冒昧地寫了這封信。

回憶我當年剛回祖國的時候，也曾有感而發地寫了兩封信給令尊（附影本），為的也是希望國家日新又新，成為國強民富的中國！

可是人心貪婪自古已然，而且是世界通病，雖然各國都在肃貪，但成效不張，如果任其蔓延，根爛以後樹就倒了，因此不惴冒昧，再次提出訂立一个法条——「行賄自首者無罪」——作為遏止政風敗壞之法宝，不知　先生以為然否?!

目前残障人士是社会上之弱者，很難得到应有之福利，知道 先生仗義执言為大众謀利，实在感佩！但是希望能擴大範圍為全國的民众謀利，使中國成為二十一世紀之先導者，則將來先生必在歷史上有一席之地。

我今年已七十四歲，垂垂老矣，不过愛國之心從不敢後人，特附上人人、我之兩篇文章就可知我愛中華民族之初衷了。

敬祝

健康快樂

孫大公謹上

2006.12.11

錦濤主席勛鑒：

觀諸近日政府大力肅貪，可謂亡羊補牢，未為晚也，否則根爛樹倒，就来不及了。有謂「量变」則「质变」，如果僅有少数高官貪腐，尚可殺鷄儆猴，倘若大众跟着学樣，等「量变」時就難以收拾了！

前曾建議立一法条「行賄自首者無罪」作為「塞漏洞」或称「預打防疫針」之辦法，实為防止貪腐泛濫之一道防波堤，若能迅速澈底執行，可以很快遏止賄賂罪行。其实行之不難，效法劉邦简而有力的約法三章即可。 試拟如下：

(一)○年○月○日(註一)本法开始生效。凡自此日以後發生之賄賂事件，有确鑿証据者(註二)，經審查屬实，其行賄自首者無罪。

(二)此法生效之日以前所發生之賄賂事件，若行賄者自首，經審查証据確鑿者，視情節輕重給予減刑。

(三)若行賄自首經審查屬誣告者，加重其誣告之罪。

註一：「○年○月○日」生效之日，須自公告之日以後，經大力宣傳，而使「全國皆知」之緩冲期。(例：三个月)

註二：所謂「証据確鑿」是指經密告、錄音影、白紙黑字、……等可查証而有公信力者。

此法生效後，若能在全國重點地區嚴厲執行一年，則有數年可以清淨，甚或數十年。

愛國之心驅使我不斷地嘮叨，不避叱責，实在是恨鐵成鋼啊！

敬頌

新年新政

政躬康泰

嘮叨叟

孫大公謹上

2007.01.01

萬人關注

防腐局網站開通 網友擠爆

【本報北京十九日電】成立三個多月的國家預防腐敗局，17日正式開通官方網站（yfj.mos.gov.cn），特設「網友互動」、「網絡調查」和「獻計獻策」等互動欄目，接納公衆對預防腐敗工作進行獻言。

文匯報報導，開通首日，引來近萬網民關注，留言、提問擠爆網路；而網站方面亦安排專人對有關留言進行即時釋疑與回覆，網內網外有問有答，互動甚爲熱絡。

該網站除設有機構簡介、法律法規、工作動態等常規內容外，公衆亦可通過在線留言和發送郵件的方式對該局的工作建言獻策。有網友感嘆「我們這些小老百姓今後有一個可以與你們溝通的平台了。」也有網友借此公共平台針砭時弊，大到整個國家反腐形勢，小到對身邊不法現象的痛斥。

另外，公衆還可用發送郵件方式提供意見，網站要求「意見和建議應盡量具體，具有一定的可操作性；並使用眞實姓名、單位和聯繫電話，以方便聯繫」。

觀察人士指出，作爲正部級的預防腐敗專門機構，國家預防腐敗局的成立是中國加速構建教育、制度、監督並重的懲治和預防腐敗體系的又一重大舉措。

各位同胞：　我是一個住在美國而關心中國強盛的愛國人士，每次在報上看到國內貪贓枉法的新聞就非常痛心．如果沒有這些貪污，那中國的發展豈不更突飛猛進 ?! 於是我想了一條極簡明有效的七字箴言---″行賄自首者無罪″，假使能把它訂成法律，一定可以減少百分七十．八十的貪污．　因為貪污必有行賄者與受賄者，不論是官員索賄，或是人民為過關而自動送賄，官員只要收了錢或物就是受賄者，如果有了″行賄自首者無罪″這條法律，官員一定會三思而後貪，因為他怕將來行賄者去自首把他送進大牢或送上斷頭台．　如果行賄者是誣告的話，那就用他誣告對方的罪名去判刑．　這樣，行賄者不敢誣告，受賄者也不敢拿錢，豈不天下太平 ?!　你說是不是″救國祕方″？

完成 >>>　清 除　查看其他留言

国家预防腐败局办公室主办

中央纪委监察部信息中心技术支持

留言簿

新年贺词

值此新年即将到来之际，谨向广大网友表示衷心的节日祝贺！

自国家预防腐败局网站开通以来，社会各界高度关注，广大网友纷纷在“网友互动”栏目留言，或通过“献计献策”栏目来信，为预防腐败工作建言献策。在此，我们表示诚挚的感谢！

对于社会各界和广大网友提出的预防腐败工作的意见和建议，国家预防腐败局的领导高度重视。对于社会各界和网友们提出的批评意见，我们虚心接受并尽快改进。

欢迎社会各界和广大网友继续关注国家预防腐败局的工作。

国家预防腐败局办公室

2007年12月

留言须知

注意:标有 * 的必须填写

- 遵守中华人民共和国有关法律、法规，所发内容不得含有《互联网新闻信息服务管理规定》第十九条所列内容。
- 尊重社会公德，承担一切因您的留言直接或间接引起的法律责任。
- 本网站拥有管理留言的一切权利,包括审核、发布、引用和删除您的留言及其他管理权利。
- 参与本网站留言即表明您已经阅读并接受上述条款。

主题：* 救國秘方

姓名：* 孫大公

联系Email： tk_sun@yahoo.com

联系地址：

勝俊最高法院院長同此

建明最高檢察長：

恭喜您今後有機會為全國人民服務！此職任重道遠，敬請以毅力及魄力為國效勞。

全世界皆有貪腐，若欲政治清明，必先斬絕賄賂。謹以個人些許心得供作參攷（附上拙作及寫給胡錦濤主席之信稿影本）。

敬頌

時祺

孫大公上

2008.03.21

新任最高法院院長

王勝俊 以公開促公正

【中新社北京十六日電】中共中央政法委秘書長、中央社會治安綜合治理委員會副主任王勝俊（見圖，新華社），在今天的十一屆全國人大一次會議上當選最高人民法院院長。

今年62歲的王勝俊是安徽宿州人，早年曾當過工人。他基層工作經驗豐富，不到40歲時就升任安徽省委常委，此後長期從事政法方面的領導工作，1998年開始擔任中央政法委秘書長至今。王勝俊曾公開表態稱，政法機關對輿論監督和批評性報導要有正確態度，只要是善意的、有利於改進工作的批評報導，都要虛心接受，要通過宣傳將司法工作置於人民群衆監督之下，以公開促公正。

新任最高檢察長

曹建明 曾任中南海講師

【中新社北京十六日電】曾多次出入中南海講授法律課的中國一級大法官曹建明（見圖，新華社）今天在十一屆全國人大一次會議上當選最高人民檢察院檢察長。

今年53歲的曹建明是江蘇南通人，科班出身，法學教授，先後擔任華東政法學院院長和國家法官學院院長。1999年，「學而優則仕」的曹建明就任最高人民法院副院長。

曹建明認爲，人民法院審判工作要著眼「民生」與「民主」。維護人民權益和社會公平正義，要依法保障人民當家做主的權利，增強尊重和保障人權的意識，依法及時處理侵犯公民民主權利的行爲。

建煊院長：

要澄清這一大缸臭污水，就要靠聖人了！

奉貢獻一顆小小的明礬，不知能否助一臂之力？（附稿）

「行賄自首者無罪」

亟盼您

救國救民

孫大公拜上

民 97.10.03

錦濤主席
近平副主席
家寶總理
勛鑒：

報載人民日報的民調顯示「反腐倡廉」仍是國內民眾最關心的問題。如今政府撤銷「駐京辦」正合民意（附剪報），國內外同胞皆举双手赞成，唯一希望的是撤「駐京办」後更要緊察除贪，再接再勵！

其实撤「駐京办」是諸多防贪手法中的一種，屬治標类，如果補以治本类的手法則更能事半功倍。敝人前曾有所建言（附），即約法三章作為治本之用，若能施行可有萬鈞之重，恭請撥冗一閱。

敬頌
政躬康泰
國泰民安

孫大公謹上
2010.03.15

又及：附 海外報紙各种愛國之言論供參。（參考）

nal.com
26日 星期二 TUESDAY, JANUARY 26, 2010 世界日報 焦點(三) A4

「駐京辦」與李爾重對反腐敗的雙重啓示

中共反腐敗的力度在18大人事布局完成前加大，中央下達紅頭文件撤銷數千家各地駐京辦公室就是明顯的一劑猛藥，這也是中共黨內自救行動的一個重要組成部分。「駐京辦」這個問題已經困擾中南海很久，這次對省級以下的一些「駐京辦」採取政策性取消，並要續存的「駐京辦」轉型，變成單純的服務機構，而非從事各種經濟行為，可見中央是「玩真的」。

沒有任何異議，「駐京辦」在廣大民眾眼裡，就是行賄買官，專搞腐敗的「專業機構」，用行內的話說是「跑部錢進」，京官不再是「清水衙門」，而是「財源滾滾」。今天的北京也就是「天子腳下」，中央和各部委的部長、廳局級官員，甚至握有事案權的處級官員，每年拿到的消費購物卡，各類奢侈品，甚至水果土產，自己的家庭用不完，眾家親戚也都沾光，大家拿的興高采烈，用的心安理得，全然沒有羞恥心，沒有負疚感，這些事情，大部分都是「駐京辦」的傑作，再不整頓，何來「吏治」？

人民日報最新民意調查顯示，反腐倡廉，仍然是民眾最關心的問題，即使是房價飛漲的老大難問題，民眾也歸咎於貪污腐敗，中共要自救，還得在反腐問題上加大力度，這個力度還不是「口頭力度」、「口號力度」，而是「行動力度」。撤銷部分「駐京辦」，民眾看得見，摸得著，這種反腐，當然討好，媒體也樂得炒作。

令人深思的是，就在北京加大反腐敗力度的時候，已故中共老幹部，曾在兩地擔任省委書記的李爾重清廉事蹟曝光。這個省委書記的女兒因為無法承受家庭開支的壓力而自殺，省委書記親自寫詩悼念，嚴詞抨擊今天的腐敗，引發民眾的強烈共鳴。在今天的時代，像這樣潔身自好的省委書記，不給子女任何好處，靠4000塊人民幣退休金維持生活，可謂是共產黨的「出土文物」，越來越稀罕稀有。李爾重的清廉生活，體現在兩個方面，一個是自己清廉，一個是約束孩子，不讓下一代腐敗。如今的中共高幹，有的或許自己可以維持廉潔奉公，但大部分都不能約束孩子們藉著父母的靠山，大肆斂錢。李爾重的事蹟就像一面鏡子，照出了共產黨貪官的「醜惡嘴臉」。這也再次揭示，這一次的共產黨自救行動，走的就是薄熙來「重慶模式」，一方面加大反腐倡廉的力度，一方面尋找回中共艱苦奮鬥的「革命傳統」。

眾所周知，「駐京辦」的模式，其實就是滿清王朝的傳統陋習，在21世紀的今天，在經歷過多次現代革命和改革後的今天，在後現代潮流隨處可見的今天，封建主義的殘存餘孽仍然在北京城裡逍遙自在，這再次證明，中國著名哲學家思想家李澤厚等人反封建資本主義的呼籲，具有相當的迫切性。如果中南海認為李爾重這樣的老幹部代表了共產黨原來的理想，那麼，就必須從制度上徹底消除滋生貪污腐敗的「毒瘤」，撤銷數千家「駐京辦」只是制度更新的一小步。

為防止未來更多的「變形駐京辦」出現，中南海可能還是要導入現在法制社會都通用的「陽光法案」、公務員廉政守則等法律手段，做到法律面前人人平等，不要在打黑的時候，犯法才是犯法，權力交替靠山倒台的時候，犯法才是犯法，不然，就可以視而不見，充耳不聞。

改革開放30多年來，中共堅持反腐敗的方向是完全正確的，但之所以越反腐敗越猖獗，是因為決心不夠，手段不對，自上而下的反腐敗措施不力，自下而上的反腐敗又不被允許，有法律但執行無力。

現在，中央痛下決心反腐敗，動真格反腐敗，人民拭目以待，「駐京辦」處理後，下一步到底是什麼？

裸婚族與蟻族的悲歌

港城新語

中國大都市房價飛漲，迫使80後的白領階級「裸婚」成為流行趨勢。裸婚為大陸網路新興詞彙，指的是不買房、不買車、無婚禮、無鑽戒地走進婚姻。

裸婚者一無所有邁入人生另一個境界，在現實生活壓力下，一日三市的房價，逐步讓「房市攪亂房事」，也使離婚率上揚，種種家庭不睦的因素，都慢慢衍生為社會問題。當局雖已察覺此問題嚴重性，近期兩度調高銀行存款準備率，意在緊縮銀根，壓抑物價，能否奏效，尚待考驗。

另外在中國幾個大都市，如上海、廣州、重慶都有大量「蟻族」，被稱為繼農民、農民工、下崗工人之後出現在中國的第四類弱勢群體。

他們的特徵是年輕、高學歷、半失業、弱小、群居於城鄉結合的「聚居村」，每天日出而作，日入而息，每月所得扣除房租、伙食費，所剩無幾，如要追逐飛騰的房價，沒有富爸爸，幾乎不可能。他們像極了辛勤的螞蟻，終日忙碌，卻難成家，立業也是奢望。展望前程，悲觀、無奈者居多，人生追尋快樂幸福的夢想都被拮据的生活摧殘殆盡。

雖然中國經濟近年來以兩位數成長，羨煞其他國家。但據世界銀行的分析，在中國經濟高速發展的同時，窮人更加貧窮，不是相對貧窮，而是絕對貧窮。最新調查顯示，貧窮人口超過半數的人不是生活在官方畫定的窮困村莊，而是蔓延到城市，各個發達地區和發達的城市都有。在經濟高速成長的同時，貧富差距大幅擴大，真正獲利的是公職群體和工商業者，生存在都市邊緣的蟻族根本沒有受惠，反成被剝削的一群。

蟻族成了經濟高速發展新一代的「苦主」，他們學歷高，並非愚民，手持電腦，隨時蒐尋資訊是生活的一部分，並不甘於現狀，如有適當的機會，合適的環境，也能一展長才。但是僧多粥少，如無關係、無人脈，要能出人頭地難上加難。結果大部分人浮浮沉沉，有志難伸的委屈，終將是社會不安定的因子。

房價無理性的上漲，貧富差距日益擴大，望屋興嘆，對裸婚族與蟻族是極大諷刺，也是極嚴苛的挑戰，這批即將年滿30歲的職場人，無房、無車、無財力雄厚的上一代，展望未來養家育兒都是沉重的負擔，購屋更是終身的負債，何時翻身，是個未知數。

無恆產者無恆心，沒有未來，沒有希望的日子，終將使裸婚族與蟻族成為憤世嫉俗的一群反社會分子，也將對中共政體形成新的壓力。如何讓他們擺脫終日為人作嫁，終身無一可棲身之地，重享希望，追尋夢想，是中共政權維持社會安定繁榮最大的挑戰。

約法三章：

(一)○年○月○日（註一）本法開始生效。凡自此日以後發生之賄賂事件，有確鑿證據者（註二），經審查屬實，其行賄自首者無罪。

(二)此法生效之日以前所發生之賄賂事件，若行賄者自首，經審查證據確鑿者，視情節輕重給予減刑。

(三)若行賄自首經審查屬誣告者，加重其誣告之罪。

註一：「○年○月○日」生效之日，須自公告之日以後，經大力宣傳，而使「全國皆知」之緩衝期。（例：三個月）

註二：所謂「證據確鑿」是指經密告、錄音影、白紙黑字、……等可查證而有公信力者。

此法生效後，若能在全國重點地區嚴厲執行一年，則有數年可以清淨，甚或數十年。

家寶总理勋鑒：

八月二十八日报載您在「全國依法行政工作会议」之講話（附剪报），可謂与我心有戚戚焉！

俗謂「肉腐虫生，根爛樹倒」，世上任何之事其毀滅必由自身。 您有遠見可看到若再不「依法行政」則有「人亡政息」的危險，而且向全國大声疾呼，希望力挽狂瀾，但若法制不全，監督無力，則雖有良法美意也难敌众人私心之弊！ 為今之計是否再舉大刀專砍為首之貪腐份子?!（不要怕各國议论，因為這是十三亿人中之極少数），同時自上压抑奢靡風氣，即時鼓動学習「四維八德」之風潮？從導正思想和行為着手？孫中山先生有言「知難行易」，我們不妨也捲起袖子来試試！

茲附上前曾上書錦濤主席之有関信稿供参，以及外人评论，我國基本弱点之剪报。 尚希 敬頌

政躬康泰

國強民安

78叟 孫大公 上

2010、09、06

（八、二、六、七、十九稿）

（七）

美 世界日報 2010 8.27 A6 版

美國不會被中國超越的五大理由

綜合報導

美國富比世網站報導，中國目前已超越日本成為全球第二大經濟體。由此人們紛紛預言，美國地位也將不保。美國查普曼大學城市未來問題學者兼倫敦列格坦研究所研究員喬爾．科特金說，美國確實應該擔心地位下滑，但事實將證明，認為中國必會成為霸主（如同人們對20年前之日本）看法卻言過其實。

環球網引述科特金認為，到本世紀中葉，美國經濟仍可能繼續保持領先地位有五大理由：

一、如果說水是「新石油」，那麼中國將面臨乾竭的未來。「水：財富、權力、文明的鬥爭史」一書作者史蒂夫．所羅門指出，中國人均淡水儲量只有美國的五分之一，而且許多水源都污染嚴重，甚至達到危險級別。反觀美國，大部分水源已變得更加乾淨。目前中國將面臨工業、農業和數億家庭日益增長的用水需求。許多家庭至今還難以獲得乾淨飲用水。

二、中國能源需求飆升，但其國內資源不足。中國宏大的「綠色」項目和對新能源的重金投資，給眾多人留下深刻印象。然而中國目前三分之二的能源來自會造成嚴重污染的煤。中國燃煤量超過美國、歐洲和日本的總和。自1995年以來，中國越來越依賴進口石油，如今已占近60%。

相比，美國坐擁大量尚未開發的化石燃料資源，包括煤、天然氣和石油。在能源資源儲量方面，包括加拿大在內的北美排名第二，僅次於中東。美國不但享有大量尚未開發利用的可再生能源（尤其是美國大平原的風能和生物能），而且能源消費和溫室氣體排放也呈現下降趨勢。中國的情況恰與此相反。

三、糧食仍是中國的緊迫問題。水資源匱乏、污染嚴重和能源成本高昂，這些都將有礙於中國今後糧食生產。據估計，中國三分之一農業用地面臨酸雨問題。此外，部分氣候專家預測，中國重要農作物水稻將遭遇長期減產。

現在中國將不得不向美國和加拿大進口關鍵糧食，尤其是穀物。隨著時間推移，中國糧食短缺問題將愈發嚴重，因為日益富裕的中國人對牛肉、豬肉等高蛋白食物需求會逐漸增長。在這些農產品中，有許多來自美國，美國依舊是這些農產品最穩定的供應國。

四、2020年後，中國人口老齡化和勞動人口減少將導致經濟減速，幅度可能非常大。由於生育率低，快速增長趨勢將在未來十年或20年內終結。到2050年，中國60歲以上人口比例將達到31%，而美國僅為25%。那時，中國老年人口將超過4億，社會安全問題將成為中國的一大負擔。

五、老大哥式經濟會遭遇更多的難題。倫敦列格坦研究所調查顯示，中國企業家在靈活性和獨立性方面都大大不如印度同行。許多外國企業和某些發展中國家可能正在轉向更加適宜的投資目的地和貿易夥伴。

以上種種問題，中國會成為全球經濟霸主並不可能。

美 世界日報 2010.08.28 A16 版

溫家寶：腐敗 執政黨最大危險

權力得不到有效監督和制約 恐「人亡政息」 促依法行政

大陸新聞組 北京28日電

國務院27日召開全國依法行政工作會議，總理溫家寶作重要講話。溫家寶強調，執政黨的最大危險是腐敗，而孳生腐敗的根本原因是權力得不到有效監督和制約。

新華網報導，溫家寶在會議中指出，依法行政是建設法治政府的核心。近些年來，各級政府堅持把依法行政放在政府自身建設的重要位置，建立健全工作規則，加快推進法制建設，法治政府建設取得重要進展。

他表示，當前，中國經濟社會發展進入新階段，海內外環境更加複雜，挑戰增多。要解決面臨的新問題、新矛盾，必須深化改革，同時也要求加快推進依法行政，建設法治政府。這是發展社會主義市場經濟的必然要求，是促進社會公平正義的基本保證，是政治體制改革的組成部分，是反腐敗的重要舉措。

報導指出，他強調，在和平建設時期，執政黨的最大危險是腐敗，而孳生腐敗的根本原因是權力得不到有效監督和制約。這個問題解決不好，政權的性質就會改變，就會「人亡政息」，這是執政黨面臨的極為嚴峻的重大考驗。政府嚴格依法行政，不斷推進政府工作制度化、規範化、程序化，是規範權力運行和防治腐敗的治本之策。

各位未来的反贪碩士：（大陸成立反贪碩士班）

恭喜各位反贪鬥士從今有了為國家民族致力的機会，也預祝各位反贪成功！為求減低贪腐的範圍和深化，最好先有各种立法作為規範，因此敝人不忖淺陋，僅將拙作（救國秘方及三民三章）獻為參考。

耑此　敬祝

國泰民安

愛國人士

孫大公上

2010.09.25

(王)勝俊最高法院院長
(曹)建明最高檢察長、

三年过去了，当初您就耽時曾向您道贺(附)，如今見报知您不棄不捨地「緊咬反腐」(附)，真不愧是人民所托！

今日报載温总撂下重话，提出反腐倡廉的三大重点工作(附)。我有一釜底抽薪之法献供参考(附)，也许收效较快。野人献曝，请勿見笑！

敬頌

時祺

孫大公上

2011.03.26

美 世界日报 2011.03.26 A16版

禁官涉投標 溫總撂重話

大陸新聞組

北京26日電

國務院昨天召開第四次廉政工作會議，總理溫家寶在會上撂出重話，政府機關幹部、領導幹部家屬及其身邊工作人員等人，不許用任何形式干涉及操縱招標、投標活動，這要作為一條「高壓線」，誰碰就依法處理誰。

新華社轉述溫家寶指出，今年反腐倡廉的三大重點工作：對於領導幹部的以權謀私和瀆職侵權，必須認真治理；切實加強領導幹部廉潔自律；遏制奢侈浪費和形式主義，不负人民所托！

界日報 worldjournal.com 2011年3月12日 星期六 SATURDAY, MARCH 12, 2011 大陸(三) A2

兩高報告 緊咬反腐、維穩

去年審結涉貪案2.7萬宗 同比升7.1% 省部級涉案6人 接待信訪人次少21.43%

大陸新聞組 北京12日電

11屆全國人大四次會議昨日午舉行第三次全體會議，聽取高人民法院院長王勝俊和最人民檢察院檢察長曹建明「兩」工作報告。報告指出，去年級法院全年審結貪污、賄賂、瀆犯罪案件2萬7751件，判處罪犯2 8652人，同比分別上升7.10%和9.25%。而各法院全年接待信訪106萬6687人次，同比減21.43%。香港大公報報導，顯示加大反腐和穩力度，是「兩高」今年工作的重中之重。

曹建明所作高檢工作報告透露，去年全年察院系統共立案偵查各類職務犯罪案件3 2909件4萬4085人，同比分別增加1.4%和1%。其中立案偵查貪污賄賂大案1萬8224；查辦涉嫌犯罪的縣處級以上國家工作人員723人，其中廳局級188人、省部級6人，同比增加2%。

兩會焦點

最高人民法院院長王勝俊（右）和最高人民檢察院檢察長曹建明（左）在兩會上交換意見。（路透）

涉賄犯變多 增24.3%

北京晨報報導，去年嚴重刑事犯罪案件和涉訴信訪案有所下降。王勝俊說，去年有效遏制嚴重刑事犯罪上升勢頭，嚴重影響群眾安全感的暴力犯罪等案件數有所下降，去年各級法院審結上述案件26萬5397件，判處罪犯37萬452人，同比分別下降0.70%和1.24%。去年，各級法院全年接待信訪106萬6687人次，同比減少21.43%。

曹建明表示，檢察機關加大查辦行賄犯罪力度，立案偵查行賄犯罪嫌疑人3969人，同比增加24.3%。健全境內外追逃追贓機制，會同有關部門抓獲在逃職務犯罪嫌疑人1282人，追繳贓款贓物計74億元。

曹建明說，去年，檢察機關立案偵查瀆職侵權犯罪案件7349件1萬227人，其中重特大瀆職侵權案件3508件，同比增加10.5%。

司法公信力 仍未解

美國之音報導，王勝俊承認，少數法官司法不公、不廉，以案謀私，徇私舞弊，貪贓枉法，嚴重損害司法公信力。他特別指出，一些案件的訴訟難、執行難問題尚未得到解決，涉訴信訪問題仍較為突出。

據報導，一些中國民眾也表示，司法不公仍然是個比較突出的問題。江蘇省鹽城市的徐廣軍說，地方政府違法徵地搞強拆，把他們全家逼上絕路，可是，打官司就是贏不了。河北省正定縣的王小華也有類似境遇，她和她的夥伴們的案件，有的涉及婦女權益問題，有的涉及拆遷補償問題。她說：「我打了20多場官司，都敗得毫無道理。」

報導指出，中國去年查辦涉嫌犯罪的司法工作人員2721人，其中受到政紀處分的540人，因貪污、賄賂、徇私枉法被追究刑事責任的共113人。

近兩年落馬省部級高

劉志軍	鐵道部原部長
張家盟	浙江省人大常委會原副主任
張敬禮	國家藥監局原副局
宋晨光	江西省政協原副主席、省委統戰部原部長
劉卓志	內蒙古自治區政府原副主席

13省部級官員判刑

9人死刑，緩期執行

孫善武	河南省政協原副主
王 益	國家開發銀行原副
米鳳君	吉林省人大常委會原副主任
陳紹基	廣東省政協原主席
鄭少東	公安部原部長助理
黃 瑤	貴州省政協原主席
宋 勇	遼寧省人大常委會原副主任
王華元	浙江省紀委原書記
皮黔生	天津市委原常委

4人無期徒刑

陳少勇	福建省委原常委、原秘書長
朱志剛	全國人大常委會預算工作委員會原
康日新	中核集團公司原總

志榮署長：

恭喜你擔任第一任的廉政署長。這是一個任重道遠的職務，全國老百姓都期望因這個署的成立而能掃除貪腐之陰霾。

可是冰凍三尺非一日之寒，沒有強有力的工具，怎能快速除冰?!所以在下不忖粗陋，特別貢獻一点意見（書之135頁）希望此大力能助一臂之力。

我所知道的孫大公

敬祝

掃貪順利！

八十翁

孫大公上

2011.07.24

廉政署掛牌 馬：提高定罪率

讓公務員「不願貪、不必貪、不能貪、不敢貪」

法務部廉政署20日正式揭牌，馬英九總統（中）、行政院長吳敦義（左）仔細聽取首任廉政署長周志榮（右）報告廉政署概況。（記者林澔一／攝影）

記者蕭白雪

台北21日電

廉政署20日掛牌成立。馬總統期許廉政署要做到讓公務員「不願貪、不必貪、不能貪、不敢貪」。他說，讓公務員清廉自持，不願貪汙，除了俸給足以養廉，不必到處賺外快外，各項法制要周延，讓公務員不能跨越雷池一步，同時以嚴峻法律嚇阻，使公務員不敢犯罪。

馬英九認為貪汙犯罪「黑數」很大，「抓得到、判得下，比罰得重更重要。」過去貪汙罪可判死刑，但貪汙未就此絕跡，刑度太重反而讓法官判不下去，適得其反。他要求檢察官、廉政官不要拿著肅貪大刀隨意揮舞，證據周全、提高定罪率，讓貪汙消弭於無形。

馬英九以最近檢調偵辦貪瀆弊案為例，強調不要怕查案弄得滿屋子灰塵，最可怕的是大家都知道貪汙，只有政府不知道。他說，不怕家醜外揚的政府，對機關未來發展是有幫助的。

馬英九指出，成立廉政署的構想，在十幾年前提出，他擔任法務部長時還擔心疊床架屋。四年前總統大選政見中即表示，上任兩年後決定。去年，特偵組偵辦司法官貪瀆案，他和行政院長吳敦義深談後，決定成立。

馬英九強調自己了解貪汙犯罪特性，深知「肅貪不如防貪」重要。他不希望廉政署成立後門庭若市、案子辦不完，但要有效發揮防貪、反貪功能，降低犯罪率、提高定罪率，盡量「百發百中」。

針對外界疑慮，馬英九說「有人說清廉不能當飯吃，這話沒錯，但沒有清廉，可能是吃牢飯。」他強調，不是小貪就沒關係，有小貪就會有大貪，大家不要小看不清廉對國家的傷害。馬英九強調，自己對貪汙、賄選嫉惡如仇，並引用新加坡經驗強調，反貪最重要的是首長政治決心，期望廉政署成立後，台灣能成為亞洲模範。

首任廉政署長 曾勇夫欽點

肅貪先鋒 周志榮誓言擦亮招牌

記者 蕭白雪

周志榮將近30年檢察官生涯，幾度與檢察首長職務擦身而過， 如今在法務部長曾勇夫欽點下，出任廉政署長職務，除了有「讓長官放心」的特質加持，只能說因緣俱足、水到渠成。

過去從沒有一個行政院三級機關首長上任的場合，有總統、三院院長、企業龍頭齊聚的場面，周志榮是第一人。面對新職，周志榮期許能帶領同仁像浴火鳳凰般，擦亮台灣廉政招牌。

司法官21期的周志榮，總不諱言他有傳統檢察官思維，任勞任怨、聽命長官指示。他擔任過曾勇夫與陳聰明在台北地檢署檢察長任內的襄閱主任檢察官，深受兩人信任。陳聰明接任檢察總長之初，周志榮就成為特偵一班重要成員。

曾勇夫接掌法務部長不久，個人資料保護法草案引發風暴，周志榮接下法律事務司司長一職，幫忙滅火。廉政署是馬英九總統大選的重要政績，法務部絕不能砸掉招牌，於是讓周志榮接下這項重責大任。

周志榮當年在北檢是「紅牌」檢察官，除偵辦過胡瓜疑似召妓的李璇事件，更是將華隆集團負責人翁大銘送進監牢的關鍵人物，翁大銘被判刑定讞的洪福案，就是周志榮幾乎不眠不休偵辦的成果。

五年前的紅火案，外界只知道起訴檢察官是曾益盛，卻不知幕後操盤手是周志榮，當時就讀台大國發所的他，從金管會網站上看到裁罰中信的資料，認為裁罰內容已構成背信罪，而主動簽分偵辦。

背負著國人重大期待，身為首任廉政署署長的周志榮，在享有長官寵愛眼神之際，也面臨挑戰。

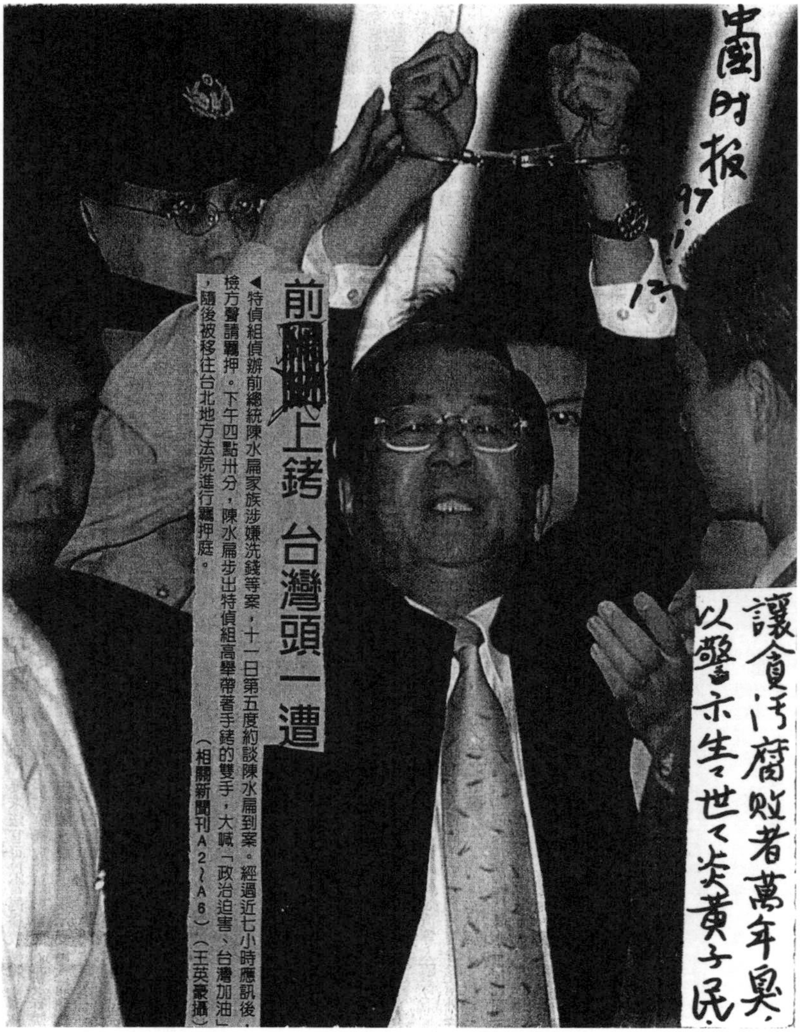

前[redacted]上銬 台灣頭一遭

▲特偵組偵辦前總統陳水扁家族涉嫌洗錢等案，十一日第五度約談陳水扁到案。經過近七小時應訊後，檢方聲請羈押。下午四點卅分，陳水扁步出特偵組高舉帶著手銬的雙手，大喊「政治迫害、台灣加油」，隨後被移往台北地方法院進行羈押庭。（相關新聞刊A2～A6）（王英豪攝）

中國時報

扁家洗錢案相關被告及涉犯法條

被告	所涉犯罪情節	涉犯法條	羈押日期	備註
陳水扁	涉嫌侵吞國務機要費機密費、詐領機要費、洗錢、收賄。	1.偽造文書罪2.貪汙治罪條例利用職務詐取財物罪、3.侵占公有財物罪、4.收賄罪5.違反洗錢防制法。	11月11日特偵組傳喚到案聲押	
吳淑珍	涉嫌侵吞國務機要費機密費、詐領機要費、洗錢。	1.貪汙治罪條例利用職務詐取財物罪（已起訴）、侵占公有財物罪 2.違反洗錢防制法。		
陳鎮慧	涉嫌侵吞國務機要費機密費、詐領機要費、洗錢。	1.偽證罪（已起訴）2.貪汙治罪條例利用職務詐取財物罪、侵占公有財物罪3.違反洗錢防制法。	9月25日	
陳致中	開設新加坡、瑞士銀行帳戶洗錢。	洗錢防制法		
黃睿靚	開設新加坡、瑞士銀行帳戶洗錢。	洗錢防制法		
吳景茂	開設香港、新加坡銀行帳戶洗錢。	洗錢防制法	10月7日	
蔡銘哲	開設人頭戶供扁家洗錢，涉嫌擔任白手套收受力麒建設負責郭銓慶賄賂轉交扁家。	1.洗錢防制法2.貪汙治罪條例受賄罪。	10月2日	
蔡銘杰	開設人頭戶協助扁家海外洗錢。	洗錢防制法		
林德訓	涉嫌侵吞國務機要費機密費、詐領機要費、洗錢。	1.偽證罪（已起訴）2.貪汙治罪條例利用職務詐取財物罪、侵占公有財物罪3.違反洗錢防制法。	10月3日	
葉盛茂	涉嫌隱匿扁家海外洗錢公文、洩漏給陳水扁、掩護扁家洗錢	隱匿公文書罪、偽造文書、洩漏國防以外之秘密罪、圖利罪	10月6日	
郭銓慶	南港展覽館工程弊案，另提供其妹郭淑珍帳戶供扁家洗錢及行賄吳淑珍。	貪汙治罪條例行賄罪嫌	9月11日收押	10月15日轉汙點證人獲釋
余政憲	洩漏南港展覽館工程案評選委員名單給郭銓慶	貪汙治罪條例圖利罪嫌	10月15日	
邱義仁	貪汙安亞專案機密外交費用五十萬元美金	貪汙治罪條例貪汙罪嫌	10月31日	
李界木	國科會龍潭購地案收賄	貪汙治罪條例期約受賄罪嫌	10月28日	
鄭深池	幫助扁家海外洗錢	違反洗錢防治法		
馬永成	涉協助扁家詐領侵占國務機要費	貪汙治罪條例詐領公有財物罪、侵占公有財物罪	11月4日	

註一、十六名被告全部限制出境。

製表：郭良傑

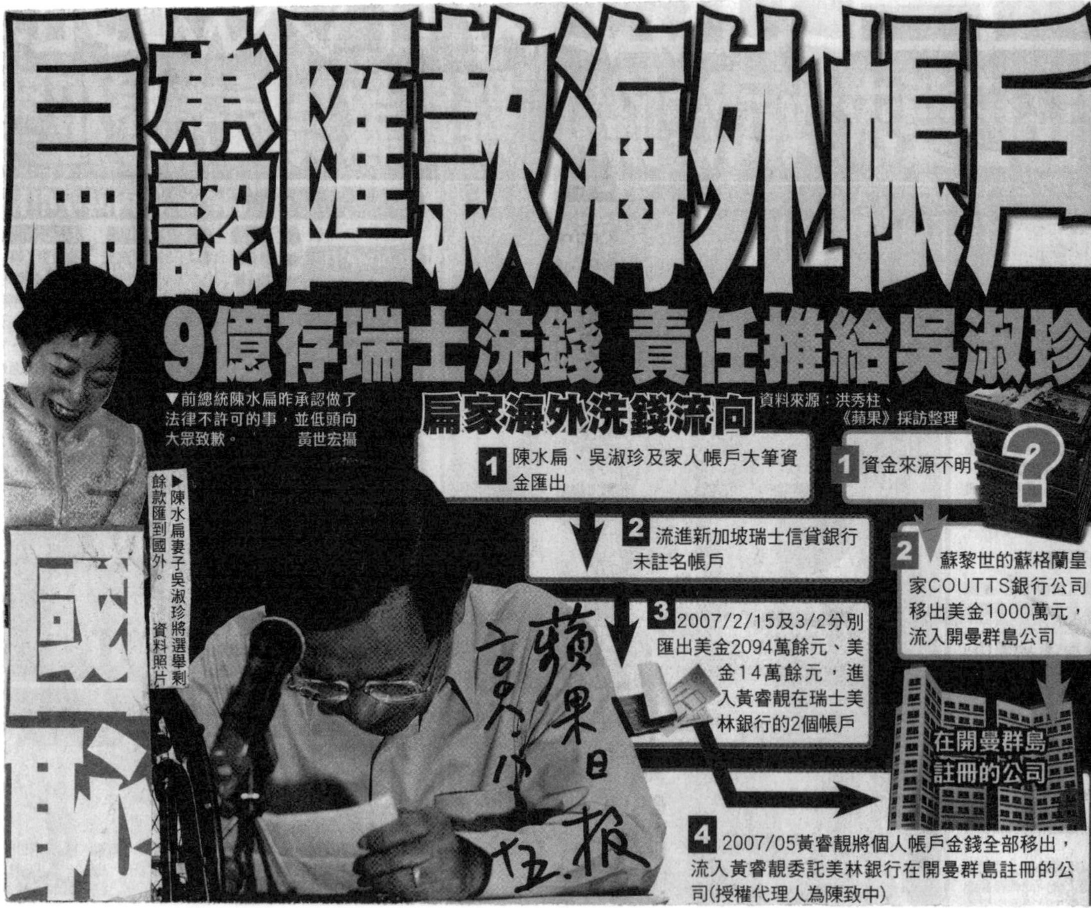

扁認匯款海外帳戶

9億存瑞士洗錢 責任推給吳淑珍

▼前總統陳水扁昨承認做了法律不許可的事，並低頭向大眾致歉。 黃世宏攝

▶陳水扁妻子吳淑珍將選舉剩餘款匯到國外。 資料照片

國恥

扁家海外洗錢流向

資料來源：洪秀柱、《蘋果》採訪整理

1 陳水扁、吳淑珍及家人帳戶大筆資金匯出

2 流進新加坡瑞士信貸銀行未註名帳戶

3 2007/2/15及3/2分別匯出美金2094萬餘元、美金14萬餘元，進入黃睿靚在瑞士美林銀行的2個帳戶

4 2007/05黃睿靚將個人帳戶金錢全部移出，流入黃睿靚委託美林銀行在開曼群島註冊的公司(授權代理人為陳致中)

1 資金來源不明

2 蘇黎世的蘇格蘭皇家COUTTS銀行公司移出美金1000萬元，流入開曼群島公司

在開曼群島註冊的公司

蘋果日報

扁告發李登輝 洗錢16億

【記者張宏業、林河名／台北報導】特偵組昨天證實，陳水扁今年九月到台北地檢署為調查局前局長葉盛茂洩密案作證時，當庭告發李登輝涉嫌利用「鞏案」從事海外洗錢，金額高達十六億元；北檢將全案移由特偵組，由檢察官林嘉慧偵辦。

但扁辦透過聲明迂迴表示，檢方會查李案，「是檢方在偵辦其他案件時發現相關事證而主動調查」，陳水扁也曾提供檢方資料，但否認告發李登輝洗錢是扁講的。

特偵組為清查「鞏案」資金流向，已到台北監獄訊問服刑中的國民黨前大掌櫃劉泰英，並約談扁告發涉嫌扮演李登輝洗錢人頭的陳國勝、李忠仁及國安局人員鄭光麟、廖松青及李志中；十月十五日，特偵組將這五人限制出境。

陳水扁多次公開指李登輝從八十四年起透過人頭陳國勝、李忠仁匯錢海外，直到九十年洗錢超過十六億元。李登輝反駁扁「黑白講」，以烏賊戰術模糊焦點。

據了解，檢調發現，陳國勝與李忠仁戶頭的確有異常資金進出，進一步查出陳、李兩人曾擔任憲兵特勤人員，退職後轉往綽號「阿丁」的股市作手陳賢保公司擔任司機。

由於外傳陳國勝與李忠仁是劉泰英找來的人頭，調查人員月前曾訊問劉泰英和陳賢保，也約談陳國勝等人。陳賢保供稱，陳國勝與李忠仁是他公司的司機，因為他要買賣境外基金，借用兩人帳戶，帳戶中的錢與李登輝無關。

據了解，陳水扁九月五日為葉盛茂洩密案到北檢出庭時，當庭告發李登輝洗錢，並將手上的牛皮紙袋交給主任檢察官郭永發。牛皮紙袋裝的是李登輝任內的「鞏案報告」，也就是喧騰一時的國安密帳案。

陳水扁提供檢方的「鞏案報告」，出自調查局洗錢防制中心，內容詳述李登輝執政末期，約有十六億元國安密帳資金流向異常，其中約十億元被輾轉匯往新加坡等國家。

相關新聞見A2

聯合報 97.10.27

檢調偵辦扁家所涉弊案不利扁的供詞

南港展覽館案	郭詮慶：的確有行賄內政部官員等不法行為，透過扁家白手套蔡銘哲涉嫌行賄扁家。
	余政憲：南港展覽館弊案是受到吳淑珍的指示。
竹科龍潭購地案	辜成允：為了加速推動購地案，分多次匯款四億多元「手續費」到蔡銘哲海外人頭帳戶。
國務機要費案	林德訓：國務機要費支出表，都是為了應付檢方捏造的。
	陳鎮慧：國務機要費支出表，是聽從林德訓指示製作。
海外洗錢案	葉盛茂：2006年12月接到洗錢情資，打電話給林德訓告知此事，與扁說2008年一月才知情有出入。
	吳景茂：海外資金移轉都是吳淑珍指使，他只負責簽名，好幾次到玉山官邸簽海外帳戶文件時，陳致中夫婦和陳幸妤都在場。
	郭淑珍：聽從哥哥建議，提供美國相關帳戶給吳淑珍等人使用。
三大金控案	蔡銘哲：2005年6月，馬維辰利用蔡銘哲、理財顧問林明義以及兩名助理，一共四個戶頭，匯600萬元到蔡銘哲的人頭帳戶內給吳淑珍。

中国时报 97.11.12　製表：羅暐智

聯合報　扁娃　來嗆扁 97.8.六

許信良的姪女許希爾昨天提著菜籃、扁娃及標語，到陳水扁寶徠豪宅前抗議，要他還人民的血汗納稅錢來。　記者趙文彬／攝影岐山常委勛鑒：

欣聞閣下主控中紀委之職务，此事非硬漢莫辦！可見眾望所歸，為國人慶！

但冰凍三尺非一日之寒，尤其貪腐之徒已互相勾结，形成利益集团，要想徹底破除，必須找一个突破点，就像汽球再大，也只要用根小針即可。所以不忖冒昧獻上一策（附）僅供參攷。

尚此

敬祝

葯到病除！

八十翁

孫大公拜上

2012、11、24

又及：附上小冊「我所知道的孫大公」供閱。

政才市長勛鑒：

自2006年閣下担任農業部長時，我就預見本家日後大有發展（附信稿），今日果然肩負重任，掌管重慶行政。

可是任重而道遠，一方面要清理薄後；一方面要推動西進。尤其是过程中的除貪須快刀斬亂麻方能奏效。特在此献「約法三章」小策（見附件），以供參酌。

另附上一些資料及我学生寫我的小册，也請參閱。

尚此 敬祝

大鵬展翅
馬到成功

八十翁
孫大公謹上
2012.12.01

近平總書記閣下勛鑒：

前月曾向閣下進言（附稿），希望「行賄自首者無罪」之約法三章（附）能供獻一些參攷的意見，但元月二日報載之「中國反腐法規生效」的新聞卻令人大吃一驚，若用此法反腐，則愈反愈腐！真不知最高法院和最高檢察院為何有此「解釋」（附）?! 假設不立即修正，恐怕閣下大刀濶斧的反貪就難以收場了！因此不忖冒昧寫一短文（附）說明此事，尚祈慎重考慮。

耑此　敬頌

政躬康泰

國泰民安

杭人

孫大公拜上

2013.01.15

天下哪有這樣的事?! 「受害者有罪」!
這樣愈反腐，貪腐愈深!!!

美 世界日報 2013.01.02 A5版

被疑有保護受賄人之嫌

中國反腐法規生效 網民熱議

大陸新聞組

北京1日電

中國司法當局發布有關行賄案件的司法解釋1日起生效。該司法解釋稱行賄1萬元人民幣以上應追究刑事責任，但網民紛紛質疑該法規的效果。

英國廣播公司報導，根據中國最高人民法院、最高人民檢察院發布的「關於辦理行賄刑事案件具體應用法律若干問題的解釋」，凡為謀取不正當利益，向國家工作人員行賄，數額在人民幣1萬元以上的，應依照刑法規定追究刑事責任。

這一「反腐法規」一公布，立即引起網上熱議。有網民讚揚這些條款，但也有網民質疑把行賄受賄綁在一起問罪是否有保護受賄人的嫌疑。

網民仁威說：「先讚一個。規定是有了，但不知個別國家工作人員又會怎樣變著花樣收好處嘍。」網民財華指出，「明確的標準和公開透明的機制是解決中國所有問題的良藥」。

報導說，在中國，辦事送禮走後門可說是常態，上述司法解釋大概也無法杜絕這一現象。網名為「湖濱背影」的網友說：「以後商人不給辦事官員送吧，明擺著辦不成事；送吧，萬一哪天事辦不成了，官員只要把錢往上一交，他倒是落得個清廉，商人就慘了，還要坐牢。傷人啊！」網友「馬到功成」質疑：「同等數額，行賄和受賄，哪一個罪重？」還有網民說，這會不會被別有用心的人理解為是在警告威脅行賄者，別揭露受賄者，否則罪更重？

叫「西北風」的網友質疑，先有了受賄者才有了行賄人，把權力關進籠子自然少了行賄人。現在把行賄和受賄一起問罪，是否在保護受賄人？網民黃安更指出，真的要預防腐敗，應規定行賄者無罪。一是因為行賄者可檢舉受賄者，就少有人敢受賄，二是行賄者多為百姓，行賄往往出於被迫。

JANUARY 13, 2013 讀者論壇(一) B12

荒謬的中國反腐法

孫大公／橙縣

今年開年最(大)的震撼是「中國反腐法規生效」。報上說：「該司法解釋稱，行賄1萬元人民幣以上應追究刑事責任」。

據全國百姓(官員除外)的理解，一件普通案件被官員刁難，被迫送錢才能過關，他已經是受害者，倒過來要擔負刑責，這種邏輯是中外都行不通(的)。如果老百姓為謀取不當利益，向官員行賄，這個官員明知是不正當利益還幫他過關，豈不是罪加一等，該負刑責?!

還有可笑的是，行賄1萬元以上要追究刑責，那9999元就沒有刑責。以後要行賄10萬就分十次9999元就沒有刑責。檢察長和法官的腦袋是漿糊做的？或遵照上級指示擬稿？只要保住官位就行。

闖黃燈

楊適／聖彼渚

中國新規須實踐，黃燈意義應非淺。我居羅省廿多年，不闖黃燈難左轉。

真武內耗

避債協議甫達成，債限糾纏應運生。政客紛爭最虛耗，渾然無視萬民情。

五年前(2008年)我曾向兩岸領導人建議訂立一個簡單法規來止貪「行賄自首者無罪」，其中精髓是「自首」二字(此二字為陳公立夫建議所加)。若能用簡易的約法三章，其成效可立竿見影，並為全國老百姓所樂從。

輯七：雜項補遺：千言萬語說不盡

福威弟如晤：

最近整理手边現有之許多个人資料，又有一批可供修改之用（如附件）。這些是外在的，至於內在的（尚在我肚中）猶待我有生之年陸續寫些那些不同的小故事了。

1、國民党八全大会時 領袖之賜宴請柬。
2、常年奮鬥為「行賄自首者無罪」立法資料（不全）。
3、上書蔣經國与張群。
4、上書馬英九夫婦。
5、向有関主管陳述賭坊「國有」「民營」之理念。
6、提防日本之狼子野心。
7、勸說富翁捐款成立「文教基金会」拯救國魂。
8、進修美國普度大学兩年內之行事。
9、馬蕭競選時之參謀（不全）。
10、認祖歸宗。
11、雜項。
12、家訓。

以上資料儲存多年，故需先認清昔生时之年月日先後，方得知其来龍去脈。要你多費心了！

匆此 即祝

時祺

兄 大公
2010.04.25

編輯先生：

讀貴報八月十日之社論「由一粒沙看世界」，頗多感觸，尤其社論指出我國目前社會上的歪風——只重金錢的價值，而不重視工作的價值，使人驚於價值觀念之倒置，而痛於無人出來正此歪風，若長此以往，則原本一個勤勞儉樸，忠孝仁義的民族將被轉化為淺薄奢浮，巧取豪奪的金錢奴隸。幾千年學育的民族精神亦會被歪風吹得烟消雲散，這將是一個大悲劇，因為我們現在走的是西方資本主義國家五十年前的老路，而現在別人都已迷途知返，正尋找東方儒家的精神，以求重估人生的價值，我們卻還跟著前轍而行。依照目前我國社會進行的方向和速度，無需幾年就會有更大的悲劇在等著我們，因為除了每個人的心態被金錢物質迷住以外，我們所謂的「民主」正循著美日的「金權政治」老路前進——這是動搖我國國本的大事，以即將舉行的中央民意代表選舉而言，據說沒有新台幣貳仟萬元就不夠資格問津——不論你有多大為國為民服務的熱忱和才幹——這還祇是正常的宣傳費用，不包括如風聞的六百萬一張監委選票的買票錢在內。似乎只有資本家或被資本家支持的人方有當選的希望，將來我們各級民意代表倒底會替普羅大眾還是資本家謀福利？我們萬千小民神聖的一票所選出來的「金權」的代表，像美國的總統和日本的首相一樣地被財閥牽著鼻子走，則我們的國本三民主義還能維持多久而不被變質成資本主義？這才是我們可以預見的更大悲劇！但是如今我國的民主已經走上了這個方向，升斗小民除了乾著急之外，祇有寄望於　國父手創的實行三民主義的國民黨，運用組織的力量能為小老百姓多支持幾個，為「民」喉舌的代言人出來，庶幾避免將來的「金權政治」，而多有些人深深刻刻地考慮國族的命脈，重建中華民族的新精神，以使中華民國日益發揚光大，同時全國人民都生活在持久的幸福之中。

敬祝

鑒安

孫大公謹上

69、8、12

身份證號碼：（略去）

（公元 1980）

江總書記澤民大鑒：

附贈之錄影帶「國家敵人」乃三年前上映之電影，故事敘述美國政府以最新之高科技對付一介平民，其內容緊張刺激，但最值一看乃是其驚人之高科技，使人無所遁形。設想若其對付一介平民如此，若對付一有敵意之國家則後果不堪設想。

俗云：「好漢不吃眼前虧」「君子報仇三年不遲」「硬碰硬玉石俱焚」，不如「以柔克剛」「四兩撥千斤」。……其實若四兩可以釜底抽薪，又何必千斤去揚湯止沸?!

祖國前途大好，有賴政治局諸公之集体智慧領導，若能一視同仁，也許会激起大家很多美感，使中國统一可在有生之年迎刃而解，豈不皆大歡喜?!

滿腹之言，謹以上述作為總结，尚祈三思。耑此敬頌

時祺

又及：此信及錄影帶托洛杉磯總領館代轉。

孫無私上
2001.6.6

國華嫂兄：

這次台灣的選舉真是使人傷心透了！也使人憤恨透了！學者是鬥不过流氓的!!!

我為選舉曾返台一週，曾去國民党中央党部拜訪中常委羅文山，獻拙稿（附）請其酌情使用，因為我的中性訴求是爭取中性選票。但看情況是太文縐縐了，不及子彈厲害。

若訴諸天意，可能是台灣同胞苦難未盡!!!!!!!

大公泣上

2004.3.30

敦義院長勛鑒：

我曾是馬蕭的樁夫（附舊名片），迎來國民黨重新執政，可是年來，台灣氣氛甚低，令人憂心如焚，直至日前 閣下舌戰綠色三長，才得一吐悶氣。本來堂堂正正地做人，怕誰？！ 這讓我想起抗戰時蔣夫人在美國演說後答覆年青記者尖銳問題之情景，她像慈祥長者教導幼童之答話，使人亦敬亦佩，也凸顯向話記者之幼稚。

我在美國新總統歐巴瑪當選後不久，也如馬先生接過爛攤子後被人過度要求和蓄意詆毀不服，特在報上投書力挺（附剪報），希望歐巴瑪也能為美國做些事情。

如今 閣下學、經、才各方面均高人一等，相信以後馬吳互補，當有一番作為！

在此敬頌

國泰民安

孫大公謹上

2009.9.22

世界日報 南加論壇 B5
worldjournal.com
2009年4月5日 星期日 SUNDAY, APRIL 5, 2009

馬政府怕事顢頇

周寄萍／蒙地貝婁

近見世界日報刊有題為「郭冠英挑戰的其實是國民黨」專載，道盡台灣政客不分藍綠自私偏激自非不分嘴臉，令人厭惡。

處理郭冠英事件凸顯馬政府怕事顢頇，以及一切為選舉考量心態。試問有人罵馬總統是小孬孬，並辱及其先人，以及誣指其賣台，均可安然無事。而且還有人倡言顛覆中華民國，均可歸為言論自由，為何郭君一句「台巴子」卻要記兩大過免職？顯是欲加之罪何患無詞，柿子撿軟的吃，令人側目。

民進黨在2000年執政，乃是適逢藍營鬧分裂，始由選市長敗下陣來的陳水扁以340餘萬票超低較多數勉強當選。接著在2004年又是詭譎的兩顆子彈僥倖當選連任，可見並非民進黨對國家民眾有貢獻，獲得社會大眾擁護支持，而是藍營不爭氣，老百姓要換人做做看，始有這一結果。

如今民進黨已被貪瀆不法的陳水扁一手摧毀，眼見循正途重新執政已感無望，於是妄期製造事端助長聲勢，為反對而反對，用來挽回頹勢。故而見縫插針小題大作，製造社會對立，阻擾政府施政，難道這樣即可獲得大眾認同支持嗎？真是癡心妄想。

再說自己執政尚且無法實現台灣建國，現下已是在野之身還有可能嗎？如此胡鬧對得起國人嗎？

至於馬政府促成的兩岸關係，雖較前朝緩和，且已實現三通，然所標榜者，依然是既要面子又要裡子，天下有這等好事嗎？因此台灣固然應有所堅持，但亦當有所妥協，否則何以自保而求發展。

台灣本是日本占領地，經外來政權領導人蔣介石經營而提升為國，本土人士又出了什麼力？如今檢到便宜還賣乖，不覺汗顏嗎？奉勸台灣民眾認清事實，切莫再為政客朦蔽自誤。

歐巴馬有膽有種

孫大公／橙縣

中文的「膽」，就是英文的「GUTS」。

當政府拿了幾千億救AIG的同時，AIG卻撥了上億元的錢給高級幹部分紅，這事給歐巴馬知道了，他就說ATG的領導人「無恥」，要各部設法「把錢追回來」，這就是有「膽」。

他的前任在八年期間把國家搞得怎麼爛，當汽油狂飆，油商狂吸窮老百姓血的時候，有人敢出來罵「無恥」嗎？敢「把錢追回來」嗎？沒有，連替老百姓把汽油價壓下來都不敢，真是沒「膽」！

AIG這頭龐大的怪獸吃空了美國，害得美國的經濟差一點崩潰，但政府又不得不拿了幾千億去救它，因為不能讓它倒，它一倒美國就真的垮了，歐巴馬是打落牙齒和血吞。可是輿論卻說他無能，因為媒體多半是有錢人的工具，凡是妨害了有錢人的利益，就用媒體來攻擊，來誘導輿論來要他下台，來促使他的民調下降，這樣一個為盤根錯節的利益惡霸，歐巴馬敢在老虎嘴上拔毛，真是有「膽」！

八年前柯林頓把政權交給小布希的時候，國庫裡有盈餘，可是八年來國庫連年虧損，多半是伊拉克和阿富汗的戰費支出拖累，小布希非但無「種」承認是他決斷的錯，還抵賴是情報的錯誤，誰都知道錯誤的情報是他授意的，可是他就是沒有「種」承認。反視歐巴馬接下了他的爛攤子，正設法積極地搶救，對於施政上設或有誤的地方，他說「負全責」，這就是有「種」！

以往八年天高了三尺，也就是說地被刮去了三尺，也就是說國家被富豪集團淘空了三尺(不要忘了柯林頓交接時政府是有盈餘的)，如今為填AIG這個黑洞，政府已經丟進去了幾千億老百姓的血汗錢(還不知有否填滿)，這筆錢不知要我們哪一代的子孫還得清？我們極需要一個有「膽」有「種」的人來收這個爛攤子。

現在歐巴馬勇敢地站出來，我們就要支持他，給他鼓掌，多在報上投稿撻伐那些富魔，提高歐巴馬的民調，希望他付出全力來拯救國家，來為老百姓謀福利！

家寶總理賜鑒：

祖國自崛起後，舉世矚目，國外报章經常刊載國內的內幕資料，然後經由电传或網路传回國內，所以國內欲掩盖之事，還是很快就会传遍，反而讓世人有新聞不自由之感覺。所謂「欲盖彌彰」，不但彰顯新聞有疵，連帶政府的威信也受損，非常不值！特此附上剪报供参，同時也请宣传部门跟上時代。

以前台灣的李登輝執政，倒行逆施，人民怨氣冲天，犹如快爆的鍋炉，可是他讓大家在传媒上公開批评，就像装了一个排氣的安全阀，减低了爆炸的危险。雖是一着险棋，却也可供参考。不过若無操控全局的把握，不宜輕试！

天氣漸冷，尚请珍摄。

崗些

敬祝

國泰民安

77叟 孫大公 上 2009、11、24

熙来市委书记大鑒：

我是一个極愛中華民族的中國人—身在海外，心在祖國。

前两日報載閣下名言「政府应為穷人百姓建造平价住宅」，本人極為同意，因為現在的房价犹如火箭冲天，廣大的群衆人人不吃不喝也買不起，所以數年前本人不忖冒昧上书胡主席建议降低房价之法（附影本）（八），不知他有否看到？如今將此法轉呈閣下聊作野人獻曝之舉，亦請恕宥冒昧！

另附「行賄自首者無罪」之剪報供閱。

耑此　敬盼

救國救民

78叟　孫大公謹上
2010.04.26

英九總统暨夫人：

謝謝你们不遺在遠，賜頒「福壽康寧」立軸為家母百齡贺壽！她老人家為此非常高興，並倍感殊榮，特命修書向二位致最高敬意及致謝！

八十歲
老党员　孫大公謹上
2011.09.05

A special note of thanks
To brighten your day
For being so nice in every way.

又郎學長如晤：

若干年前吾 兄推算中馬哥將登大位，果能應驗。如今其身陷重圍，又有宋某攪局，令人忐忑。 特為其卜得一卦如左

恒卦 ䷟ （震）（巽）

可否請 兄据此或其命盤討明年大選指示一二？

尚此 敬頌

時祺

弟 大公謹上

2011.10.10

胡習溫棻 勛鑒：

我又要嘮叨了。

茲附樣本剪報數張。我們華僑每日從中立報紙印——美國世界日報（非大紀元時報）談到的中國大陸新聞多半是負面的，如羣衆騷動，貧富不均，司法不公……等等，看了以後不禁對「維穩」與「和諧」憂心重重，閱後雖有千言萬語，只濃縮成以下警語：「共產党以工農起家，請注意水之特性」！

古時夏禹父子治水用了不同的方法，結果大禹的疏導法成功，庇蔭後世子孫。如今通訊科技大幅躍進，不知大禹之法是否仍然可用?!

另贈小傳一本（請於棄前一覽），証明我是衷心愛國家愛民族的，所言皆肺腑之言，盼能

（廿一）

有暮鼓晨鐘之效。

八十叟祝愿

中華民族代代興盛，永遠昌隆！

孫大公謹上 2011.11.12（國父誕辰）

世界日報 worldjournal.com 2011年10月30日 星期日

中國經濟發展面臨的挑戰

李明君／南巴沙迪那

自改革開放以來，中國經濟發展日新月異，大有在近期內躋身世界發達國家的勢頭。但不可否認的是，中國經濟發展還面臨很多挑戰。戰勝這些挑戰，是中國未來發展的關鍵。

中國社會貧富懸殊，財富在向少部分人集中，造成社會矛盾加劇。近年來，由於激烈社會矛盾而產生的悲劇屢屢見諸報端，如強拆、自焚、罷工、抗議、城管與小販衝突等，無一不體現出現今中國社會矛盾已很劇烈、很危險。貧富差異本是資本主義發展的必經階段，但中國社會貧富懸殊還有一個主要原因，就是特權階層。特權階層把持優勢社會資源，大筆斂財，普通百姓由於受到過分剝削，生活很艱難。同時，社會階層固化，往往是「權者上」，而非「能者上」，底層人民改變命運機會很少。

國營企業與私營企業矛盾劇烈。不管從官方還是民間各種經濟數據皆可看到，國家優惠政策多偏向國企、央企等大企業，但大企業的發展並沒有給人民帶來實惠。這些大企業實力雄厚，還有國家扶持，壟斷市場，占有大多數社會資源，但缺乏制約與監管，人員冗雜，效率低下。不僅如此，大企業還肆意抬高產品價格，剝削人民，增加社會矛盾。小企業的處境則相當艱難，它們不但缺乏政府支持，還經常受到腐敗官員與大企業的擠兌與惡性競爭，再加上經濟危機，人民幣升值，央行收緊銀根等，很多中小企業很難維持，近期已出現倒閉潮跡象。

樓市泡沫更是懸在中國經濟頭上的達摩克利斯之劍，房價已上漲到普通老百姓難以企及的地步，政府對於房價問題也是投鼠忌器。房子不能再生產，很難持續拉動經濟，而且高房價占用太多資金，人民省吃儉用買房子，其它產業便受打擊。打擊房價，政府又怕泡沫破裂，重蹈日本房地產泡沫破裂後的「失去的20年」。

中國就業現狀尷尬，一邊是廣東等地的「用工荒」，另一邊是大學生的「就業難」。這說明中國教育體制與社會發展不協調。國內大學自1999年進行「擴招」，大學生數量激增，但同時社會並沒有給大學生提供足夠的就業機會。中國以勞動密集型產業為主的現狀並沒有改變，工廠招的依舊是低文化水平、低薪的生產工人。在勞動密集型產業中，受高等教育、思想自由、追求高薪的大學生自然無用武之地。只有從勞動密集型產業向知識密集型產業轉型，大學生就業問題才能從根本上解決。

中國經濟發展還受到個別發達國家的壓制。中國是社會主義國家，而世界發達國家全都是資本主義國家。曾經的對抗以及意識形態上的分歧，使這些國家一直對中國懷有戒心。發達國家憑藉資金優勢與對市場的壟斷拉高國際能源價格，如石油、鐵礦石等，使中國通貨膨脹雪上加霜。人民幣被逼升值，導致中國產品在國外價格上漲，打擊中國出口製造業。個別國家對中國產品徵收懲罰性關稅和反傾銷稅，更打擊中國出口。

當然，中國的命運掌握在中國人自己手裡。中國人的自立自強才是中國發展的最重要動力。經濟發展的道路永遠是蜿蜒曲折，險象環生。我們不應該沉浸在已有的成功中而喪失理性，必須認清中國未來經濟發展還有許多問題需要解決，許多困難需要克服。如今的繁榮要歸功於過去，現在的行動才能決定未來。

美國世界日報 2011.11.06 A12版

杜導正16字批中國當前矛盾

官場腐敗 貧富懸殊 道德滑坡 治安不好

指三民主義是對的 解決貪腐要靠民權主義

大陸新聞組

北京6日電

「炎黃春秋」社長杜導正以16個字歸納中國當前矛盾：官場腐敗，貧富懸殊，道德滑坡，治安不好。他認為，中國人現在有飯吃、有房子住，不打仗，覺得還過得去，但腐敗太厲害，貧富差距拉得越來越開，老百姓對政府惱火程度越來越高，很危險。

現年88高齡的杜導正接受南方人物周刊訪問時談及辛亥百年，他認為，中國沒有主動利用辛亥百年時機推動民主進程，可惜了。他表示，回頭去看「三民主義」，還是對的。毛澤東錯誤很多，但他在解決國家獨立這個問題上，歷史地看，他所代表的集體是有功勞的。大家小時候，看報紙的感覺就是整個國家要滅亡了，今天東三省丟了，接著察哈爾、熱河丟了。國家要獨立，在國際上取得平等地位，孫中山先提出來了，蔣介石也想解決，最後解決的是在毛澤東時代。

據報導，他指出，共產黨的執政地位靠的是「民族主義」和「民生主義」這兩條，但現在腐敗、貧富懸殊就要解決「民權主義」的問題。權力必須受到制衡，不能靠道德來制衡；內部的腐敗靠自己很難根治，「你左手生個大瘡，用右手開刀來挖，下不了手」。他力主目前應該做的是三條：黨內民主、改進人民代表大會制度、把輿論放開。

被問及是否聽到過當政者內部不同聲音，杜導正透露，一位退休中央領導告訴他，有次到一個省，省委書記公開介紹情況是一套，會後兩個人悄悄談，省委書記稱剛才說的那些話是不得不說的。

杜導正總結這輩子經驗教訓，一個人、一個團體、一個政黨、一個事件，情況往往是非常複雜、微妙、多變的，認識分析處理問題時，絕對不可以簡單化、絕對化。他認為，這適用所有問題。

美國掀起「占領華爾街」運動，一些中國人為此歡呼，認為西方正在衰落、東方正在崛起。報導指出，杜導正對此有不同解讀，他表示，西方民主國家的問題比起中國絕對不是大問題，他們再鬧也不會搞到陳勝吳廣的武裝暴動，因為他們的民主制度決定人民有權選擇和罷免政府，可以在民主社會制度下不斷改革、不斷修正錯誤，內在比外在看到的表象，要穩定得多。

報導說，他表示，現在大的革命在中國搞不起來，小小的動亂少不了。他認為，最好就是在維護共產黨的執政地位、維護現在的政權、維護現在的社會結構的大前提下，碎步前進。

世界日報 worldjournal.com 2011年11月24日 星期四 THURSDAY, NOVEMBER 24, 2011 大陸(三)

以商養黑……以黑護商

前遼寧鞍山人代 斂財20億

染指礦山開採、房地產開發…各經濟領域 以暴力手段擺平各種阻礙

大陸新聞組

北京24日電

寧省本溪市以袁誠家、杜德福為首的黑社會性質組織，「以商養黑」、「以黑護商」，在十年間，以暴力手段在礦業、房地產等領域非法攫取經濟利益20億元。該組織現被遼寧警方破獲。

新華社報導，作為黑社會組織的「老大」，45歲的袁誠家是遼寧省本溪市人，曾是鞍山金和礦業有限公司董事長、鞍山市人大代表。年輕時曾以馬車夫、裝卸工、個體運輸等職業為生，1999年取得了本溪偏嶺第一鐵選廠的經營權，到2000年時，掘到了第一桶金。

而人稱「小福子」的杜德福是一個無業遊民，靠打打殺殺出名。當年，袁誠家找他時，「小福子」正因賭博輸得傾家蕩產。加入袁的組織後人稱「二哥」。

報導指出，1999年袁誠家取得了本溪偏嶺第一鐵選廠的經營權。2002年，袁誠家因與他人發生經濟糾紛受威脅，為此他找到因賭博輸得傾家蕩產的杜德福幫忙「擺平」。僅2003年前後，袁、杜兩人就先後砍了四次與袁、杜有債務糾紛的人。

警方偵查顯示，2002年以來，袁誠家、杜德福採「以商養黑」、「以黑護商」等非法手段將觸角伸向遼寧本溪、鞍山市和雲南香格里拉縣的礦山開採、選礦加工、房地產開發、房屋建築等經濟領域，瘋狂斂財、擴張資本，至案發前，總資產累計達20億元。

據報導，2002年來，袁誠家、杜德福組織從本溪偏嶺鐵選廠等企業財務部門支出30餘筆款項，共計300餘萬元用於「擺平」威脅者的各類犯罪行為。

袁、杜涉黑組織還暴力開路，在鞍山和雲南等地均私設了護礦隊，採取暴力手段，「以黑護商」。

報導稱，袁誠家、杜德福犯罪組織自2002年來共犯下故意傷害犯罪、尋釁滋事犯罪、聚眾鬥毆罪等多起嚴重暴力犯罪，致2人死亡，10人重傷，14人輕傷，21人輕微傷等。

受賄230萬、撮合官商勾結…

國土資源報前總編 判刑13年

大陸新聞組

北京24日電

國土資源報前總編輯劉允洲收受開發商賄款，北京市第一中級人民法院昨天上午判處13年徒刑。法庭認定，劉允洲利用其社長身分在房企和政府官員中充當掮客，為自己斂財200餘萬元。同時，扯出國土資源部前副部長李元也和開發商吃飯，是當年遭雙開的原因。

京華時報報導，劉允洲利用採訪之便，2007年運用所認識的浙江省國土資源廳人脈，違反規定為浙江省東陽市橫店圓明新園案用地，提供開發商審批幫助，之後收受開發商後謝人民幣

情關難過？

太原富士康女工跳

大陸新聞組

又見富士康員工跳樓！山西太原市一名女員工李蓉英在23日晚間跳樓喪露女兒因感情問題導致自殺，和富士不大。

中新社報導，死者李蓉英21歲，西省呂梁市方山縣，在太原富士康上多。其父李雞喚表示，他是當天早8時許接到作人員的電話，便急忙從呂梁市方山縣趕到園區派出所。

當地派出所給李蓉英的家屬播放了事發時畫面，李雞喚看完後對外表示，「六點五十她在監控上玩她的手機。六點五十幾弄的，人就不在了。」

據報導，在事發前幾分鐘，李蓉英給她的工作線線長發了一條內容相同的短信，表示接原因是與她同一車間的許某。許某是李蓉在今年的中秋節，他們還一起去過李家見過

富士康園區派出所初步調查認為李蓉英是因自殺，並組織李蓉英的家屬和富士康園區屬表示，富士康表態說事情的發生和他們沒於人道主義，他們可以為死者付5000元的喪

報導指出，但家屬們認為事發地在上班區對富士康的監管存在質疑，而且他們要求見頻頻被拒，對了解到的事實真相和現在的處並不滿意。

嚴 山東副省長黃勝

馬英九 吳敦義 廖了以 金溥聰 高華柱 霍守業 陈福成
胡錦濤 習近平 溫家宝 李克強

歷来史書会受不同撰写人的影响而有不实或被扭曲的現象。

有一件深藏心底数十年的中國國民党秘史，如今因時过境遷，决予公開，以期畧補史頁之真实。

現已刊登於美國世界日報，特寄影本以供参閱。

耑此 敬頌

時祺

孫大公上

2012.03.30

世界日報 worldjournal.com 2012年3月25日 星期日

蔣公與陳立夫的絕密談話

孫大公／橙縣

2012年1月1日世界日報A4版刊登王良卿先生之「蔣介石將革命事業重頭做起」，其中提及「31日，蔣介石完成例行早課後，與陳立夫『單獨研討重新組黨之要旨』」。我現在要將「單獨研討」之內容引出以補史頁。

我家和陳家有些親戚關係，陳果夫的夫人叫我父親「芹池娘舅」。我和母親在抗日初期自南京轉移至重慶，就是和陳果夫的夫人同乘一輛轎車，到重慶後也就住在陳果夫家「衡舍」。衡舍一樓是陳果夫的辦公室，二樓住家。

那時陳果夫掌管全國黨務和人事，權傾一時，每日來衡舍的都是黨國要員，而我一個幼稚園小孩人前人後叫「果夫哥」似乎不宜，所以我叫他「果夫伯伯」，陳立夫是「立夫伯伯」。

立夫伯伯居住之「高廬」離「衡舍」不遠，我常到他家和陳澤安、陳澤寧玩耍。立夫伯伯是從我幼稚園時看我長大，他待我猶如家人。

我來台後大專畢業，並自預備軍官第二期結訓，申請到美國大學獎學金，馬上可出國深造，可是我仍以獨子緩召身分投筆從戎，以盡匹夫之責，從此開啟我爾後20年的戎馬報國生涯。立夫伯伯對我有如此強烈的愛國心非常激賞，常對我耳提面命，閉門教誨。

我退伍後閑時較多，經常去天母立夫伯伯家中拜謁倆老。由於立夫伯伯是黨國元老，門生故舊甚多，前去請教請安者絡繹不絕，很少有機會能和他坐下暢談。

某次立夫伯母微恙，我去探病，正巧立夫伯伯因伯母有病謝絕訪客，所以我從伯母臥室出來以後，立夫伯伯召我到他書房喝咖啡，他難得清閑，就和我談談家常，談著談著談到了他自我放逐到美國的委屈，那是他和蔣公兩人在日月潭涵碧樓密談後所作的決定。

立夫伯伯在美國多年後返台定居，每日訪客雖多，但當年出國事不可談、不能談、也不敢談，因為關係太大，稍有走漏其結果不堪設想。那天他看到我覺得我是個政治局外人，是個忠黨愛國的子侄輩，頗識大體，於是不自覺地談起了當年的那段秘辛。

他說，政府遷台，大陸億萬人民只有極少數才得跟隨政府遷台，而這些人在大陸各有山頭、各有實力、各有班底，到了台灣以後各不相讓，互相扞格，鬧得台灣內不穩、外不寧，眼看這個最後基地的小島也岌岌可危。於是蔣公召他到南投日月潭的涵碧樓兩人密談，共同認為第一優先要做的是把台灣穩定下來，而求穩定必先從基本核心做起，那就是要重整國民黨，改造國民黨，可是從偌大江山退至蕞爾小島，必須有人負擔起失敗的責任，受到應有的譴責或處罰，這樣才可安定人心，重頭再起。

蔣公自建立民國以來，一直是國家樑柱、國民的領導者，政府需要他領導返回大陸，總不能將弄丟大陸的過失推給蔣公，使國民黨失去中心，但是又不能沒有人出來承擔責任，左思右想，最後是立夫伯伯自告奮勇，請蔣公把國民黨失敗的責任宣布由他承擔，把他逐出國門以示懲罰。

這樣解決了由誰來承擔失敗責任的問題，不過接下來改造重整國民黨的重責大任由誰來策畫？蔣公說「還是由你負責。失去大陸不只是黨的失敗，其他政、軍、財、經、工、教、商… 等統統都有責任，你只是名義上頂了罪。真正的黨務工作你最熟，所以重整還是由你來負責」。

如此產生了一個極大的矛盾：就是陳立夫出面擔當了黨的失敗的責任，而又要由他來改造重整國民黨，這件事是怎麼也解釋不通的，於是立夫伯伯考量再三，提出一個折中的方案：就是他仍然頂上黨失敗的罪名，也仍然被放逐國外，但在他出國之前，他策畫好改造國民黨之方案，教導重要幹部如何去做，然後才出國去。這樣才得到了蔣公的首肯。

這就是國民黨改造重整以前，立夫伯伯和蔣公之間最機密的策畫。爾後台灣安定下來，各方面蒸蒸日上，奠定台灣數十年安定繁榮的生活，並躍居亞洲四小龍之首由來。

這也是陳立夫伯伯一生為國，最後忍辱負重離開政壇默默以終的秘辛！也是中國國民黨史上極重要的一環。

（編按：陳立夫出版的自傳「成敗之鑑」，亦有大致提到上述與蔣中正在日月潭的密談內容。）

阿扁想特赦

楊遙／聖彼渚

奢求重審實無望，特赦如同認罪名。老命宜珍少糾結，何曾扁案有冤情！

領導換班

陳安利／亞特蘭大

國家骨幹黨政軍，中央集權職掌均，地方分治衡配郡，渝都叢山越嶺峻，硬是要得謂才俊，元老江山工告竣，厩雜吏治圖騰駿，唱紅打黑感嘆君。

南加論壇
本版刊登文章不代表本報立場

「南加論壇」屬於讀者園地，不指定投書題目，凡對美國時事意見、移民生活見聞、對兩岸三地新聞反應等，均所歡迎。文章請力求精練，短小精闢者優先採用，最長請勿超過1000字。內容請就事論事，勿作人身攻擊。來稿請書明作者地址及電話，文章可用本名或指定的筆名發表，本報對來稿具刪改選用權，請自留稿底，恕不退稿及計發稿酬。本版每週三截稿。來稿請寄：

World Journal,1588 Corporate Center Dr. Monterey Park, CA 91754

或請傳真：323-265-1192

電子郵件：forum-la@worldjournal.com。

＊面对困难和挑战，與其滿腹牢騷，不如高高興興地面对，愉愉快快將任務完成。

＊領導就是要勇于開拓、勇于付出、和勇于負責。

＊越是碰到不耐煩的事，越是要耐煩。

＊船到橋頭自會直，柳暗花明又一村。

＊碰到困難的環境，要就改變它，要不然就順着它。

＊寬宏宜解不宜结，要設法妥協。

＊識時務者為俊傑，以柔克剛。

華兒：我知道你一个人闖天下會遇到很多困難的事，所以寫了不少做人做事的原則给你，你要仔细研讨和運用。當年爺爺從來沒有像我教你們這樣教过我，我还是一个人捱了下來。我想聰明人的腦子是要不斷用的，否則便成了漿糊。如果做事能心平氣和、一步一腳印地去做，遲早會成功的!!!

父字
2000.8.31

章兒：

大鵬展翅，一飛沖天，再飛萬里！

＊人生几何？！能把握住「瞬間」者，才能把握住「人生」，不要浪費了一分一秒！

＊抬头看清楚，目標在哪裡：路徑怎么走：然後大步向前，你就一定會成功！

媽爸同祝

2000、3、8

三兒大学畢業祝贺辞

羣兒：　人生是齣舞台劇，你想演什么角色由你自己选定，至於是否能大红大紫也要看你是否尽心尽力的演出了。

UCLA是一所世界知名的大学，历年来培育出不少的人材，爸妈希望你也是其中的一个，将来能为自己、为國家、为世界作出贡献。

華兒：　人生的價值在發出光和热——尤其是有才華的人更不要吝惜。

Parsons School of Design是个好学校，你又是其中的佼佼者，爸妈拭目以待看你在人生舞台上的优異的演出。

章兒：　光陰似箭，一愰眼你已從UC Berkeley畢業了，也就是说一个運動員已經訓練完成，如今站在起跑线上要作人生的衝刺了。爸妈对你有信心——相信你自己更有信心在競跑中有優異的表現，我们在此深深地祝福你。

爸妈仝贺

1994年

于Irvine, USA

我於2008.10.18去富陽市尋根（以先父所交之祖先名
高祖聘三、曾祖保之、祖父厚成。經龍門古鎮孫氏祠堂
代查宗譜，終於找到聘三公之名字（如左圖）。至此可以認祖
歸宗。與我同代的是三國時吳大帝孫權之56代子孫，
屬「信」字輩。據說孫中山先生也在宗譜內。巧不巧？

孫大公誌
2008.12.07

富春龍門孫氏宗譜　卷十五　行傳　二十八　餘慶堂

智五百四十三諱炇字聘三　生於乾隆十一年丙寅九月廿
七日子時卒於道光六年丙戌十一月十一日辰時壽八十
有一　娶沈家坂汪九儀公之女生於乾隆十二年丁卯八
月十九日寅時卒於乾隆五十五年庚戌五月二十日未時
俱葬漁塘山　生四子　壎　穎　墀　坦　一女適方家
畝前秦元功

敦義副總統
宜樺院長 勛鑒： （分別寄）

看到報上有関台湾政局的新聞令人感到乱烘烘的，真使人心痛和担憂：其实搞乱叛党的也只是有限的两三个人：像要把國土送給敌人小日本的；像要把大貪官救出天牢帮自己競选的。都是叛党叛國的廢物，居然就没有人敢揭穿他，任由他胡作非為，動摇國本！！！

現在附上舊作兩篇，叙述一己的觀感，不知是否有些許澄清的作用ㄋ 如果閣下認為值得轉載，我授全權。

耑此 敬頌

政安

八十歲老党員 孫大公謹上
2013.03.30

華桂學弟：

近日台灣亂烘烘的，除了馬總統貼身親信出事外，還有七次國賊及叛黨者攪局。我將舊稿（附）分別寄給吳敦義及江宜樺（附信稿），也寄給你一份參攷。

前請轉寄報刊之信，不知有否寄出出，不知有否可能登出出，在念。

台灣已被流氓加小丑媒体攪得沒有了公義及是非，希望大家能穩住陣腳！

祝

身体健康

萬事順利

兄　大公

2013.03.30

SUNDAY, SEPTEMBER 9, 2012　讀者論壇　B12

台灣牆頭草新品種

孫大公／橙縣

中國人喜歡用「牆頭草，兩面倒」來形容立場不堅定而投機取巧的人。就像生長在牆頂上的草，風朝哪面吹，它就朝哪面倒。

台灣政治學者最近發現四種新品種的牆頭草，它不是隨風向而傾，它是像變色龍一樣會隨附近的顏色而變色。現在已被學者命名為「頌魚草」、「張皇草」、「原生草」、「好冰草」。四種新品種的草因有名品種的怪胎，所以特別引人注目。

最早發現的「頌魚草」是高級將領後人，他的才華使他的藍色特別鮮明，年紀輕輕就受層峰倚重，可惜聰明反被聰明誤，以為選條豬來做傀儡便可垂簾聽政，誰知卻被老奸巨猾的豬吃掉，連老巢都被拆了，落得無處棲身，情況慘慘，於是搖身一變，由藍轉黃，短時間還風光了一陣。

第二是「張皇草」這是真的皇家品種，如假包換，可惜種子落在宮廷牆外，一直在風雨中長大，如果能搬進牆內，就有數不盡的富貴榮華，祇是宮牆深厚，始終搬不進去，一怒之下投靠想拆宮之人，想拆宮之人大喜，立刻授予CEO之位，將來拆宮之罪可以有人來頂了。豈知天有不測風雲，位子尚未坐熱，便被奇特的風月事件(女方不認此事)弄丟了烏紗帽。經由藍色轉為淡綠後再轉回藍色。

第三種是「原生草」，也是深藍將領的後人，本人也是深藍出身，當台灣的天變成綠色之後，他的西裝居然也隨天色變化立刻變成綠，於是繼續留駐國外，直到2008年天又變回藍色時，他的西裝才再變回藍，也仍留駐國外，有人說他是變色龍投胎。

第四種「好冰草」，品種略似「張皇草」。他是宰相之後人，也常常善於變色。在藍色內不得施展時就變成綠色行政官，頗有「此處不留爺，自有留爺處」的氣概。當綠色轉回藍色時，他又披上藍袍更上層樓。最近遙望2016年的大位，想拿藍色墊底，討好貪腐的綠色來爭取選票。

四種新品種的牆頭草目前的狀況：

(一)「頌魚草」當時拜老豬為乾爹，心想用私情和公利一定可以拴住老豬為己用，不知老豬壯大後不顧情義一口把老虎吃掉，害得「頌魚草」往後左衝右突都闖不出名堂，直到最近被選民看穿陰謀伎倆把草斬去，只剩根在慢慢地爛了！

(二)「張岩草」在黯然下台後，碰巧宮牆被拆掉，宮中已無主，於是「張岩草」設法自牆外搬入牆內，把「張岩草」改名叫「醬醋草」。大家因為他有皇室基因，就讓他再染藍，並且贈以高位。今後心願已了，可能不會再變色了！

(三)「原生草」身段活靈，說變就變，方能占住駐外大位不放，爾後是否再變就不得而知。

(四)「好冰草」至今數度變色都是為升官而變。如今更想連跳數級，不得不以豪賭變色為之。如何豪賭變色？就是把親人踩在腳下，而把敵人捧在頭上。因為敵人在天牢，可是當年所貪鉅款卻分享各方，所以大家不得不聽命其指，怕其告密毀了自己的前程，同時希望其海外所藏鉅款仍能適時滋潤一下自己。因此人在獄中還能指氣使之貪王，成了「好冰草」膜拜討好的對象，不管是否違背至高無上的法律也要把貪王救出大牢。這樣既有競選幫手，又可得到綠色選票，可說是聰明絕頂的妙計！可是經過多年磨鍊之後，老百姓的眼睛已經是雪亮，你是忠臣還是狗官都逃不過老百姓的眼睛，說不定這場豪賭就是「好冰草」滅種的開始！

貪救命錢

陳安利／洛杉磯

風災淡禍財難保，生命安危乃至寶，應急救援為同胞，狀況處置信息報，採購設備集團包，通訊系統片斷爆，豪宅金條置壘堡，官商勾結私囊飽。

清秋故園之思

盧其宇／洛杉磯

秋風落照歸雁鳴，紅楓黃花動鄉情，一去故園六十載，皓首放歌域外行，人面全非書劍老，廟堂金陵換北平，江山代有人才出，大章可在西國乘。

猜謎遊戲

輯八：附　件

一、各界師友長官往來函件（部份）

二、《我所知道的孫大公》出版後的迴響（部份）

三、醒世危言：解放軍空軍上校戴旭的證言

附件一：各界師友長官往來函件（部份）

十月二十三日（星期三）下午七時潔樽候
光
蔣中正謹訂
席設臺北市中山堂光復廳

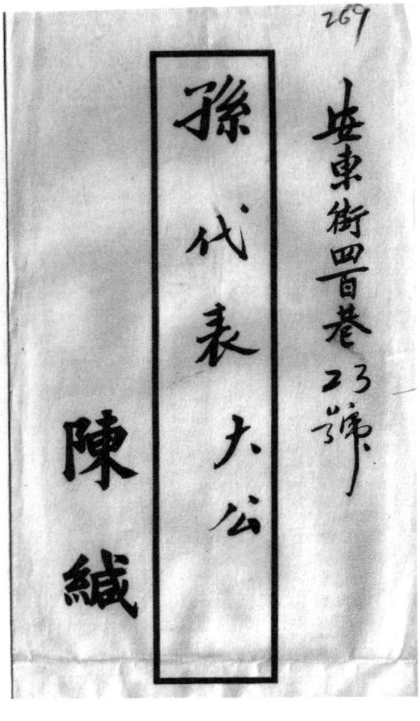

中華民國四十六年十月十六日（星期三）下午七時正
敬備便餐餐後並演出平劇恭候
台光
陳誠謹訂
座設陽明山本院介壽堂

大公同志惠鑒此次本黨八全大會召開於國脈
民命存亡絕續之秋而又為貞下起元中興在望
之際集全黨之精英承　總裁之指導檢討革命
得失厘定復國大計其歷史性的意義不比尋常
尤其　總裁提議增設副總裁一節順應革命要
求宏揚奮鬥精神其對本黨發展前途關係更大
而全體代表一致贊推　辭公擔任副總裁人同
此心心同此望更為本黨革命前途光明之象徵

經國用牋

經國濫竽議席時聆

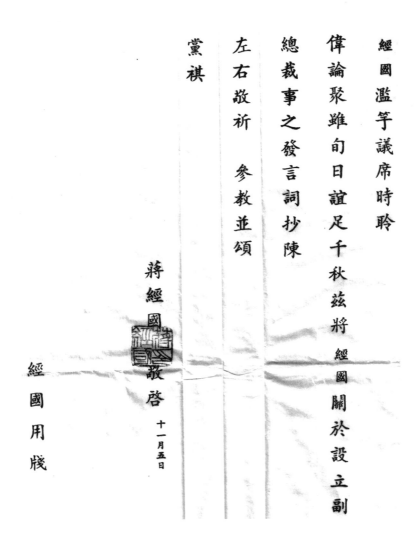

偉論聚雖旬日誼足千秋茲將 經國關於設立副

總裁事之發言詞抄陳

左右敬祈 參教並頌

黨祺

蔣經國敬啓

十一月五日

經國用箋

革命性的再提高

王介生

信心

孫大公

衝破黑暗迎接光明

鄭斌

羣策羣力 消滅敵人

劉賓

獻詞

文簡

群策中興盛會開
三軍怒吼勢如雷
明朝橫海樓船出
不信神州春不回

（蔣經國）

伯父鈞鑒：

讀報載「難忘的一年」，感動殊深，願獻微言，以盡匹夫言責。

但不敏，僅愛國心可取。前曾投筆從戎，與孝文兄為憲兵，期滿後解甲歸田，作良民。因目睹國人生活於前所未有之安樂富足環境，願其綿長，故特將影響民心士氣之社會反應，為一般明哲保身之士戒言者，冒昧呈於　鈞前，以期或有助于參考，尚祈獎其忠而恕其直。

一、一般大眾之反應：

值此國際風雲詭譎之際，國人幸有英明總統之領導，非但履險如夷，而且生活於安樂富足之之中，每人充滿信心與安全感，但存於眾心之疑問，乃是以後有誰具此能力堪為繼任者？放眼國內外尚不見端倪，於是紛紛議論者有之，躍躍欲試者有之，以致眾心不安，而不法小丑藉機蠢動矣！

二、智識份子之反應：

總統宵旰為公，愛民如子，可以為聖，但是部份執行官員，自私自利，不敢擔當，甚且家人滯外，而身懷綠卡，因此祇見良法美意不斷頒佈，而計劃執行不見有效，久而久之，民眾誤以為政府缺乏誠意，則影響民心之歸向甚鉅。

三、憂心國事者之反應：

(一)西諺「滾石無苔，止水生腐」，如今公務員貪汙已不覺恥，警察已昇段販毒，此皆動本爛根之事，而實源於社會之奢靡，請自此處釜底抽薪。

(二)「難忘的一年」七月二十七日所揭示之「公正廉明」為任何政府之圭臬，澈底行之則雖夷亦服，亟望服公者皆能遵從明示。

任愚，不辨玉石，以為撿拾者皆為美玉，故捧之以獻，若謬，尚請

伯父教正。

崇肅 敬叩

國運昌隆

政躬康泰

任

孫大公 叩上

69年5月8日

又及：影本為 伯父於民四十六年所賜之教言，實亦為目前全國上下所應遵奉之座右銘，附此以謝德意。

總統府秘書長
張羣（岳軍）

裝訂線

岳公老伯賜鑒：

侄不肖，胆敢冒昧進言，尚乞

見宥。

近聆新聞報導，驚悉聯合國排我納

匪案成立，令人不勝悲憤。雖際此國際

道義淪喪，公理湮沒之時，此事本不值过

於重視，但國運蹇危，人心不振，此則所

引以為憂者也。

自播遷台島，背水勢成，上下奮勵，

除衛台復國以外無他念。曾幾何時，

陸軍標準規定 No.3-1-61(27.0×38.4)cm28½磅打字紙 @100 59. 4. 6000刀 順印

經濟繁榮，淹沒一切，摧毀國內，奢靡是競，渾忘「宴安酖毒」，「為難興邦」主義。如今風浪更惡，不自強奮鬥以圖存，不革新將難言復國。長者國之元勳，萬民景慕，若登高一呼，定可起激振奮，先安內而後攘外。茲集眾議，擇急切當行，不可須臾緩者，臚列於后，敬供參考。

一、起用新人。

二、根絕貪污。

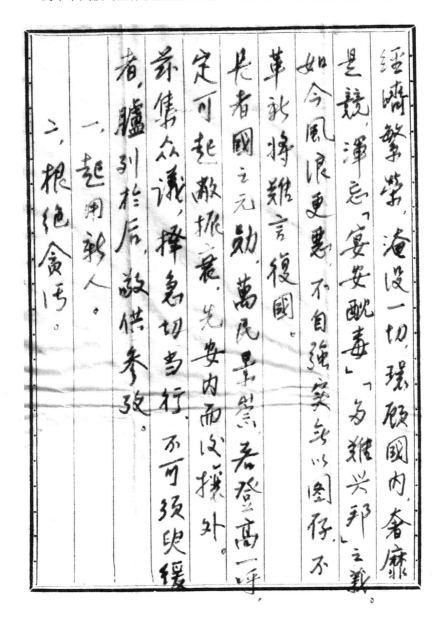

三、提高行政效率。

四、精練三軍。

五、革除奢靡風尚。

侄已卸營長職務，接任陸軍官校軍工系主任，職卑任輕，原不敢妄議國計，第國家興亡，匹夫有責，用敢一攄愚忱，冒瀆清聽，以期貞下起元，否極泰來，光我神州，復我邦國，則幸甚矣。

耑肅　敬叩

崇安

世愚侄　孫大公　叩上

七十七年十月廿六日

陸軍標準規定*No.*3-1-61(27.0×38.4)cm28½磅打字紙 @100 59. 4. 6000刀 順印

大公世兄左右：日前得
手書並獲賜封藉悉
台端選調軍校軍之系主任，作育幹部人才，
明恥教戰，以此報國，意義尤佳。當前國
步益艱，逆流泛濫，世局之詭變，早為
繼統英明睿智所預料，前曾昭告國人
莊敬自強，處變不驚。政府現正就外交、
內政、經濟各方面力謀革新，加強措置，參

中華民國　年　月　日　岳軍用箋

示當前急務五大端衆議僉同其中如根絕貪污提高行政效率各機關正積極推動之中尤以年來司法調查機關所厲行檢肅之措施為衆所共見觀来書字裏行間憂國之情溢於言表良堪佩慰也尚此希復順頌

潭祺

張群敬啓

中華民國六十年十一月十三日

岳軍用箋

大公定律

吳玉孫

大公定律（一）：

凡視其職位如敝屣，而識高膽壯、肯負責、有抱負者，其人之才華必高過其職位。

逆定律：

凡捧其職位如金飯碗、誠惶誠恐、九十度鞠躬、滿嘴「是、是、是」者，其職位必已超過其才華。

大公定律（二）：

做任何事情想成功，就要學馴獅者——一手拿肉，一手拿鞭子。

大公定律（三）：

貪贓枉法者——爛國之本。

公正廉明者——雖夷亦服。

中國國民黨特種黨部委員會證明書

(46)尚組字第 14776 號

查孫大公同志經本黨部選舉並依法當選為第八次全國代表大會代表特此證明

主任委員

右給孫大公同志收執

中華民國四十六年十月二日

三民主義，集古今中外人文思想之大成，以救國救世為目的。其淵源於中華文化道統者，至為顯著。故具有無私無我之「公」；成己成物之「誠」；立人達人之「仁」；不偏不倚之「中」；日新又新之「行」。五者齊備，自能使中華民族大剛中正之特性日顯，能達之富強康樂之新中國，並能進世界於大同。大哉中華！天下為公。

吉公賢姪

陳立夫

中華民國七十七年農曆元旦

台中郵政第四七四號信箱用箋

大公
文山 惠鑒：日前報載藉悉
君等以學行優異，學養俱優，美
國裝校初級班深造，一分努力，一分
收穫，學而有成，至堪欽佩。年
前以裝甲兵司令身份向 君等
致熱烈之祝賀，并預致歡迎之
忱。來日學成歸國，我裝甲兵
陣營又將增添生力軍，殊可

(48) 第237號

台中郵政第七四七四號信箱用箋

先為慶幸也。當此即祝

近祉

陸軍少將 蔣緯國啟

九月卅日

大公兄：

好嗎？我回家已多天了。寄給我的書等[illegible]

十五日方拆閱。所以我讀兩三次。雖然我們短短相聚

兩星期，但我確信你一直在支援。這是難能可貴的。我感

到你的思想實在偉大。希望我們永遠為復國建國

而努力。自從讀書最後的[illegible]。並深以沒能切實做任

何一方面請你指導。不[illegible]别的。你的年紀及社會經

驗比我長。雖闊別不知家的溫暖。目前我想已

為世上最[illegible]的[illegible]。好了，不多談了。請代問陳

誠及諸位同學好。

祝

好

弟 孝文 草上

1955年 [illegible]

大公弟、、、有兩个月沒見了，好嗎？

弟、我先要謝、您的，凡都，還有

您給我电話，中我又不在家，請

原諒。我上週曾到高雄，晚上

自己開車，但您那條路我又笑

又找，我不到，弟留您給我一个

錢，我到您的电話，讓我今以高

先通知您，我下高雄有一点事

（私人）關于祥人嫁、廖、用、蘭、姓

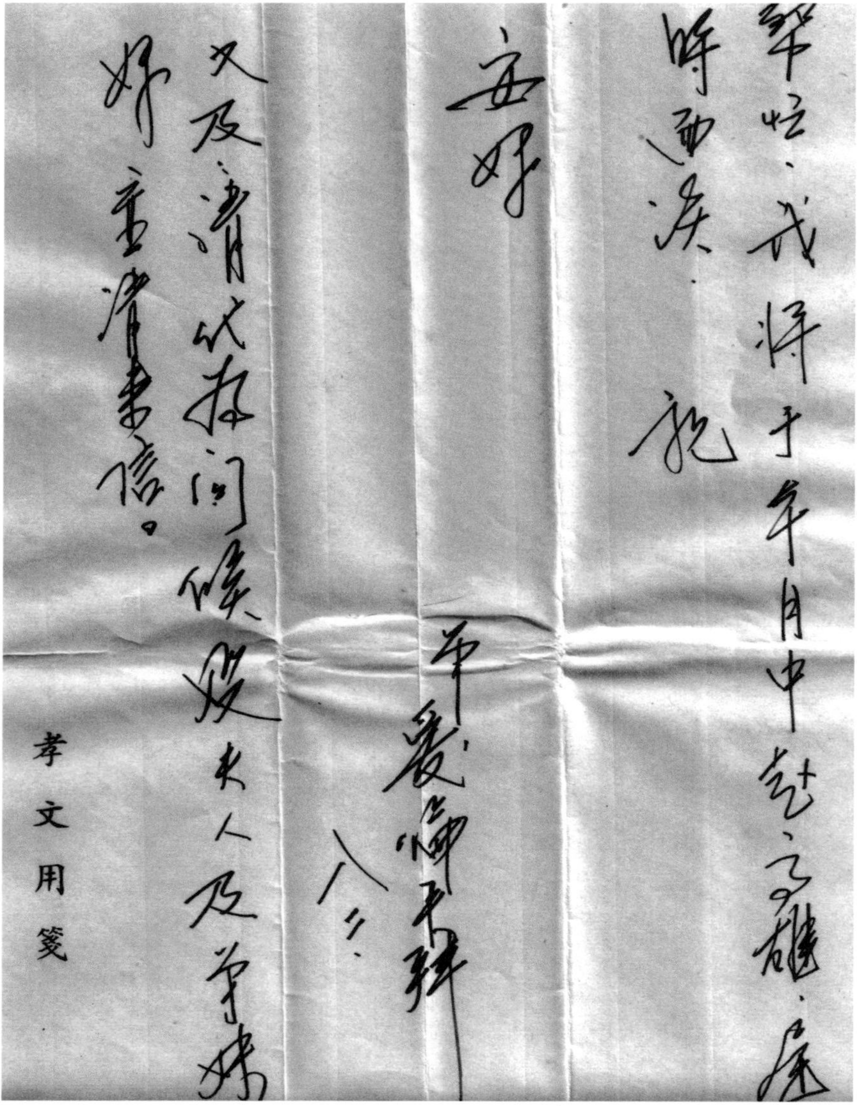

華姑、我將于年月中赴台灣、屆
時面談、祝
安好
弟愛倫拜
八、二
又及、請代探問候姨大人及華姊
好、盼常來信。

孝文用箋

編者註：蔣孝文英文名「愛倫」，筆名「醉兵」。

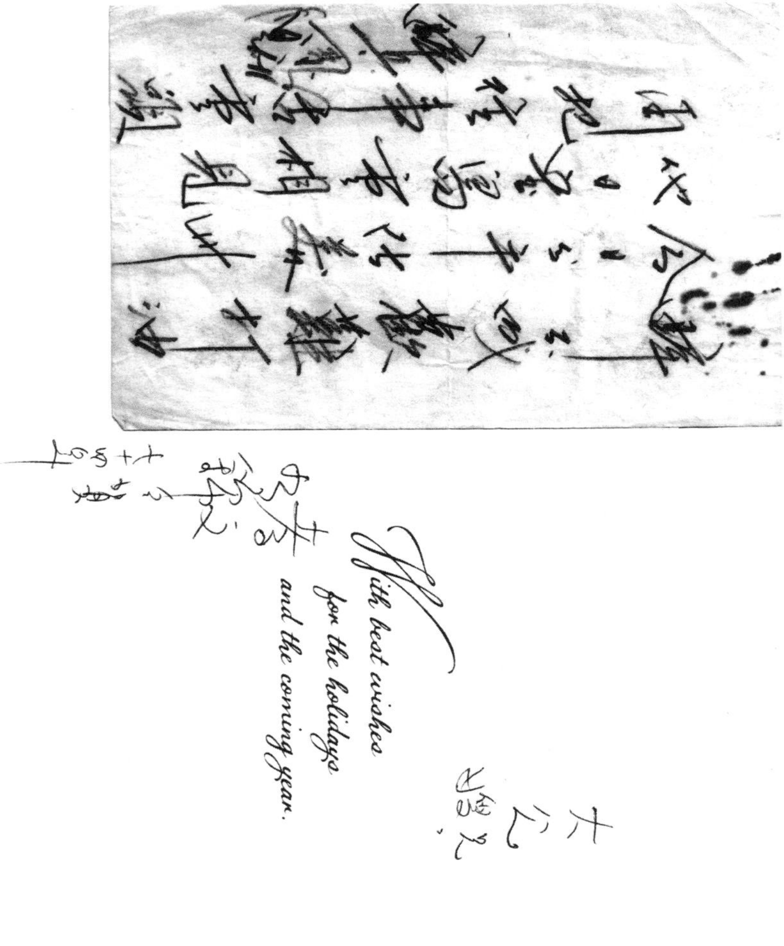
With best wishes
for the holidays
and the coming year.

臺灣警備總司令部用箋

大公世兄

茲訂本月十一日十二時在南京東路四段羽球館便酌希　邀同余琨生簡態泰崔德望陳秉民諸位老弟一同

光降為盼　此詢

近祉

黃杰手啓

福成学弟及44期同学：

新年又届，在此祝大家

健康、快乐、如意！

今年我有一高兴之事与大家分享，就是先父曾告以我们孫家是吴大帝孫權之後。此次我赴富陽市尋根得以证实（请看另（印））。

希望我明年返台時能与大家一聚。

Enjoy the beauty of the season.

大公

2008.12.07

福成学弟：

知道你因經濟因素不得不將「華夏春秋」停刊時，真是為你的雄心壯志抱屈，亦為島內正義之声減弱担憂，好在其他雜誌仍多，你的文采仍有園地可供发揮，希望你秉志堅持。

日本人從明朝開始就大舉入侵中國，當時被稱為「倭寇」，「明治維新」以後就企圖征服全世界，他們的路線是——攫取滿蒙，佔領中國，征服全世界。自九一八始到無條件投降，倭寇殘殺了千百萬中國人，可是他們並沒有懺悔，祇認為輸在兩顆原子彈，有朝一日还是要佔領中國，所以現在日本的一切篡改歷史的舉動，就是為未來再度殘殺中國人做準備。

我不願意中國人的後輩和世人喪失警覺，因此非常贊成對日本人原始獸性的宣傳，特寄些剪報給你，以及兩份「南京大屠殺」的DVD碟，作為你以後為文的參改，亦可多拷貝兩份DVD碟送給有關單位和人員用作宣傳，看看日本人的真面目有多凶殘!!（亦可惜沒有翻譯成中文，同時不知此拷貝是否可用作電視放映？）

祝你

新春愉快

再接再勵

孫大公

2007.02.15

福成学弟：

刚寄出给你的信之後，就看見了有关「博奕」的新闻，我马上写了三封信给立委（附稿），希望他们在立法过程中坚持爱国爱民的精神，把这庞大的利润规定为民有民享，同时也减轻了政府的负担。我想立委之中有大我观念的有识之士应该会赞同的！

有关与传媒打交道之事，可请王韵菁小姐帮忙，她是箇中能手。（你有的资料可统统影印给她）。即祝

時祺

少兄 大公

2012.07.11

民進黨擺明反對　國民黨還待共識

[illegible]弈法

記者李昭安、黃驛淵

台北9日電

馬祖前天通過博弈公投，國民黨團書記長徐耀昌說，行政院未來若將博弈專法送到立法院審議，將支持立法；民進黨主席蘇貞昌表示尊重公投結果，但不能只通過一個母法，相關法律、配套措施更重要；民進黨團總召柯建銘則表明，民進黨團反對博弈政策。

民進黨立委陳節如表示，她將建議民進黨團在立法院強力監督博弈立法，甚至不排除以焦土方式阻擋。

她說，根據離島建設條例，離島對於設置賭場有同意權，但從同意設置到法律依據設置、行政院核定執照等還有三、四個關卡，凸顯出條文在程序上的錯置及荒謬。

陳節如說，行政院若核定博弈執照，馬英九總統就必須承擔推動賭場的後果。她憂心公投法規定每三年可重新投票，如今馬祖、澎湖不管正反方都嗆聲要捲土重來，「離島會陷入賭場魔咒而無法脫身」，甚至增加貪腐的溫床。她希望民進黨團有一致共識，共同反對博弈專法。

國民黨中央政策會執行長林鴻池表示，博弈專法還沒送進立法院，目前沒有立場問題，應該等有行政共識後再來做討論。

徐耀昌說，馬祖和澎湖、金門等離島不同，資源相對較少，設賭場是繁榮地方經濟的捷徑，至於道德問題，可在博弈專法中設條款予以規範。

金門籍國民黨立委楊應雄說，地方對博弈產業有質疑，「行政部門應該先把遊戲規則和產業的大方向說清楚，我們再來討論。」

金門縣議員陳滄江2009年8月帶著460分連署書，向金門公投審議委員會提出博弈公投申請，2011年時以「反對財團炒作土地」為由撤案，但因申請文件未達撤案門檻，程序未完成。

美國 世界日報 2012.07.09 A6版

附件二、《我所知道的孫大公》出版後的迴響

總統府用牋

大公先生台鑒：

日前承由陳福成先生代轉《我所知道的孫大公：黃埔28期孫大公研究》乙書致贈 總統夫人，業奉 閱後交下，特囑代申謝忱。耑此奉復，順頌

時祺

總統府第二局

中華民國100年5月6日

福成先生道鑒：

薰風作拂，化日方長，敬維

文祉增綏，為學發軔為頌，渥蒙

賜贈「我所知道的孫大公」著作乙書，隆情盛意，感

篆良殷！

賢棣才華藝世，文采繽紛，長年以來潛心著作，作品

廣涉軍事、領導管理、小說、翻譯及現代詩等六十餘

冊，誠謂「軍人作家」，當之無愧！本書詳述

大公老師允文允武，無私無我之一生行誼，身在海外，

仍心繫國是，強烈國家民族情操，堪為革命軍人忠貞

典範。所贈鉅作，當珍藏拜讀，特虔函馳謝！

適值國防事務變革之際，敬祈

時賜箴言，俾資借重，不勝企禱！耑此　順頌

近安

高華柱　敬啟

一〇〇年五月六日

華柱用牋

正本

裝

行政院秘書處　函

機關地址：10058 臺北市忠孝東路1段1號
傳　　真：02-33566920

台北市萬盛街74-1號2樓
受文者：陳福成先生

發文日期：中華民國100年5月5日
發文字號：院臺秘字第1000096847號
速別：普通件
密等及解密條件或保密期限：
附件：

主旨：臺端本（100）年4月間致贈本院吳院長「我所知道的孫大公」一書，已收悉轉陳，奉復申謝，並祝健康快樂。（叁）

正本：陳福成先生
副本：

訂

行政院秘書處

線

福成先生大鑒：

大函敬悉，遲覆乞諒！

您所贈「我所知道的孫大公」乙書，已轉呈委員；委員親閱後，對您關切國家未來之熱忱極為敬佩，特此致謝！

今後您若還有任何建議，歡迎隨時與我們聯繫。

耑此 敬頌

時祺

林郁方國會辦公室 敬上

中華民國一百年七月十四日

立法委員用箋

江苏省黄埔军校同学会

福成先生大鑒：

首先感謝賜寄《我所知道的孫大公》大作，二○○一年　大公学長率「黃埔校友旅美訪問團」作「溯源之旅」來南京晉謁孫中山先生陵寢，由江蘇省黃埔軍校同学會接待，有緣相處交流數日，欣佩　大公学長愛國愛民族精神，惜時日匆匆未儘暢談，此後雖每年均互致年卡賀歲，今獲　先生大作，拜讀之餘得以全方位認識　大公学長不愧為副題：為中華民族再添一抹光彩。

弟為十五期第六總隊校友，抗战爆發時在南京國立中央大学實驗中学讀书，為抗日救國投筆從戎。抗戰勝利后任職于國防部二廳。時代變遷，但堅持愛國愛民之心

地址：南京市北京西路 30 号宁海大厦 1910 室　邮编：210024
电话：025-86631261（传真）　83321128-1910　86636376

江苏省黄埔军校同学会

未減。大公学長與弟所處有異，但愛國
愛民之心互通，親愛精誠校訓互遵。
世界潮流奔湧向前，順之者昌，逆之者亡。
馬英九執政以來，兩岸關係好轉，我
黃埔校友流血換取台灣光復，豈容"獨立"?!
和平統一乃當今潮流，願我黃埔校友
努力奮鬪以求早日實現。然否？

再次感謝！祝

安康！

学弟 張修齊 敬禮！

二〇一一年五月十四日 于南京.

地址：南京市北京西路 30 号宁海大厦 1910 室　邮编：210024
电话：025-86631261（传真）　83321128-1910　86636376

福成先生暨夫人：

大作《我所知道的孙大公》早已收到谢谢。我系十七期黄埔同学曾在十八、十九期任教，和吴言石谦学长在陆军大学参谋班同学，他已于今年一月因病去世，至感悲悼。如有机会欢迎您到上海来观光参访。

新年来临恭祝

节日快乐　健康长寿　万事如意　阖家幸福

中国艺术家交流协会　终身名誉主席
西南联合大学上海校友会　会长
上海市黄埔军校同学会　理事
上海市黄埔军校同学会普陀区工作委员会　主任委员
政协上海市普陀区十一届委员会　委员
上海市普陀海外联谊会　理事

夏　世　鐸

地址：上海市大渡河路1668号1号楼C区1308B室　邮编：200333
电话：52564588-3327
住址：上海市莲花路425弄13号302室　邮编：201102
电话：021-64804493

夏世铎敬贺

2011.12.

上海市黃埔軍校同學會

福成校友：謝謝您惠寄
大作《我所知道的孫大公》。
孫大公校友，曾是我的老同事，
我們還曾經在台北共同
有很深的友誼。收到大作，
使我感到很親切。我們
正在為我們共同的理想
——我們都熱愛祖國統一
與共同的祖國富強和平統一。
歡迎到上海來走走。謝謝
好友，祝
全家幸福

2011.5.7

世界日報 worldjournal.com 2010年7月18日 星期日 SUNDAY, JULY 18, 2010 大陸(二) A14

羅援少將：美滿月形圍堵 中國應反制

美韓軍演帶給周邊地區負面影響不容低估 中方應高度警惕

大陸新聞組

北京18日電

近日美國海軍三艘核動力攻擊潛艇同時在亞太露面炫耀武力：「佛羅里達號」停靠印度洋前哨迪戈加西亞港，「密西根」號停靠韓國釜山港，「俄亥俄」號停泊在菲律賓蘇比克灣。人民日報報導，中國軍事科學學會副秘書長羅援少將日前在與人民網網民在線交流時指出，美韓軍演給周邊地區帶來的負面影響不可低估，中方應該高度警惕的是，美國從沒放棄針對中國的圍堵，目前已形成「滿月形」包圍、三道封鎖線。

據報導，羅援少將指出，美國三艘核動力攻擊潛艇的調動，要把它放在整個美國戰略布局上來看。以前美國採取「雙頭鷹政策」──既看住歐洲，又看住亞洲，現在它把整個軍事部署朝亞太地區傾斜了。美國在第一島鏈對中國進行圍堵，加上在關島地區、夏威夷地區，形成對華三道封鎖鏈。

有人說美國對華形成了C形包圍，但[redacted]，（在中國周邊）東西南北都擺點布勢，像下圍棋一樣，在這些地區搶占戰略支撐點。美軍將60%的攻擊潛艇都計畫部署到亞太地區，另外，還計畫把戰略轟炸機部署在關島。對此，中方應該高度警惕。

報導引述羅援指出，中國現在的周邊環境並非太平無事，我們要有憂患意識、國防意識。面對「包圍」，中國在應對上要體現出「大的格局、大的思考、大的戰略」。一方面要加強自己海空力量的建設，另一方面要在周邊建立一些戰略支撐點，經營好周邊安全環境。另外，對一些針對中國的含有敵意的行動，要給予針鋒相對的反制措施。

羅援表示，在南海問題上，我們對外宣示主要有兩句話，「擱置爭議、共同開發」。但是現在的問題是，我們積極主張用和平方式、用外交手段解決南海的一些爭議問題，和相關國家簽署了一個南海共同行為準則，就是《南海共同宣言》，我們認真地執行著這個行為準則，但是有些國家屢屢違反南海行為準則，派他們的一些國家領導人到一些有爭議的地區進行主權的宣示。

本書編者按：美日的狼子野心，詳見書末附件三「醒世危言」一文。

附件三、醒世危言：解放軍空軍上校戴旭的證言

本書編者註：在孫大公先生的書函中，許多地方警示國人，提防美日的狼子野心，他們處處在積極準備包圍、進而分裂中國，本文是有系統的證言。

我們國家沒有國家戰略

整個晚清，清醒的只有曾國藩的幕僚趙烈文一人。他一八六七和預言國家將亡的時候連曾國藩都不相信。因爲這個時候，洋務運動剛剛開始，一切都呈現出欣欣向榮的景象。但趙烈文從當時官府明火執仗、社會兩極分化、百姓窮困潦倒、朝中大臣無能的情況，當然還有外敵虎視眈眈的外部背景，推斷清朝將在五十年內滅亡。

最大的危險是看不到危險。我們的很多學者和官員，只看到鮮花美酒，GDP，眼睛盯著權位和女人，像一隻短視的食草動物。

中國能否擺脫下一場戰爭劫難

在深圳大學的演講

戴　旭

（著名軍事評論員、解放軍空軍上校戴旭，接連出版了《盛世狼煙：一個空軍上校的國防沉思錄》、《海圖騰——中國航母》、《C形包圍：內憂外患下的中國突圍》等書，其充滿危機意識的見解，引起不少讀者的關注。前不久，戴旭應邀赴深圳大學演講，在此選登部分內容，僅供讀者分析參考。）

以下爲演講內容：

前不久我曾參加了一個論壇，舉辦方當時邀請了60多個人，號稱是中國戰略界的精英，那天我本該在下午發言，但聽了他們上午的發言，我忍不住就把話筒搶過來了。幾乎所有人都在講，我們的GDP已是世界第三，很有可能超過日本成爲世界第二，說我們再忍十年，就可能超過美國，成爲世界第一GDP大國，到那時，我們中國說話就算數，就可以揚眉吐氣了。我說：「這個誰告訴你的？我怎麼聽不懂你在說什麼？」

關鍵在GDP品質而非數量

據我所知，一八四〇年的時候，清朝的GDP是英國的六倍，英國是什麼國家？它是日不落帝國，它的GDP占世界的5％，我們當時的GDP占世界的33％，英國相當於我們的六分之一。我說：你的 GDP 比英國大這麼多，你怎麼被歐洲肢解了？清朝軍隊當時有一百多萬人，一八四〇年進虎門的英國遠征軍只有四千人，結果我們一百多萬人的中國軍隊和人家四千人的一支軍隊簽訂了《南京條約》。到一八九四年，人家在我們的土地上爭奪了五十年之後，我們的 GDP 還是日本的九倍，你比日本多這麼多，怎麼反而被日本打敗丟了臺灣呢？

當時會場上的專家們說：那爲什麼美國的 GDP 占世界三分之一，美國就是世界上最大的國家呢？我說：這就要看 GDP 是由什麼構成的，不能光看 GDP 的數量。

今天美國 GDP 的構成是什麼？太空產業、航空產業、船舶製造，人家的航空母艦全是自己造的，民航全是自己造的，軍機也是自己造的。電腦產業、生物科技、現代農業，它占世界第一的軍事優勢就是這些東西在支撐。日本的 GDP 是什麼呢？汽車工業、電子工業，全是這些。正因爲這些工業奠定了日本在世界上第二強國的位置。俄羅斯的 GDP 現在也是機械製造、航空工業、核工業。所以說儘管俄羅斯的 GDP 只有我們的一半，但世界上仍然把俄羅斯當成大國，這也是俄羅斯下一步必將復興的基礎。

再看清朝，我們清朝的 GDP 是什麼呢？清朝的 GDP 是茶葉、蠶絲、瓷器這些玩意兒，人家是什麼？鐵甲艦、大炮。所以我說戰爭是雙方 GDP 品質的對撞，不是 GDP 數量的抵消。一天我和軍工產業的一個老總聊天，他說航空工業的老總提出，航空工業要在近幾年內達到萬億產值。達到萬億有什麼用呢？如果不掌握核心技術，單純追求 GDP，那就什麼都不是。我們今天的 GDP 跟清朝差不多，主要是什麼構成的呢？房地產、紡織品。

有一句話是薄熙來說的：「八億條褲子換歐美一架飛機。」一八億條褲子想想堆起來有多大，把一個大型的廣場都占滿了，才能換人家一架飛機。還有煙酒、玩具，就是這些東西，這些東西在戰爭時不能轉換爲國防力量，我們不能拿著玩具去跟人家打仗吧。所以在戰爭的時候怎麼辦？那就「用我們的血肉築成我們的長城」。

在我的《盛世狼煙》那本書裡，我說房地產支撐不了大國崛起，我當時有一個觀點，我說：現在的房地產，是國內的壟斷資本和國際資本聯合起來打劫中國人民的財富。我們目前所有主力戰鬥機的發動機全是人家的，殲-10 用的是俄羅斯的發動機，飛豹是英國的發動機，預警機 EL76 是人家的原機，我們很多大型軍艦用的也是人家的發動機，你連個發動機都造不出來，搞一萬個億有什麼用呢？

欠我八千億美元國債怎樣還？？？

美國人欠了我們 8000 億美元國債，我們想沒想過美國會不會還？我們的官員跟美國的領導人說：你要保衛我們資產的安全。美國人說：你放心，你這塊肉在我肚子裡很安全。那你什麼時候拿回來呢？它可能回不來了。我有好幾個理由可以支援。

去年九，奧巴馬宣佈對中國輪胎實施爲期三年的懲罰性關稅以後，有五十五個國家在幾天之內對我們進行反傾銷起訴。一個美國人說的：目前世界各國都在拉幫結派，利用世貿組織的規則對中國發起暴徒般的反擊。

能否擺脫下一場戰爭劫難

講到這個情況，我又提出一個問題，就是中國面臨的情況，除了內憂外患外，我們能否擺脫下一場戰爭劫難？美國是一個軍工綜合體的國家，美國有三分之一的企業在從事軍品生產。不打仗誰要軍火呢？所以美國到處打仗。我們今天用的很多東西，實際上都是美國的軍工產品。我們的手機是美國在朝鮮戰場上用的一個戰場通信系統，那就是手機的原型。電腦是美國當時在核軍備競賽中爲了超越蘇聯發明的。這些都是把軍用技術轉爲民用的。所以我說，美國一定會打仗。

戰爭總是跟著財富走，這是世界經濟規律，就像食肉動物跟著食草動物走一樣。我們可以看二十世紀的三次財富大的轉移，第一次是歐洲從中國搶完財富以後，歐洲暴富起來了，在上世紀五〇年代以前，歐洲成了世界的財富中心，就在這個地方連續爆發了兩次世界大戰。第二次財富轉移發生在七八〇年代，中東的石油成爲西方的命脈，所以從那時候，中東連續打了二十多年五場大的戰爭。

我認爲未來二十年，中國會面臨大的考驗。爲什麼我說二十年呢？到二〇三〇年的時候，我們的城市化可能達到最高峰，正好也是世界走出金融危機，世界新一輪經濟革命完成的時候，而且很多國家的軍事革命也完成了。所以這個時間是一個非常重要的節點。

腐敗問題也會加速危機的到來。忘了奮發向上的生活，整天忙於滿足物質的欲望，這種民族肯定是要衰敗的，歷史規律就是這樣的。我希望我們的國家從 GDP 的迷途中醒過來，確立正確的戰略思維。

（《青年參考》 演講人 戴旭）

戰爭就要來臨我們還在沉睡

作者：戴　旭

今天中國的經濟，有人說是房地產經濟，我看有幾分道理。在激素的刺激下，中國長成了一個沒有骨頭的大胖子。我們錯把重量當力量，把肥大當強大了。

除了這個經濟發展的概念之外，還有一些國內外的人，在說著很多漂亮話，解除中國人的精神武裝。這裡我就要說到第一個演講的門蒂斯先生。因爲他發明的一個「中美國」的G2概念，讓不少中國人聽了很受用，認爲美國人終於把中國當平等哥們了，至少是承認中國的實力了。前幾年佐利克說個中國是利益攸關方，不少人就很感動。可是，聽了門蒂斯先生關於G2的解釋，我總是感到不對勁：他說，中國人生產，美國人消費；中國人掙錢，美國人借錢。就這個模式。這根本就是讓中國當奴隸，讓美國當老爺的模式嘛！憑什麼中國人天生就要爲美國人打工？我們自己不會消費嗎？中國人真的是牛，吃的是草，擠出來的是奶，還要端給美國人喝？爲什麼美國要借中國的錢？世界上有富人向窮人借錢的道理嗎？國金證券首席經濟學家金岩石先生給我講了他的導師索羅斯的故事。他說這個七十多歲的美國大富豪，現在是怎麼生活的呢？就是每年和一個不同種族的女人發生一次戀愛，一年換一個。有協議，很合法。再就是捐錢給美國的窮人。他這種消費財富的方式，其實就是今天美國糟蹋世界錢的縮影。它通過美元霸權，攫取全世界的財富，就這樣玩錢。這就是美國人借了中國錢的用法。中國人的錢是怎麼掙來的？每年的礦難，環境污染，辛苦的打工者，中國的錢都是帶血的。但是，美國「借」走就像索羅斯這樣玩。

那美國怎麼還呢？我在這裡要加上一個個人的判斷，並且願意與諸位打賭：我認爲美國欠中國的錢，是永遠不會再歸還了，至少不會等值歸還了。就像一塊肉進了狗肚子，你怎麼還能指望它給你吐出來呢？我們有些人還要求美國保證我們美元資產的安全，這就等於跟那條狗說，你要保證我們那塊肉的安全。狗一定會說：放心吧，你的肉在我的肚子裡很安全！

一些學者可能會較天真，你可以賣呀。但是你賣，它可以凍結啊！你賣不了。賣少點可以，賣多了不行。

它只是不斷地借新錢還舊債，都是你的錢在迴圈。所以，表面上看起來它在不斷的還，實際上是在吃你的肉，卻在拉狗屎給你，因爲它在通貨膨脹，錢在貶值。它不可能真正還肉給你的，它怎麼可能吐出來？我最初只是判斷美國不會還，金岩石博士給我講的另一個故事證明了我的推論：有一天巴菲特在一個經濟學家和政府官員參加的會上說，美國經濟的運轉，就是靠不停地借錢。一個美國小孩問他說：巴菲特爺爺，您這輩子借的錢，將來是不是要讓我們去還？巴菲特說：孩子，好好學習！讓你的孫子替你還！那我們就看看，未來美國孫子是怎麼還這筆天文數字的錢吧！而且門蒂斯先生在演講中，也回答了我之前對這個問題的質疑：他說，當初我們欠英國人的錢，我們把它打跑了。我們也欠過荷蘭人的錢，我們也把它打跑了。我們現在也欠中國人的錢。本質上這沒有什麼不同，只是八千萬和八千億的區別。馬國書先生跟我說，這是他在開玩笑。可是我就是笑不出來。一個黑老大，「借」了你的錢，他帶著打手、槍炮和狼狗，你一個乾巴瘦的平民小老頭敢跟他要？能要得回來？所以，現在它們關於保護我們資產的承諾，在我聽起來就是放狗屁。這就是我們能指望的了，要麼是狗屁，要麼是狗屎。你要再不服，它還可以露出帶血的狗牙給你看看：你是要錢，還是要命？！

二〇三〇肢解中國

中國正面臨第三次被瓜分的危機（1）

在社會持久*和日益貧困化的情勢下，發達國對中國將像對非洲落後民族一樣，提出淘汰人口（即滅絕種族）的要求。美國曾經有過一個對於全球的設想。他們認爲，最理想的地球，人口應該只有現在的20%。所以，我在想，美國扶持並刺激一些中國周邊的國家擁有核武器，以後會不會策劃一場針對中國、印度和亞洲其他地方的核屠殺。美國現在在亞洲和歐洲的邊緣地區部署反導彈系統，就是害怕這些核導彈，飛到亞洲以外的區域。亞洲是世界人口最稠密的地方，也是西方文明很難徹底統治的地方。

只要中國不從屬於西方利益特別是美國利益，試圖維持本民族獨立，中國就必然長期被西方集體孤立和抑制。當年的蘇聯，今天的俄羅斯、伊朗等國面臨的困境和問題，和中國是一樣的。美國對付中國的戰略，是一貫的，清晰的，不分黨派。政治的、文化的、外交的、經濟的、軍事的，時而國際時而國內，時而搞個什麼G2「中美國」概念，忽悠中國，離間中俄，時而又在兩岸和中日之間左右逢源，在中國周邊又打又拉，分化瓦解，笑裡藏刀，組合拳，連環腿，步步緊逼，近二十年來可以說始終不給中國片刻喘息機會。而中國則是四面招架，防不勝防。總結一些美國對中國的做法，幾乎可以編一本《折騰中國的千百個理由和做法》。奧巴馬上台以後，很多人以爲他可能比前任對中國好點，結果如何？連續兩個反傾銷，貿易保護主義先拿中國開刀。

第三個，也是最重要的，就是歷史的啓示——

一百年，英國的經濟危機，導致了第一次世界大戰。

整整八十年前的一九二九年，由於美國的經濟危機，世界和今天一樣也陷入巨大的金融恐慌，進入大蕭條期。先是兩年後日本佔領中國東三省，選擇以戰爭拯救經濟的國策；十年後的一九三九年，德國在歐洲發動戰爭，整個世界陷入浩劫。一場金融危機，讓人類付出這樣的代價。今天，格林斯潘說，我們將面臨百年一遇的大危機，遠遠超過上一次的大蕭條。誰能告訴我這次金融危機，一定不會導致戰爭？蘭德公司已經爲美國公司建議說與其用七千億美元救市，不如打一仗。美國的軍工寡頭們，會忍受這樣的危機到什麼時候？上一次危機，列強國家的寡頭忍了十年，二十年，我不知道未來十年，如果美國的經濟一直不能復蘇的情況下，美國的寡頭會做何選擇。

上次蕭條期，各國都選擇了大規模製造武器，日本大批的航空母艦就是這個時期突破華盛頓條約限制而製造出來的。美國也是這個時期大造航空母艦、遠程轟炸機，最後，這些東西都用上了。這和今天的情況一模一樣。全世界只有中國宣佈用4萬億帶動二十萬億人民幣造「鐵公雞」，鐵路、公路和基礎設施。其他大國都在造軍備。日本今年下水兩條直升機航母，印度宣佈將造三艘航母，十艘核潛艇，美國已經製造了近二百架的F-22，還在繼續大規模研製新一代武器，二〇〇九年六月成立網路戰司令部。俄羅斯也在進行大規模的裝備生產。

中國因爲沒有實現工業化，沒有親身經歷兩次經濟危機，對經濟危機會導致世界大戰沒有直接記憶，所以對眼下的金融危機可能會導致什麼後果，還不怎麼明白。

如果這次金融危機導致戰爭，我認爲還是一場世界大戰。二十世紀喊了多少年的第三次世界大戰，很有可能將在二十一世紀爆發。

中國一點都不想打仗，不想和美國搞對抗，但美國卻費盡心機，折騰中國。就像牛一點都不想和老虎對抗，但老虎總是圍著牛又吼又抓，還時不時咬一口。小布希上臺，對中國咄咄逼人；奧巴馬上台，又對中國展開不動聲色的合圍。以眼前論，美國深陷金融危機，不好好做自己的事，救自己的金融機構和實體經濟，希拉蕊和奧巴馬還到處穿梭，忙於包圍中國，還製造十四噸的超級大炸彈。很多人想不明白爲什麼。

除了前面說的總體戰略原因，從長期說，是防止中國利用美國陷入金融危機的時機，實現國家的大幅度發展，進入強國俱樂部。那樣，世界上不僅多了一個經濟領域的分羹者，還少了一群最廉價的打工者。西方——主要是老歐洲國家，也是出於這一動機，加入以美國爲首的、對中、俄的戰略包圍圈。看看北約國家在阿富汗的積極程度，看看德國、法國在*問題上對中國的干涉和糾纏就知道了——削弱中國，永遠是西方的戰略目標。這些嘍囉跟著美國混，就是因爲美國撲倒大獵物之後，它們可以分點殘羹剩飯。從短期說，美國現在包圍中國，就是要把資本趕到美國去。資本是什麼？是一隻鳥。鳥的膽最小，哪裡安全去哪裡。這也是本‧拉登的高明之處，把美國世貿大樓打掉了，把資本之鳥驅散了，其中很多跑到中國。現在，美國拿著「槍」來了，想把這些鳥再嚇走，再飛到美國去。嚇不走就打走。這就是美國在中國周邊製造危機，在中國國內製造動亂的全部目的。」

歷史並沒有遠去。一八四〇年，歐洲第一次對中國瓜分；一八九四年，中國洋務運動也就是第一次改革開放失敗，世界對中國進行第二次瓜分。

在這五十年的兩次瓜分中，中國失去了中華文化圈中的日本，朝鮮半島；東南亞；臺灣；東北大片領土以及蒙古。

中國像一個巨大的冰塊，被西方敲掉了一大圈。

只是由於二戰的爆發，帝國主義國家間狗咬狗，中國才從日本和西方兩隻狗嘴裡死裡逃生。之後，蘇聯的崛起，把西方勢力頂住，中國加入東方陣營，才守住本土不失。

但是，現在，蘇聯倒下了，西方對中國的第三次瓜分又在醞釀了。在以往，釣魚島*問題、南海問題和藏南問題，都是蟄伏著的。現在全都出來了。而且所有這些問題，控制權都不在中國一邊。而且所有的問題背後，都有美國。

除了進一步掠奪中國的領海、領土，美國還在搞中國僅有的兩三個能夠稱得上朋友的小鄰國，還在做試圖肢解西藏、新疆的文章。

我一直有一種強烈的預感：未來的十到二十年，也就是二〇二〇到二〇三〇年左右，會有一場針對中國的大屠殺，大哄搶。

這不是危言聳聽，而是有著歷史的邏輯。

讓我們想想，從十六世紀到十八世紀，西方以地理大發現的名義，到處進行掠奪，南美洲的黃金、白銀，非洲的木材、黑奴；地理大發現其實就是財富大發現。到十九世紀它們發現了世界上最富裕的中國。一八四〇年的時候，中國富甲天下，到一九四〇年的時候，一百年中被世界搶得只剩下一片焦土，成爲世界最窮的國家。發生在中國這片土地上的，稱得上戰爭規模的就近百場。這些戰爭，就是在奪中國的財富。他們在中國的土地上打敗中國，讓中國賠款，割地。這跟一個強盜到人家裡的行爲有什麼兩樣？有錢拿錢，沒有錢拿東西，拿地，什麼都沒有就讓人家借錢給他——中國最後不是借歐洲的錢還日本嗎？最後還殺人家的男人，強暴人家的女人，燒人家的房子，圓明園遺址不就是這樣留下的嗎？

如果當初中國懂得守護自己的財富，今天中國人比美國人富裕得多。可惜歷史不能假設。

把中國奪完以後，自己又互相奪。兩次世界大戰打累了，他們要進行第二次工業革命，發現了中東的石油，於是，又到中東去奪。中東又打了五十多年，一直到現在。

回顧這個歷史，我們會發現什麼規律呢？那就是當一個地區成爲世界戰略的焦點，也就是當你成爲誰都想爭搶的食物之後，圍繞你所進行的戰爭，短則四、五十年，長則近百年。

現在，今天的中國，就和鴉片戰爭和洋務運動之後的中國一樣，你有錢了，就是長肥了，所以食肉動物都來了。

中國人一直夢想的是復興和崛起，但在美國和日本的眼裡，它們思考的是一隻肥牛已經長大，何時開刀宰殺。一百多年的洋務運動不就是如此嗎？經過三十多年「改革開放」，中國積累了很多財富，日本突然撲上來，像一隻野狼咬住牛蛋一樣，把中國放倒，然後其他猛獸一起撲上，把中國洗劫一空。現在，中國改革開放又三十年了，又弄了不少錢，它們又眼紅了。特別是看到很多中國人沒有警惕不思進取，更覺得有機可乘。

所以，美國率領歐洲的那一群老的食肉動物，又帶了亞洲的一群小動物，在中國這只大黃牛身邊轉來轉去，尋找下手的地方和時機——有的公然佔有中國海島，大肆攫取中國資源；有的把石頭當鑽石賣給中國，有的……舉世無不以欺壓中國為能。

我預感未來中國要麼會遇到巨大的內部*，或周邊此起彼伏的戰爭，要麼兩者一起來。一旦打起來，亂起來，時間就短不了。我判斷美國不會直接和中國打，因為大國之間動起來，地動山搖，而且美國從來都是讓別人打頭陣，等人家打累了，自己再上。可能先發生周邊地區的戰爭，美國干預，先消耗中國。這些戰爭除南海以外都有可能引發核戰爭。等中國打累了周邊也打累了，美國就該出來了，像兩次世界大戰一樣，當漁翁，撿走亞洲五十年發展的成果。

為什麼是二〇二〇和二〇三〇年？看看美國給自己軍隊定的轉型時間表就知道了。到二〇二五年左右，美國現在的四大軍種，全部轉型完畢。那時，它還有兩個新軍種，一個是天軍，一個是網軍，這兩個是主力。六大軍種，採取「一小時打遍全球」理論。美國以往對小國，是斬首行動；未來對大國，是快速戰略癱瘓。

我要簡單地介紹一下美國的新軍事戰略。它「一小時打遍全球」的三大武器系統，一是安裝常規彈頭的三位一體的洲際導彈，二是空天轟炸機，三是太空武器和網路武器。之後，才是隱身空軍和無人攻擊機、機器人部隊等。它的防禦體系就是全球反導系統。攻防兼備。爲了實施這一最新理論，美國一直在進行數字地球的工作，其實就是建立地球軍事地理資訊。它的偵察衛星已經把地球掃描完畢，它的飛行在全球的偵察機，進一步做資訊補充。它們還通過美國公民全球的合法旅遊，拍攝視頻、照片，充實這一資訊庫。前兩年中國在新疆和甘肅等地連續發現日本人搞測繪，其實就是在爲日美提供戰略資訊。清朝時候日本就開始測量中國的地理了。現在又開始了。

爲什麼是二〇二〇和二〇三〇年？還在於今天中國的發展模式，將在這個時候到達危險的臨界點。

從金岩石先生的研究中，我看到這樣一個資料：中國在二〇〇九年，超過美國成爲世界第一大貨幣發行大國。我們發行的貨幣跟美國一樣多，但美國的 GDP 是中國的三倍多。美國的貨幣可以流出，我們的貨幣不能流出，只能是連續的通貨膨脹。他的研究成果裡，還有這樣一個結論：那就是中國並沒有成爲世界工廠的條件，但卻支撐了一個世界工廠的事實。中國爲外需構建的生產產能，只能靠內需消化。要內需就得城市化。他判斷未來二十年，中國還有五億人進入城市，北京會達到三個億，上海會有二個億的人，上海和北京的房子，會達到三十萬元一平米。金先生開玩笑說：他說在這樣一個財富迅速膨脹的年代，可以讓革命家變成投資家，讓未來的暴徒變成投資人，爲容易起火的乾柴，覆蓋上一層泡沫。

我部分同意他的這個結論，因爲這也許對國內的安全形勢有效。但對於外部，這樣急劇增加的財富泡沫，就像一個特別巨大的麵包，將更加吊起那些食肉動物的胃口。而且，這樣的一個城市化規模，中國會需要多少汽車？多少汽油天然氣？多少鐵礦石？我們對海洋和能源的依賴將比現在嚴重幾十倍。危險係數也一舉增加了幾十倍。

我們用票子吹起了一個氣球。但是，氣球會爆炸的，看看日本就知道，泡沫終將破滅。但是，日本是個高技術大國，又有美國的保護，它經濟泡沫破滅了，只不過從頭再來。中國呢？泡沫破滅之日，一定是戰爭來臨之時。這一場戰爭，如果被我不幸言中，結局比一百年前還嚴重，我認爲中國將會被瓜分。美國、日本早就有」中國七塊論「我們不能只是當笑話聽。二〇三〇年，當我的泡泡吹到最大的時候，也正好是美國和其他列強新型軍隊打造完畢，戰刀出鞘的時候。回顧歷史可以看出，每一次世界新軍事革命完成之後，接下來都是世界政治格局的重新洗牌，掌握軍事優勢的一方，對軍事劣勢的一方進行血腥的屠殺，以奪取財富。我不知道，二〇三〇年的時候，我們能不能在軍事變革方面追上世界。因爲，沒有工業基礎、技術基礎、經濟基礎，拿什麼追呢？戰爭打的就是工業，就是技術啊！我們的是大泡，人家的是大炮！到二〇三〇年，人家是新型武器武裝的新型軍隊，我們是新房子、新城市，正好做爲新屠場，新墳墓！

外部的情況，危如累卵。其實最大的危險還不僅僅在於外部。

馬克斯・韋伯批評當年針對德國統一後盛行於德國的「政治市儈主義」和彌漫在國民中的「軟乎乎的幸福主義」。我們今天中國有沒有這兩種主義？我總是覺得今天的中國和拿破崙死後的法國一樣，當時的法國，民族沒有了靈魂，國家沒有了方向，軍隊不會打仗，也不敢打仗了。先是一連串的失敗，到二戰時乾脆全軍繳槍了。今天中國呢，毛澤東死後也差不多是這個狀況。

二〇三〇肢解中國，未來十年慘不忍睹：

中國尚未意識到危機的…中國「胖乎乎的國民」被小財富腐蝕了靈魂，變得貪圖享受，意志萎靡，懦弱不堪，全國到處燈紅酒綠，紙醉金迷，洗浴中心之多，縱欲之風之盛，超過羅馬帝國晚期。精英階層厭戰、怯戰情緒濃烈。黨政軍辦公大院，哪個不被高級飯店包圍？一些貧困縣也大蓋樓堂館所，這是什麼？是中國的腫瘤！為什麼不用這些錢投入高科技？七品官上路都開豐田霸道，小鄉長也車接車送，一年中國光是吃喝和公車費用就是幾千個億，相當於一百多艘大型航空母艦。

學界掩耳盜鈴，官場追名逐利。南宋時有人問嶽飛，天下怎麼才能太平？嶽飛說：文官不愛錢，武官不惜死，天下太平矣！看看今天的省部級的文官貪官有多少？武官呢，原海軍副司令王守業，貪污過億，情婦一大群。窺斑見豹。有個很漂亮的穿軍裝的女演員，到處唱「今天是個好日子，趕上了盛世咱享太平」！民族精神可想而知。

十九世紀初，美國剛剛崛起。他們的民族精神是什麼樣子的呢？我們看看他的總統的一個演講就知道，他說：「如果我們要成爲真正偉大的民族，我們必須竭盡全力在國際事務中起巨大的作用……懦夫，懶漢，對政府持懷疑態度的人，喪失了鬥爭精神和支配能力的文質彬彬的人，愚昧無知的人，還有那些無法感受到堅定不移的人們所受到的巨大鼓舞的麻木不仁的人——所有這些人當然害怕看到他們的國家承擔了新的職責，害怕看到我們建立能滿足我國需要的海軍和陸軍，害怕看到我們承擔國際義務，害怕看到我們勇敢的士兵和水手們把西班牙的軍隊趕出去，讓偉大美麗的熱帶島嶼從大亂中達到大治……如果我們不參與這種必須以生命和珍愛的一切去獲取勝利的激烈競爭，那麼比我們野蠻強大的民族將甩開我們，控制整個世界。因此，讓我們勇敢地面臨生活的挑戰，決心以男子漢大丈夫的氣概去完成我們的職責，用我們的誓言和行動來維護正義……只有通過艱苦危險的鬥爭，我們才能取得我們民族進步的目的。」

在這段話之前，他拿同時代的中國做對比：「我們決不能扮演中國的角色，要是我們重蹈中國的覆轍，自滿自足，貪圖自己疆域內的安寧享樂，漸漸地*墮落，對國外的事情毫無興趣，沉溺於紙醉金迷之中，忘掉了奮發向上、苦幹冒險的高尚生活，整天忙於滿足我們肉體暫時的欲望，那麼，毫無疑問，總有一天我們會突然發現中國今天已經發生的這一事實：畏懼戰爭、閉關鎖國、貪圖安寧享樂的民族，在其它好戰、愛冒險的民族的進攻面前是肯定要衰敗的……」

今天的中國人，比那個時候的中國人，好到什麼地方了？有一種車，二千五百萬美元，全世界只有五輛，三輛在中國！可是，這麼富有的國家，面對周邊所有的挑釁，沒有一次有反應的，美其名曰「韜光養晦」，魯迅時期，阿Q只一個，現在到處都是！現在很多中國人不僅不敢迎接戰爭，連談論都不敢談。一些國家屠殺華僑，不敢動用軍隊。

當年祖國遭入侵，多少華僑救祖國？死了五六十萬！現在華僑遭難，祖國不敢去救！千古羞恥！連去年某太平洋島國接僑民，國外預測中國可能出軍艦，我們的學者一連幾聲反對，認爲不可行，不可能，嚇得尿褲子。

當年八國聯軍入侵北京的時候，他們一邊燒圓明園，一邊想：萬一有一天中國起來了，他們的青年，拿著跟歐洲一樣的武器，到歐洲復仇怎麼辦？所以，當一個中國古董商給他們出主意挖清朝皇帝陵墓的時候，他們拒絕了。但是，一百多年過去了，那一幕永遠也不可能發生了。中國人有那個志向嗎？所以，有時候我一聽到有些中國學者說，中國不能去救自己的華僑，不能去收回自己的領土、領海，怕人家說*，就非常噁心：威脅世界？你配嗎？你有那個能力，有那個雄心嗎？你以爲你是漢武大帝的後裔還是成吉思汗的後裔？自作多情！

二〇〇九年九月十五日，一個叫馬克斯・麥克亞當的英國人在《環球時報》發表文章說，「中國人是世界睡覺冠軍」。說的是他在中國各個場合的見聞。這真是個敏感的人。

一個一個愛睡覺的中國人，構成了愛睡覺的中華民族。一個愛睡覺的民族，又演繹了一部愛睡覺的歷史。一八四〇年悲劇爲什麼會降臨到中國頭上？那是因爲之前中國已經在睡夢中失去了資本主義革命時代；為什麼後來又是長達一百年的悲劇？是因為中國人始終睡眼矇矓，直到盧溝橋拂曉的槍聲響起。

拿破崙當初認為中國是一頭睡獅，我要說，拿破崙錯了！他離中國太遠了，沒有看清楚。那不是一隻睡獅，而是一頭睡牛。當然，在新中國的歷史上，也有過毛澤東時代，那是個英雄主義的時代。那個時代的中國，雖然也是牛，但是是公牛，奮起牛角，還是讓周邊的猛獸不敢近前。但今天，我悲哀地感到，公牛已經死了。到處都是慈眉善目、安詳而臥的母牛和小牛。西方富裕了五百年，美國也富裕了一百多年，依然精神抖擻。中國才改革開放三十年，剛有一點小錢，就又貪圖安逸地眯起了眼睛。

前面說 GDP「狗的屁」的時候，說了中國的工業結構，這是中國另一個致命的身體上的死穴。二戰前，史達林說：中國沒有軍事工業，現在只要誰高興，誰就可以蹂躪它。從晚清到民國，中國一直就像一個富裕、漂亮、柔弱的寡婦一樣，誰都可以掠奪她，欺辱她。今天，中國還是沒有像樣的現代工業，沒有在高技術領域佔有一席之地。航太工業最突出，也不過相當於美俄50年前的水準。航空工業不說了。幾種主戰飛機的發動機都是外國的。沒有自己的大飛機。航空母艦就更不用說了，到我們造出來的時候，也不過是追上西方一百年前的水準。美國的航太母艦現在已經在試飛了。

我們現在幾乎所有的「核心產業」都是「空心」產業。我們現在的經濟結構，這些構成 GDP 的財富，都沒有保衛自己本身的功能，到最後都是人家的。甲午戰爭中國戰敗，一下子賠了7倍於日本財政收入的錢。日本現代化的基礎就是那筆錢奠定的。美國就不一樣，它的所有構成 GDP 的東西，不僅本身就是財富，還能保衛自己的財富，還可以掠奪更多的財富，比如他的太空產業，它的資訊產業，它的航空產業，它的造船、它的化工等等。它們的 GDP，就像一輛坦克，可以開到世界上，想怎麼樣就怎麼樣；我們中國的 GDP 呢，就像一台拖拉機，只能在自己的田野上收割自己的莊稼。國家的戰爭，就是 GDP 的對撞。我們的拖拉機，能撞得過人家的坦克嗎？

來上海的路上，我一直在看抗日戰爭史。就在上海這個地方，淞滬抗戰，上海人打得很英勇，一點也沒有娘娘腔。但是，蔣介石的七十萬部隊，其中還有三個德式裝備的師，最後被日本20多萬部隊打得落花流水。爲什麼？裝備是很大的原因。整個抗日戰爭，日本投入的軍隊也就六十多萬，中國人死傷了多少？三千五百萬！因爲沒有鋼鐵構築長城，只能以血肉築成我們的長城。就是這樣的傷亡，如果不是美國和蘇聯的合力，我們什麼時候趕出日本都不知道。日本說還要準備和中國打百年戰爭，我看不是沒有可能。當年法國和英國就打了百年戰爭，因爲雙方實力相當。中國有人有地盤，日本有工業有精神。這樣的教訓還不夠嗎？爲什麼我們現在還不吸取教訓呢？我都不敢想像，如果中國和日本的人口和國土條件換一換，會是什麼結果？爲什麼我們就不如日本？

別的大國都有歷史感，都知道一九二九年的美國經濟危機在十年後引發了第二次世界大戰，都在今天拼命發展高科技、製造業和軍事裝備，爲什麼我們就沒有歷史感呢？我真是百思不得其解。

政治家領導我們摸著石頭過河，經濟學家卻讓我們摸到了一大堆磚頭。怪不得中央電視臺有個觀察員劉戈說，中國經濟學家獲得諾貝爾經濟學獎，雖然沒有永遠那麼遠，十萬八千里是有的。我完全同意。

像上海和北京這樣，具有雄厚技術和工業實力的城市，也去發展房地產業，真是莫名其妙。我們沒有造成一種讓高科技產業充滿暴利的體制，房地產是支撐不了大國崛起的。大家去圓明園看看就知道了，那是世界最好的房地產。靠掠奪自己的弱勢群體，不可能實現國家的復興。從古至今，大國崛起，都是依靠外部資源，或者靠武力掠奪，或者靠技術合法賺取，以富裕自己的人民，然後富國強兵。美國全世界打來打去，為什麼？就是奪資源，供它的人們享用；俄羅斯宣佈北極主權，為什麼？它已經有那麼多資源，還拼命奪。就是爲子孫奪。我們沒有力量去世界奪，但我們要收回屬於我們自己的地方。我們不能讓和平的誠意和主張，變成別人束縛我們的繩索。我們要像正常國家一樣行事。我一直主張，我們的軍隊，應該進行遠征型改造，要能夠保衛我們的資源和遠洋利益。

我們要敢於迎接合理合法的戰爭，改善安全態勢，刺激經濟，振奮國民精神。新中國的穩定局面，和經濟發展良好的時期，都是幾場自衛反擊作戰的結果。狼是打走的，不是勸走的。

中國需要戰略家，更需要堅定、勇敢和充滿憂患意識的人民。世界上沒有打不敗的敵人，中國的面前也沒有邁不過去的難關。最大的危險是看不到危險。我們的很多學者和官員，只看到鮮花美酒，**GDP**，眼睛盯著權位和女人，像一隻短視的食草動物。

別睡了，朋友們！我們不能低級到只貪圖安逸和肉體享受。我們不能爲了錢失去所有的東西，我們不能窮得只剩下錢！

中國需要第二次「開眼看世界」

我非常同意喬良將軍的一個說法：我們國家沒有國家戰略。再往下延伸，也就沒有軍事戰略，所有的行業發展也都沒有戰略，我們可以從很多具體的方面感受到這一點。古人說，不能謀全域者不能謀一隅，不能謀萬世的不能謀一時。我們有一句話叫「摸著石頭過河」，「摸著石頭過河」本身就是沒有戰略的表現。

中國沒有戰略不應該，所有大國當中已經改革崛起的，都有國家戰略。中國已經摸著石頭過河失敗了一次，不應該再摸著石頭過河。沒有戰略文化、沒有戰略意識，導致了不僅是中國的普通國民，就是精英學者也這樣，盲目地說中國如何如何強大。

前不久社科院公佈了一個軍力報告，中國軍力世界第二，綜合國力世界第七。國力第七，軍力怎麼可能是第二呢？軍力就是穿著軍裝的國力，這種評價反映了目前這些人的評價體系的盲目，這個盲目來源於國家根本沒有戰略。

再說我們的學者也在那兒說，我們 GDP 是世界第二，我們和美國是世界第二強國和第一強國的關係。我後來寫了一篇長文反擊這個觀點，我說 GDP 不是判斷一個大國的標誌，按照一個世界最著名經濟學家的分析，清朝以前，中國 GDP 兩千年一直保持世界第一，在清朝還是世界第一，這個第一到什麼程度呢？相當於今天美國的33%，占世界的三分之一直，一八四〇年的時候，英國占5%。我提出一個疑問，爲什麼中國GDP比英國多六倍，中國不去瓜分英國，而被英國瓜分了？一八九四年，中國的 GDP 比日本多五倍，你爲什麼不把日本打敗，把琉球拿回來，中國反而被日本打敗了？這些問題，他們統統回答不上來，只知道悶頭說 **GDP**。

今天，我們不應該僅從地緣的角度考慮問題，但是我們可以把國家擬人化，因爲人活在時間和空間當中，國家也是一樣，拿破崙說過，所謂戰略不過就是空間和時間的藝術。

戰爭不一定都通過軍隊來進行，不一定都是軍事，孫子說上兵伐謀，第四個階段才動軍隊。我們現在理解，大國之間沒有戰爭，其實戰爭天天都在進行，沒有戰爭，蘇聯怎麼解體的？戰爭不一定就是開槍，開槍是最沒有用的戰爭，那是最後一個象徵性的，我們要用更宏觀的思維、更宏觀的視野思考國家的問題。比如你的外匯就等於你國家的兵力，美國也是在用它的經濟力量，在用它的技術力量征服全世界。我們今天的金融呢？我們龐大的外匯大軍被美國殲滅，不僅殲滅，整體俘虜，美國用我們中國的錢，到中國來，收購中國的企業，控制中國的農業，控制中國的銀行，二十八個方面的行業，控制中國二十一個，用你的錢控制你的國家。反過來我們用這些錢幹什麼，進入我們的股市，進入我們的房市，然後再打擊中國人民的財富。

具體到丁力先生的作品，我有幾個觀點，第一，像喬良將軍說的一樣，是一個里程碑的著作。我覺得它主要是他打破了一個學術的禁區，改變了目前學術理論只能由學術中人寫的現狀。國家學術界有一個現象，就是學霸，他搞哪個領域的研究，任何人不得碰，你涉及這個領域的問題，他說你是非主流，貶低你壓制你。我參加過一些所謂正統的學術會議，幾乎沒聽到什麼像樣的觀點，在我感覺，大部分全是空話、套話，總體來說不是人話。丁力先生打破了這樣一個禁區，平常人也可以寫這個東西，這個回歸了本來面目，「天下是天下人的天下」。

第二，這樣一本書，我認爲具有第二次「開眼看世界」的意義。現在我們經過三十年的改革開放，大家都在看眼前的東西，整個國家的國民追求眼前的利益，這個時候眼光向內，思維向內，由於國家沒有戰略，再加上學者不思進取，這樣一個亂局當中，如果把國家比作軍隊，那就是一個沒有目的的行軍。丁力先生這本書至少是一個瞭望塔，就是給我們中國人一種意識，一種自覺，就是我們應該重新再看一次外部世界是什麼樣。

最初清朝的時候，出現過一批人，睜開眼睛看世界，在今天，我們又到了睜開眼睛看世界的時代。今天我們處於各種各樣、有形無形的禁忌中，導致我們忽略了我們的外部，不知道我們今天外部的世界是什麼樣子。

我最近寫的一個東西《C型包圍》，實際和《地緣大戰略》有相似的地方。《C型包圍》寫的是從日本列島到蒙古，在我們三十年來改革開放的同時，美國也沒有閑著，美國做的事情就是沿著所謂的新月型包圍圈對中國進行陸地包圍，海上包圍到日本爲止，陸地包圍圈從印度展開，一直沿巴基斯坦、阿富汗，到中亞，然後再向蒙古延伸，實際上現在就剩下俄羅斯的東部和朝鮮半島這個地方，還沒有完全圍住；隨著下一步美朝關係的改善，可能形成進一步對中國不利的結果，那中國就是被O型包圍，書的價值就在這兒。

中國處於即將被完全合圍的包圍下，我們很多學者還在做什麼大國的夢。我認爲他們在做夢，這是一種幻覺，是歷史的迴光返照。這個時候到底中國是一個什麼樣的國家，中國會有什麼樣的前途，會面臨什麼樣的危機，這個事情有必要重新看世界，只有看到外部，才能看清自己。

國家也好，個人也好，都是在比較當中才能準確定位自己。去年紀念改革開放三十周年，舉國一片歌頌的時候，我寫過一篇文章，我說要在歷史和世界的坐標系中定義中國的改革開放，結果所有的地方不給我發表，包括內部學術刊物也不發表。我對比了一下，一是中國改革開放與洋務運動的比較，二是中國與日本明治維新的比較，然後與美國崛起的比較，與其他大國崛起的比較，但發表不了，這是我們現今學術禁區出現的怪異，他不允許這些東西出現，不允許探討。丁力先生打破了一個學術禁區，平常人也可以談大問題，出版社也做了一個好事情，不僅有人寫，還有人出版，「對」與「錯」不重要，重要是把聲音說出來，可以探討，可以爭鳴，這是最重要的一點。

未來十年慘不忍睹：中國尚未意識到危機的……　燕王會　提交日期：2010-02-20

很多人都是死到臨頭才看清事實真相。整個晚清，清醒的只有曾國藩的幕僚趙烈文一人。他一八六七和預言國家將亡的時候連曾國藩都不相信。因爲這個時候，洋務運動剛剛開始，一切都呈現出欣欣向榮的景象。但趙烈文從當時官府明火執仗、社會兩極分化、百姓窮困潦倒、朝中大臣無能的情況，當然還有外敵虎視眈眈的外部背景，推斷清朝將在五十年內滅亡。結果四十四年清朝就瓦解了。

後年是辛亥革命一百周年。直到一九一一年，清朝也不相信王朝會完垮掉，但僅僅因爲一個士兵走火，革命就爆發了。秦始皇當年何等英雄？幾個新兵一揮手就把秦朝推翻了，當時沒有一個人料到這麼強大的帝國，會突然完蛋。蘇聯解體前，也沒有幾個人預見到。所以，現在我在這裡杞人憂天，也不會有多少人相信。

中國之所以沒有特別強的危機感，一是我們到處喊和諧、和平，這本來是說給世界聽的，卻把自己的人們麻醉了。大家誰也不願意想戰爭了。前不久在《環球時報》的那個關於未來十年發展的研討會上，除了我跟王小東，誰都不提戰爭。復旦大學的沈丁力先生還從很高深的角度，論述了中國未來不會有戰爭。《環球時報》和稀泥，把我關於中國已被包圍的文章跟他放一起發，交給中國人民自己去判斷。

第二，就是因爲還有個同病相憐的俄羅斯。美國在搞中國的同時，也在肢解著俄羅斯。美國要想控制世界，必須搞掉中、俄，控制歐亞大陸。中俄無論誰先倒，另一個都會唇亡齒寒。美國經常搞電腦推演，二戰結束以來，美國制定了一千多份戰爭計畫。現在，我們也來推演一下美國的大戰略目標實現的情況：

如果中國先被肢解，分裂成七八個小國，將會和日本、印度、韓國一樣，成爲美國的盟國。俄羅斯也會趁機奪取，像它在近代史上一樣。這樣，爲了爭奪中國，美、俄雙方將大戰。美國將會組織一支亞洲聯軍，配合北約，東西夾擊俄羅斯。俄羅斯會孤注一擲，中國也可能成爲俄羅斯核武器襲擊的地方，人口大量消滅，但俄羅斯也會同歸於盡。

美國又是一舉兩得，一箭雙雕。享受中國的廉價商品，騙取中國的巨額外滙，美國還是不滿意的，因爲對於美國來說，其最大利益是肢解中國，然後讓分裂了的中國，徹底倒向美國，佔有中國的人力資源，平時成爲爲美國和西方世界打工的奴隸，戰時作爲盟軍士兵，成爲美國稱霸世界的炮灰。

如果俄羅斯先被解體，分裂的俄羅斯小國，也會和獨聯體那些國家一樣，一個個加入北約，然後，從東西兩邊掐斷對中國的石油和天然氣供應。由於之前中國的海路已全面失守，海上貿易和能源通道控制在美國及其印度和日本盟國手上，此時中國只能束手就擒，接受爲西方打工的地位。這很類似忽必烈征服中原之後，不殺漢人，而讓漢人爲他們交賦稅養活它們的做法一樣，也就是門蒂斯先生的 G2 安排。

美國已經從肢解蘇聯中得到巨大的好處，那些分裂了的小蘇聯，幾乎都倒向美國，爲美國提供政治支持和資源，以及安全縱深和盟軍。蘇聯不解體，是一塊壓向美國的大石頭，蘇聯解體，是美國砸向俄羅斯和未來中國的一堆石塊。

同樣的道理，中國不解體，對美國構成戰略壓力；中國解體了，就是威脅日本、印度、俄羅斯的一堆石塊。可以這麼說，中國、俄羅斯解體了，美國的全球帝國地位就奠定了。因爲歐洲已成破碎地帶，印度本來就破碎，日本被騎在身下，美國還有什麼敵人呢？至於*世界的恐怖襲擊，只是全球帝國的治安事件。

未來十年慘不忍睹：中國尚未意識到危機的……

只有從美國最深的戰略動機出發，才能看透美國對華戰略，看透美國對華全面戰略包圍，同時又組織針對中國的第五縱隊的目的。

可以看到，XX力量，香港X派，法輪功；民運分子，達賴集團、熱比婭集團，總後台無一不是美國，無一不是接受美國的政治、軍事、輿論和經濟支持。而美國支援這些中國分裂力量的目的，也只有一個，那就是讓臺灣和香港，不要融入大陸的統一發展進程，讓大陸繼續分裂，由外向內，最後解體。

根據俄羅斯的情況看，我判斷，中國可能先於俄羅斯解體，而俄羅斯有可能在這個過程中崛起。中國的命運，既可以用孫子兵法的「廟算」推出來，也可以用現在最先進的電腦類比技術推出來。可笑那些小官僚們還在算計著自己的烏紗和銀兩，口中念念有詞什麼「崛起」什麼「復興」。有這樣一個短信，可做世相素描：「哄領導開心就做做假，哄群眾開心就做做秀，哄情人開心就做做A，哄自己開心就做做夢」。所以，開始的時候，我說大家可以繼續做夢。

可我還是要說，中華民族真的又到了最危險的時候。

黑格爾說：一個民族有一些仰望星空的人，他們才有希望。中國有幾個這樣的人？仰望星空的人，寥若晨星！中國太多的人，都在夢中。各有各的夢。

當年曾國藩聽了趙烈文的分析，歎了一口氣，說「我日夜望早死」，他這麼大的官，都覺得無力回天，又不願意看到國家「抽心一爛」「土崩瓦解」的局面。我現在的心情也差不多。

很多人都是死到臨頭才看清事實真相。整個晚清，清醒的只有曾國藩的幕僚趙烈文一人。他一八六七年和預言國家將亡的時候連曾國藩都不相信。因為這個時候，洋務運動剛剛開始，一切都呈現出欣欣向榮的景象。但趙烈文從當時官府明火執仗、社會兩極分化、百姓窮困潦倒、朝中大臣無能的情況，當然還有外敵虎視眈眈的外部背景，推斷清朝將在五十年內滅亡。結果四十四年清朝就瓦解了。

湘軍幕僚趙烈文準確預言滿清五十年內滅亡

如果不是曾國藩回鄉組織湘軍拼死鎮壓太平軍，不是他開啓引進西方「堅船利炮」的洋務運動，晚清不可能出現所謂「同治中興」的垂死掙扎，滿清王朝可能更早就壽終正寢了。然而，儘管曾國藩對滿清王朝忠心耿耿，但與機要幕客趙烈文的一次小小論辯，看得出他開始憂慮清王朝究竟還能支撐多久、其壽命到底還有多長。

同治六年六月二十日，即西曆一八六七年七月二十一日，時任兩江總督的曾國藩與趙烈文聊天時憂心忡忡地對趙說：

京中來人云：「都門氣象甚惡，明火執仗之案時出……民窮財盡，恐有異變，奈何？」

趙烈文回答說：

天下治安一統久矣，勢必馴至分剖。然主威素重，風氣未開，若非抽心一爛，則土崩瓦解之局不成。以烈度之，異日之禍，必先根本顛僕，而後方州無主，人自為政，殆不出五十年矣。

就是說，當時天下統一已經很久了，勢必會漸漸分裂，不過由於皇上一直很有權威，而且中央政府沒有先爛掉，所以現在不會出現分崩離析的局面。但據他估計，今後的大禍是中央政府會先垮臺，然後出現各自爲政、割據分裂的局面；他進一步判斷，大概不出五十年就會發生這種災禍。

趙烈文真的是富有洞見，不僅對歷史大勢看得透徹，而且作爲一個遠離權力中心、根本無法近觀恭親王、慈禧的幕客，對此二人的判斷卻準確異常，以後的歷史也證明了這一點。恭親王確是朝廷中少有的開明權貴，晚清的一些革新措施大都與他有關，因此，當時有視野開闊、思想開明之譽；但一八九八年維新運動興起時，他卻堅決反對，證明趙在一八六七年對他作的僅「小智耳」的論斷不虛。慈禧確實「威斷」，但大清王朝以後不斷爲其「威斷」所蔽所誤已是眾所周知，無須再贅。趙的眼光，確實老辣。

不過，曾對趙的論斷仍無法或不願完全相信，總感到清王朝還有一線生機；尤其是不久之後，朝廷下諭，依總理衙門奏請，令督、撫、將軍對外交問題開誠佈公暢所欲言時，曾國藩興奮異常，認爲這是當政者將振衰起弊之兆，清王朝振興有望，最起碼可以像東晉、南宋那樣長期偏安。

同治七年七月下旬（一八六八年九月中旬），曾國藩被任命爲直隸總督。此時，曾國藩第一次見到慈禧太后、同治帝、恭親王及文祥、寶鋆等高官，並在幾天之內四次受到慈禧太后的召見。直隸總督的職位不僅使他能近距離觀察清王朝的最高層領導，而且使他能對形勢有更多瞭解。這時他才知道，國家的頹敗遠遠超過自己原來的預料，而朝中根本沒有可以力挽狂瀾之人。

同治八年五月二十八日（一八六九年七月七日）晚上，曾國藩對剛剛來到保定直隸總督府的趙烈文坦承自己對時局、朝政的失望，對清王朝最高統治者的人品、見識、能力、優點與弱點逐一分析點評了一番，分析點評的結果是他們皆非能擔當王朝中興重任之人。曾國藩不禁哀歎清王朝的未來「甚可憂耳」。這種局面，正是一個衰朽政權用人制度「逆淘汰」的結果，但反過來，這種「逆淘汰」又會加速這個政權的衰敗。最終，他不得不同意趙烈文兩年前的論斷：清王朝已經病入膏肓，難以救藥。

歷史驚人準確地應驗了趙烈文的預言，滿清王朝終於在一九一一年土崩瓦解，距趙一八六七年預言它不出五十年就垮臺正好四十四年；而且，接踵而來的也是趙所預言的「方州無主，人自爲政」即軍閥割據的混亂局面。當然，曾、趙已分別於一八七二和一八九四年去世。

「慷慨」戴旭「悲歌」陳亮

一個國家承平久了，需要有慷慨悲歌之士出來說幾句「反話」，都是中聽之言，不太容易使人居安思危。戴旭先生的新書《C形包圍——內憂外患下的中國突圍》，裡面基本就都是危言，很適合處於「崛起」夢境的中國人好好讀一讀。

現在有一種說法流傳很廣，那就是世界正在進入「中國世紀」，與之相應的一種思路，就是「中國崛起」論。最近幾年出版的不少國策性書籍，諸如《中國不高興》之類，全都是以中國已經或者正在「崛起」爲前提。主要的理由當然在於國內生產總值（GDP）。中國的 GDP 這些年來坐飛機般地由地上向天上爬，在接連超過法國、英國、德國後，據說今年將取代日本成為世界第二經濟大國。近三十年來堅定不移奉行改革開放政策，不斷加入經濟全球化進程，不斷開展對外貿易，的確使中國一天天胖起來了。這也帶來了另外一種理論，就是「相互依賴論」，它說中國與世界特別是與超級大國間已形成經濟上的相互依賴，這為中國與世界的永久和平穿上了防彈衣。

很意外，戴旭不是這樣來看。他的《C形包圍》不僅指出目前中國談不上「崛起」，而且認為貿易不可能給中國真正帶來和平，因為「近代以來的列強大國，沒有一個是靠與別國互通貿易變成世界政治中的一流玩家的。」用一句話來概括，該書戳穿了一個神話，那就是以為中國可以不費什麼力氣，只需要通過發展經濟、與別國開通貿易往來，就可以獲得全面復興。也揭示了一個事實，那就是當代中國在獲得又一次顯著的經濟增長後，國民生產總值（GDP）在全球經濟總量比重的擴大，實際上也使中國再度面臨兇險無比的挑戰，中國的國家命運並不樂觀。

戴旭此談絕非空穴來風。首先是有歷史往鑑可作依據。同治中興時代的清王朝，其GDP一度占全球總量的17%，遠遠超出了當下中國的6%，結果卻被彈丸小國日本斬于馬下；十九世紀下半葉的沙皇俄國，也曾長期保持5-8%的經濟增長，GDP增速名列世界前茅，但隨第一次世界大戰來臨，沙俄從外國引進的那些生產設備和技術一下就暴露出了花拳繡腳的底色。這兩個王朝都曾有過「現代化」經歷，但它們的現代化都是靠引進外來資本和技術所推動，本身並不掌握工業生產的核心技術。一言以蔽之，它們的發展主動權都掌握在別人手裡，別人想讓它發展它就發展，別人想讓它趴下它就會趴下。

中國今天有不少大公司從資本擁有量看已進入世界前列，但有沒有可以稱道的品牌和核心技術呢？很慚愧，中國現在仍然雖然號稱「世界工廠」，但卻是品牌小國、創新小國，核心技術依賴於人的局面，並無根本改變。這在中國也形成了一種理論，叫做「以市場換技術」，以爲憑中國地大物博，不愁其他國家不乖乖把技術賣到中國來。它就是不看美國始終實行對華高技術出口限制、歐盟至今不解除對華軍售禁令，背後的原因到底是什麼。

中國「整個國家的經濟基本上靠房地產支撐，不僅沒有發展起來先進的戰略產業，現有的礦產資源、製造業、糧食、銀行等很多領域，都已經被外資控制。」這種情況與同治中興時代的清朝、第一次世界大戰前夕的沙俄並無不同。與此形成對照的國家是日本，從明治維新到第二次世界大戰後成爲世界第二經濟大國，日本長期都是勒著褲腰帶過日子，堅決依靠自我積累發展自己的技術能力，不把希望寄託於與他國的貿易往來，乃至指導日本經濟增長的那些經濟原則，如生產至上、寡占競爭、反市場主義等，與今日中國大學裡經濟學教科書的教條完全背離。

歷史往鑒很多。當今在中國各地轉來轉去的專家學者們，在機械地重複西方國際政治自由主義理論的「貿易和平論」時，卻不知道「貿易和平論」的鼻祖是在中國。千餘年前的宋遼金時代，宋遼、宋金、宋夏之間均曾有大規模的互市往來，當時叫做榷場貿易。鼎盛時期，宋遼之間設有七個榷場，宋金之間設有十個榷場。但宋、遼、金之間，一邊建榷場，另外一邊，戰爭卻也從未止息。北宋被金人所亡，南渡而爲南宋後，秦檜與金政權訂立紹興和議，其中之一就是與金國互市和向金國輸送財物，這雖然換來了一時的安寧，但當更爲強悍的蒙古騎兵來襲時，偏安的南宋就再也無法靠貿易來換和平了。

轉到現實中來。在本書後記中，戴旭認爲今天的中國尚未奠定崛起的國體基礎，就像一台用不同產地的元件組裝的電腦（有蘇聯、美國、日本以及中國歷史的各種體制影響或意識形態），同時安裝著共產主義的思想作業系統，資本主義的經濟作業系統，封建官僚主義的行政作業系統，以及儒家的道德教化系統。各系統之間的相容程度，決定著中國最後統一意識形態和信仰的形成，並間接地決定著中國不同民族、不同地區的和諧發展，並進而影響著中國最後的統一。在這裡，戴旭的眼光已經是X光。對中國本質透視之深，當今中國，僅戴旭一人。此等眼界，已不輸晚清之趙烈文。

中國如今在內功尚未練好、只是長出了一堆肥肉的同時，一個針對中國的戰略包圍圈，卻在逐漸成形。關於這一點，戴旭在他的書裡有詳細描述。美國對中國海陸並進，海上包圍圈以日本爲起點、印度爲終點，陸地包圍圈以印度爲起點、中亞爲終點，由海到陸形成了一個「C」形包圍圈。這種包圍是以美國與有關國家的同盟關係和在有關國家建立軍事基地爲標誌，爲配合這種「C」形包圍圈，美國還對中國設置美元陷阱、對中國實施金融掏空；利用臺灣問題或者挑撥中國周圍國家，對中國進行外交鉗制；還不遺餘力插手中國新疆和西藏事務，不懈地在中國內部培育第五縱隊。一句話，是明裡暗裡對中國圍追堵截。

美國爲什麼要包圍中國?從世界戰爭史看，海洋大國和陸地大國天然就有對立。正如美國前國務卿基辛格所說的那樣，如果歐亞大陸上的大國聯成一片，美國就會成爲歐亞大陸之外的一塊小島。美國對可能支配歐亞大陸的任何大國因此都有戒心，無論中國、俄羅斯還是歐盟。而就當下時刻來說，美國對中國的戒心尤其爲大。

這有兩方面原因。一是世界戰略焦點業已轉到中國。正如戴旭在書中分析，二十世紀中期以前，世界戰略鬥爭的焦點一直集中在歐洲，當時大國間鬥爭的中心問題，是爭奪國際工業霸權。二十世紀六〇至八〇年代的二十年間，世界戰略鬥爭的重心由歐洲向中東轉移，其中心問題是爭奪世界石油資源的控制權。二十世紀九〇年代以來，隨日本、亞洲四小龍、中國先後獲得強大經濟增長，世界戰略重點隨之轉到亞太地區。而「每當一個地區成爲世界戰略的焦點，伴隨它的都有慘烈的戰爭」

另外一個原因則在於美國已相對衰落。無論從工業產值在世界中所占比重、貿易盈餘還是在世界體系中的影響力等因素來看，美國現在都已遠遠不如以前。這是歷史大勢所然，二十世紀下半葉以來世界政治權力由西方向非西方的部分轉移，在二十一世紀初已經加速。美國的相對衰落對中美關係其實挑戰性更大。美國現實主義國際政治學者羅伯特・吉爾平就指出，在霸權處在上升期的時候，容易與其他國家起衝撞；在霸權處在衰落期的時候，更容易與其他國家發生衝撞，因爲任何霸權國家都會害怕失去支配地位。

最近幾年來美國不斷有人一會說中美乃「利益攸關方」，一會拋出「中美國」概念，一會又提出中美共治世界的「G2」輿論，這不是真要樂見中國復興，而是如上世紀80年代美國前總統雷根在對付前蘇聯時所做的那樣，要通過讓中國負擔更多國際責任和與中國「和平競賽」，把中國國力消耗掉或者誘使中國內部出現變異。全部的招數都應了小布希時期曾任國防部長的拉姆斯菲爾德所說：「在對手還沒有崛起的時候，打倒他所用的力氣最小。」

中國的上空已經飄來了殺機，一個「C」字形的包圍圈已如絞鏈般伸向東方雄雞的脖頸，但奇怪的是，偏偏有成群結隊的專家學者，還有媒體輿論，卻在天天歡呼中國已經進入「盛世」，處在了「歷史上最好的時候」。

後記

各位讀者，你看完了戴旭先生的「醒世危言」之後，有沒有什麼感想？是認為他真正說出了中國未來的危機所在？還是他在嚇唬自己的同胞？

我可以誠實地告訴各位，我是戰戰兢兢地談完這篇文章的。照現在中國國內外的現狀，不知我們的子孫是不是會像八年抗日作戰時，再被日本鬼子砍頭或活埋？（參考本書內之照片），幾千萬中國人就這樣冤冤枉枉地死了，中國人何辜哦！我們又何忍貪圖目前自己的一點享受，而漠視危機的存在，忽略了以後子孫的存亡啊！

我希望真正有學問的學者；有良知的媒体人；和一般普羅大眾在讀了戴先生披肝瀝膽的宏文以後，能夠羣体而起，廣泛地不斷地傳播這个危機意識救救我們中華民族吧！

大公泣啟

公元2013年7月7日

陳福成60著編譯作品彙編總集

編號	書　名	出版社	出版時間	定價	字數（萬）	內容性質
1	決戰閏八月：後鄧時代中共武力犯台研究	金台灣	1995.7	250	10	軍事、政治
2	防衛大臺灣：臺海安全與三軍戰略大佈局	金台灣	1995.11	350	13	軍事、戰略
3	非常傳銷學：傳銷的陷阱與突圍對策	金台灣	1996.12	250	6	傳銷、直銷
4	國家安全與情治機關的弔詭	幼　獅	1998.7	200	9	國安、情治
5	國家安全與戰略關係	時　英	2000.3	300	10	國安、戰略研究
6	尋找一座山	慧　明	2002.2	260	2	現代詩集
7	解開兩岸10大弔詭	黎　明	2001.12	280	10	兩岸關係
8	孫子實戰經驗研究	黎　明	2003.7	290	10	兵學
9	大陸政策與兩岸關係	黎　明	2004.3	290	10	兩岸關係
10	五十不惑：一個軍校生的半生塵影	時　英	2004.5	300	13	前傳
11	中國戰爭歷代新詮	時　英	2006.7	350	16	戰爭研究
12	中國近代黨派發展研究新詮	時　英	2006.9	350	20	中國黨派
13	中國政治思想新詮	時　英	2006.9	400	40	政治思想
14	中國四大兵法家新詮：孫子、吳起、孫臏、孔明	時　英	2006.9	350	25	兵法家
15	春秋記實	時　英	2006.9	250	2	現代詩集
16	新領導與管理實務：新叢林時代領袖群倫的智慧	時　英	2008.3	350	13	領導、管理學
17	性情世界：陳福成的情詩集	時　英	2007.2	300	2	現代詩集
18	國家安全論壇	時　英	2007.2	350	10	國安、民族戰爭
19	頓悟學習	文史哲	2007.12	260	9	人生、頓悟、啓蒙
20	春秋正義	文史哲	2007.12	300	10	春秋論文選
21	公主與王子的夢幻	文史哲	2007.12	300	10	人生、愛情
22	幻夢花開一江山	文史哲	2008.3	200	2	傳統詩集
23	一個軍校生的台大閒情	文史哲	2008.6	280	3	現代詩、散文
24	愛倫坡恐怖推理小說經典新選	文史哲	2009.2	280	10	翻譯小說
25	春秋詩選	文史哲	2009.2	380	5	現代詩集
26	神劍與屠刀（人類學論文集）	文史哲	2009.10	220	6	人類學
27	赤縣行腳・神州心旅	秀　威	2009.12	260	3	現代詩、傳統詩
28	八方風雨・性情世界	秀　威	2010.6	300	4	詩集、詩論
29	洄游的鮭魚：巴蜀返鄉記	文史哲	2010.1	300	9	詩、遊記、論文
30	古道・秋風・瘦筆	文史哲	2010.4	280	8	春秋散文
31	山西芮城劉焦智（鳳梅人）報研究	文史哲	2010.4	340	10	春秋人物
32	男人和女人的情話真話（一頁一小品）	秀　威	2010.11	250	8	男人女人人生智慧

陳福成 60 著編譯作品彙編總集

33	三月詩會研究：春秋大業 18 年	文史哲	2010.12	560	12	詩社研究
34	迷情・奇謀・輪迴（合訂本）	文史哲	2011.1	760	35	警世、情色
35	找尋理想國：中國式民主政治研究要綱	文史哲	2011.2	160	3	政治
36	在「鳳梅人」小橋上：中國山西芮城三人行	文史哲	2011.4	480	13	遊記
37	我所知道的孫大公（黃埔 28 期）	文史哲	2011.4	320	10	春秋人物
38	漸陳勇士陳宏傳：他和劉學慧的傳奇故事	文史哲	2011.5	260	10	春秋人物
39	大浩劫後：倭國「天譴說」溯源探解	文史哲	2011.6	160	3	歷史、天命
40	臺北公館地區開發史	唐　山	2011.7	200	5	地方誌
41	從皈依到短期出家：另一種人生體驗	唐　山	2012.4	240	4	學佛體驗
42	第四波戰爭開山鼻祖賓拉登	文史哲	2011.7	180	3	戰爭研究
43	臺大逸仙學會：中國統一的經營	文史哲	2011.8	280	6	統一之戰
44	金秋六人行：鄭州山西之旅	文史哲	2012.3	640	15	遊記、詩
45	中國神譜：中國民間信仰之理論與實務	文史哲	2012.1	680	20	民間信仰
46	中國當代平民詩人王學忠	文史哲	2012.4	380	10	詩人、詩品
47	三月詩會 20 年紀念別集	文史哲	2012.6	420	8	詩社研究
48	臺灣邊陲之美	文史哲	2012.9	300	6	詩歌、散文
49	政治學方法論概說	文史哲	2012.9	350	8	方法研究
50	西洋政治思想史概述	文史哲	2012.9	400	10	思想史
51	與君賞玩天地寬：陳福成作品評論與迴響	文史哲	2013.5	380	9	文學、文化
52	三世因緣：書畫芳香幾世情	文史哲				書法、國畫集
53	讀詩稗記：蟾蜍山萬盛草齋文存	文史哲	2013.3	450	10	讀詩、讀史
54	嚴謹與浪漫之間：詩俠范揚松	文史哲	2013.3	540	12	春秋人物
55	臺中開發史：兼臺中龍井陳家移臺略考	文史哲	2012.11	440	12	地方誌
56	最自在的是彩霞：台大退休人員聯誼會	文史哲	2012.9	300	8	台大校園
57	古晟的誕生：陳福成 60 詩選	文史哲	2013.4	440	3	現代詩集
58	台大教官興衰史話	文史哲				台大、教官
59	爲中華民族的生存發展集百書疏：孫大公的思想主張書函手稿	文史哲	2013.6			書簡
60	把腳印典藏在雲端：三月詩會詩人手稿詩	文史哲				手稿詩
61	英文單字研究：徹底理解英文單字記憶法	文史哲				英文字研究
62	迷航記：黃埔情暨陸官 44 期一些閒話	文史哲	2013.5	500	10	軍旅記事
63	天帝教的中華文化意涵：掬一瓢《教訊》品天香	文史哲			10	宗教思想
64	一信詩學研究：徐榮慶的文學生命風華	文史哲			10	文學研究
65	「日本問題」的終極處理 ── 廿一世紀中國人的天命與扶桑省建設要綱	文史哲			2	民族安全

陳福成國防通識課程著編作品

（各級學校教科書）

編號	書　　　　名	出版社	教育部審定
1	國家安全概論（大學院校用）	幼　獅	民國 86 年
2	國家安全概述（高中職、專科用）	幼　獅	民國 86 年
3	國家安全概論（台灣大學專用書	台　大	（台大不送審）
4	軍事研究（大專院校用）	全　華	民國 94 年
5	國防通識（第一冊、高中學生用）	龍　騰	民國 94 年課程要綱
6	國防通識（第二冊、高中學生用）	龍　騰	同
7	國防通識（第三冊、高中學生用）	龍　騰	同
8	國防通識（第四冊、高中學生用）	龍　騰	同
9	國防通識（第一冊、教師專用）	龍　騰	同
10	國防通識（第二冊、教師專用）	龍　騰	同
11	國防通識（第三冊、教師專用）	龍　騰	同
12	國防通識（第四冊、教師專用）	龍　騰	同

註：以上除編號 4，餘均非賣品，編號 4 至 12 均合著。